江阴市特殊教育中心校

校志

1958—2017

主编　蒋勤楠

方志出版社

图书在版编目（CIP）数据

江阴市特殊教育中心校校志:1958—2017 / 江阴市特殊教育中心校校志编写委员会编. --北京：方志出版社，2019.1

ISBN 978-7-5144-3603-7

Ⅰ.①江… Ⅱ.②江… Ⅲ.①江阴市特殊教育中心校—校史—1958-2017 Ⅳ.①G769.285.34

中国版本图书馆CIP数据核字（2019）第036846号

江阴市特殊教育中心校校志（1958—2017）

编　　者：江阴市特殊教育中心校校志编写委员会

责任编辑：高孟君

出 版 人：冀祥德

出 版 者：方志出版社

地址　北京市朝阳区潘家园东里 9 号（国家方志馆 4 层）

邮编　100021

网址　http://www.fzph.org

发　　行：方志出版社图书经销中心

电话（010）67110500

经　　销：各地新华书店

印　　刷：江阴金马印刷有限公司

开　　本：889×1194　　1/16

印　　张：15.875

字　　数：337 千字

版　　次：2019 年 1 月第 1 版　2019 年 1 月第 1 次印刷

印　　数：0001～1500 册

ISBN　978-7-5144-3603-7　　**定价：**138.00 元

《江阴市特殊教育中心校校志》编纂委员会

学校变迁

1983年，江阴聋哑学校校门（尤佳武摄）

1988年，江阴聋哑学校教学楼（尤佳武摄）

1995年，聋哑学校康复综合楼（蔡小虎摄）

1981年，江阴聋哑学校宿舍楼（尤佳武摄）

1992年，聋哑学校改建后的教学楼（尤佳武摄）

2004年，培智学校教学楼（吴明宝摄）

2007年10月，聋哑学校新建综合楼封顶（徐耀摄）

2008年7月，聋哑学校修缮一新的教学楼（陈宝金摄）

2008年9月，特殊教育中心校新建综合楼（陈宝金摄）

领导关怀

1997年5月23日，中残联聋人协会主席戴目（右）、无锡市聋哑学校原副校长宋鹏程（左）到校考察（蔡小虎摄）

1989年10月25日，国家教委基教司司长李仲汉（前排右一）等领导考察学校（尤佳武摄）

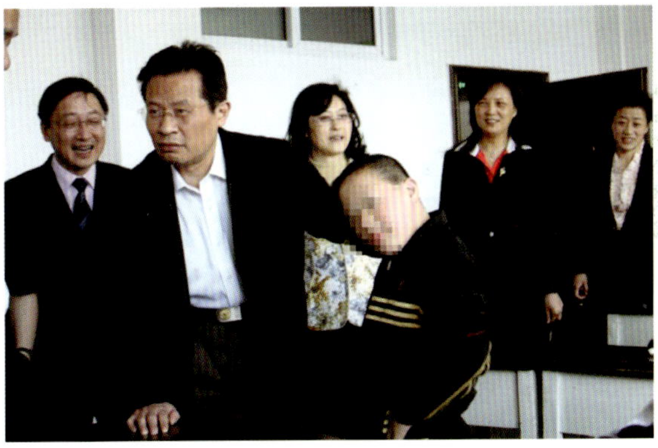

2009年6月1日，中残联副理事长孙先德（左二）到校调研（徐耀摄）

1999年9月16日，教育部特教处处长王洙（前排中）、中残联教育处原处长张慧秋（前排左二）等领导到校考察（蔡小虎摄）

2009年5月20日，教育部基教司特教处处长谢敬仁（左）等领导到校调研（徐耀摄）

2008年12月2日，江苏省教育厅副厅长胡金波（左二）到校考察（徐耀摄）

2009年4月1日，江苏省残联副理事长李新平（左二）到校考察（徐耀摄）

2004年5月27日，江苏省教工委书记葛高林（左二）、省教研室副主任程益基（右二）到校参加课题汇报活动（徐耀摄）

2004年11月18日，江苏省教育厅副巡视员张仁（左）到校视察（徐耀摄）

1997年6月1日，江阴市委书记袁静波（左四）、市长王伟成（左七）等领导到校调研康复工作（蔡小虎摄）

2004年4月19日，江阴市委书记王伟成（中）、市长王锡南（左一）参加台商对江阴市聋哑学校的捐赠活动（徐耀摄）

2005年5月15日，江阴市委书记朱民阳（左）接见聋哑学校学生代表（谢彩坤摄）

2007年10月20日，江阴市长王锡南（左三）率部委办局领导到校现场办公（徐耀摄）

2015年5月15日，江阴市委书记周铁根（右三）等领导到校慰问师生（徐耀摄）

2016年6月1日，江阴市长沈建（左二）、政协主席薛良（左三）等领导到校慰问师生（徐耀摄）

2016年7月13日，江阴市委书记陈金虎（左一）、市长蔡叶明（右一）到校调研工作（徐耀摄）

2008年12月3日，江苏省市各级领导到校参加江阴市特殊教育中心校成立庆典活动（徐耀摄）

2011年6月1日，国际儿童电影节嘉宾听取学校情况介绍（徐耀摄）

2011年6月1日，世界各地电影工作者和学生共庆“六一”（徐耀摄）

社会关心

1995年4月8日，“希望之声”工程工商联捐赠仪式（尤佳武摄）

2004年5月13日，江阴市聋哑学校与新华美容城结对签约（徐耀摄）

2008年10月15日，江苏腾飞机械工程有限公司到校设立师生奖励基金（徐耀摄）

2012年3月2日，军校共建活动（徐耀摄）

2012年6月25日，农工民主党江阴市委“励志奖学金”颁奖仪式（徐耀摄）

2013年10月10日，江苏法尔胜泓昇集团向学校捐赠信息技术设备（王晓东摄）

2015年6月19日，江苏华科事业群慈爱基金会助听器捐助仪式（徐耀摄）

2015年5月13日，中国狮子联会江阴服务队与学校联合举办“风筝节”活动（徐耀摄）

2016年9月14日，民盟江阴市委妇工委到校献爱心活动（华志明摄）

2016年11月11日，廖有章爱心超市揭牌仪式（华志明摄）

队伍建设

2011年9月8日，“江阴市十佳教师团队”颁奖现场
（徐耀摄）

全国优秀特殊教育工作者（徐耀摄）
左起：刘琪　许丽珍　卫幸福

江苏省优秀教育工作者（班主任）（郭松摄）
左起：张凤珍　戴娅萍　朱巧云

江苏省特殊教育青年教师基本功大赛一等奖获得者
左起：张蓉芬、浦志萍、居张洪、刘燕飞、
谈一宇、钱文亚　（徐耀摄）

省级以上荣誉获得者（徐耀摄）
左起：高秀英、张蓉芬、张凤珍、杨芳丽、
谈一宇、刘　琪、蒋勤楠、刘燕飞、
卫幸福

2012年4月28日，校长蒋勤楠（右三）被授予“无锡市劳动模范”的光荣称号（徐耀摄）

无锡市学科带头人（郭松摄）
左起：钱文亚、刘琪、蒋勤楠、张蓉芬

无锡市教学（班主任工作）能手（郭松摄）
左起：计丽英、刘晓华、居张洪、谈一宇、吴静新

无锡市教学（班主任工作）新秀（郭松摄）
左起：刘小燕、陈蓓、朱巧云、蔡建英、李佳佳、沙志莲

江阴市教学（班主任工作）新秀（郭松摄）
左起：夏红新、邵雯霞、彭芳、李海涯

参加省级以上各类大赛获奖者（郭松摄）

左起：陈　蓓、夏红新、朱巧云、彭　芳、浦志萍、华孝明、居张洪、殷　莉、谈一宇、包菊萍、鲍明芳、曾晓云、张蓉芬、钱文亚、刘小燕

1991年，聋哑学校教职工合影（沈剑清摄）

1994年，聋哑学校教职工合影（张蓉芬提供）

1997年，杏春培智学校全体教师合影（孙经建提供）

2000年，聋哑学校教职工合影（卫幸福提供）

2009年，特教中心校全体教师合影（徐耀提供）

2017年，特教中心校全体教师合影（郭松摄）

师生活动

1993年11月20日，学校教师参加无锡一城三县（市）聋校教工健美操比赛（张蓉芬提供）

2002年11月22日，舞蹈《床前明月光》参加江阴市残疾人文艺比赛（徐耀摄）

2002年12月12日，手语舞《懂你》在江阴市慈善文艺晚会中演出（徐耀摄）

2004年2月，小品《情满中秋》参加全国特教学校文艺会演（徐耀摄）

2004年10月31日，听障学生在无锡市九运会闭幕式上表演威风锣鼓《欢乐时刻》（徐耀摄）

2006年12月12日，参加江阴市2006年慈善文艺晚会（徐耀摄）

2010年5月16日，智障学生参加无锡市第二届特奥会（徐耀摄）

2012年1月12日，学校举行“感动校园人物·事件”颁奖典礼（徐耀摄）

2012年5月22日，情景剧《爱与我们同行》参加江阴市残疾人文艺会演（徐耀摄）

2012年12月24日，学校举行师德师风专题教育汇报演出（徐耀摄）

2013年5月19日，学校在万达广场开展感恩主题教育活动（徐耀摄）

2013年5月22日，参加无锡市听障学生运动会（徐耀摄）

2013年9月10日，学校开展庆祝教师节厨艺大赛活动（徐耀摄）

2014年5月17日，参加无锡市第四届特奥会运动员、教练员合影（徐耀摄）

2016年1月15日，学校举办2015年度教师发展汇报会 （徐耀摄）

2016年5月10日，参加江阴市残疾人文艺会演（徐耀摄）

2016年10月13日，学校举行“党团队手拉手”少先队建队日庆祝活动（华志明摄）

教育教学

2003年6月12日，江苏省“十五”规划课题开题论证会（徐耀摄）

2005年6月8日，无锡市“十五”重点课题结题仪式（蔡小虎摄）

2006年10月29日，杏春培智学校举行无锡市培智教育课堂教学模式研究活动（曾晓丰摄）

2011年11月17日，学校承办无锡市特殊教育校际联动教学研究活动（徐耀摄）

2012年12月3日，江阴市特殊儿童心理健康教育研讨会（徐耀摄）

2013年3月14日，江阴市特教中心组成员培训现场（徐耀摄）

2014年1月7日，无锡市“十二五”重点课题阶段性汇报活动（徐耀摄）

2015年11月27日，江苏省“十二五”立项课题研究成果汇报活动（徐耀摄）

2015年12月18日，江苏省特殊教育发展工程“医教结合”实验项目研讨会（徐耀摄）

2017年4月24日，江苏省“十三五”重点课题开题论证会（华志明摄）

对外交流

1992年10月27日，全国十省市弱智教育教学研讨会现场
（孙经建提供）

1997年7-8月，教师张蓉芬（右二）、钱文亚（左一）到加拿大布洛克大学参加特殊教育培训（钱文亚提供）

2000年11月13日，“21世纪中国聋教育改革与发展”研讨会代表到校参观（蔡小虎摄）

2005年3月18日，学校承办无锡市首届特殊教育论坛活动（徐耀摄）

2005年，校长蒋勤楠到德国社区康复机构访问考察（蒋勤楠提供）

2009年3月9日，常州聋校领导莅临学校参观交流（徐耀摄）

2009年10月12日，广西特教同行到校参观交流（徐耀摄）

2010年10月4日，学校组织部分人员赴江西上饶特殊教育学校参观交流（居张洪摄）

2011年6月1日，第11届中国国际儿童电影节中外嘉宾莅临学校（徐耀摄）

2011年6月3日，校长蒋勤楠接受儿童电影节国际评委，意大利教育家伊娃·舒瓦兹沃尔德采访（徐耀摄）

2012年4月17日，青海省西宁市聋哑学校到校交流并举行结对签约仪式（徐耀摄）

2014年6月24日，学校与新疆霍城特殊教育学校开展结对活动（蒋勤楠提供）

2015年9月23日，校长蒋勤楠（左二）随无锡市特教代表团赴台湾交流（蒋勤楠提供）

2015年12月14日，韩国残疾人代表团到校参观访问（徐耀摄）

2016年4月12日，学校部分班子成员赴扬州培智学校学习交流（钱文亚提供）

2017年5月19日，第10期“全国特殊教育学校校长能力提升培训班”影子培训学员合影（徐耀摄）

荣誉集锦

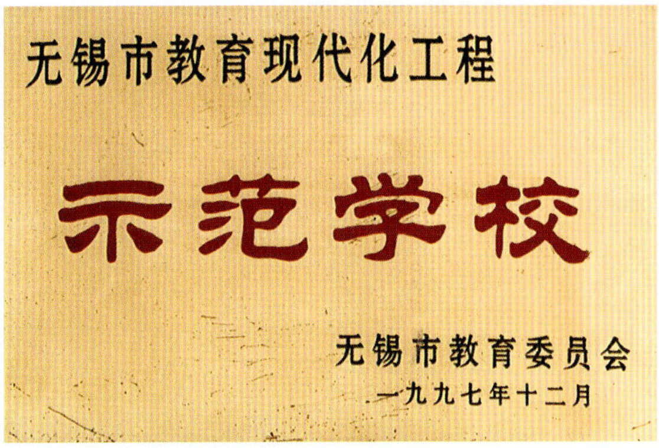
无锡市教育现代化工程
示范学校
无锡市教育委员会
一九九七年十二月

江苏省特殊教育现代化
示范学校
江苏省教育委员会
一九九八年十二月

江苏省模范学校
（1997-1999）
江苏省教育委员会
一九九九年十二月

无锡市现代教育技术
实验学校
无锡市教育局
二〇〇二年九月

2009-2010年度
江阴市管理规范先进学校
江阴市教育局
二〇一一年二月

2011年度
无锡市平安校园
市教育局 市综治办 市公安局
二〇一一年十二月

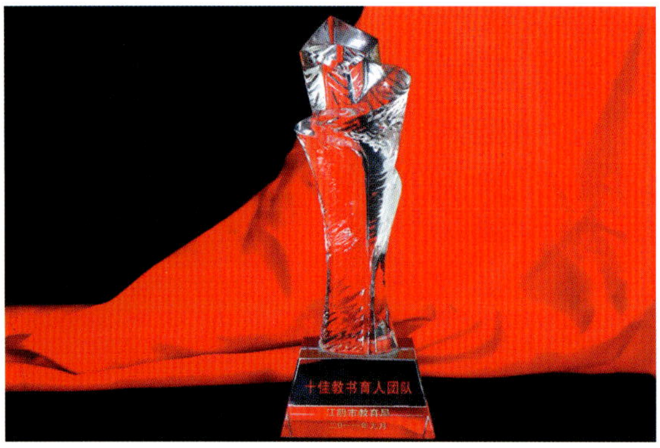
十佳教书育人团队
江阴市教育局

十佳工人先锋号
江阴市总工会
二〇一五年四月

无锡市教育系统
先进基层党组织
中共无锡市委教育工作委员会
二〇一六年六月

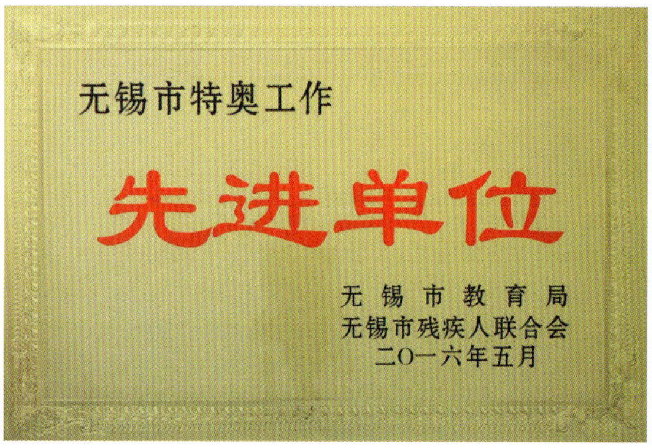
无锡市特奥工作
先进单位
无锡市教育局
无锡市残疾人联合会
二〇一六年五月

江阴市教育系统关心下一代工作
先进集体
江阴市教育局
二〇一六年三月

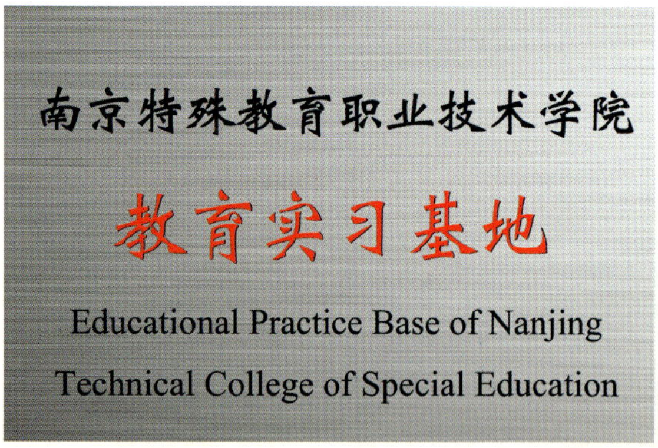
南京特殊教育职业技术学院
教育实习基地
Educational Practice Base of Nanjing
Technical College of Special Education

序

不久前，江阴市特殊教育中心校的蒋勤楠校长打来电话，说他们编纂的校志一书即将付梓，邀我作序。这本书全面记录了学校60年发展不平凡的历程和宝贵经验，也是一本记录江阴特殊教育发展的珍贵文献，我自然感到欣慰和荣幸。

我与江阴渊源深厚，到江阴先后不下20余次。在省教育厅基教处和教研室工作期间，我曾先后陪同教育部基础教育司和特教处的李仲汉副司长、赵永平处长、周德茂处长、王民养处长、谢敬仁处长等考察江阴的特殊教育。就2004年这一年之中，我就三次到了江阴。3月，到江阴调研全国特殊教育随班就读实验县工作开展情况；5月，参加了江阴聋校“十五”课题《信息技术与聋生交往能力培养》中期汇报活动；11月，陪同时任省教育厅副巡视员张仁女士考察江阴聋校。退休之后，我仍多次到江阴特校，考察学校建设和课程改革落实情况。

从事特殊教育工作这么多年来，我见证了江阴的特殊教育从无到有、从弱到强的发展历程。可以说，江阴的特殊教育始终走在全省乃至全国的前列，江阴特殊教育的发展也是江苏特殊教育发展的一个缩影。20世纪70年代末，国家实行改革开放，人民群众期盼全民都有接受教育的机会，为了解决残疾儿童受教育程度低的问题，江阴县政府在马镇北渚复建了聋哑学校，有效地解决了江阴和锡北地区聋生上学的问题。到了80年代，全省各地积极探索随班就读和特教班建设经验，江阴率先在普通学校开展实验并取得了很好的效果。90年代中期，省里启动特殊教育现代化工程，把办学条件改善作为突破口，加快特殊教育的现代化建设步伐，江阴聋校首批通过了省教育厅组织的现代化示范学校的评估验收。到了21世纪初，省里又启动了特殊教育学校标准化建设，江阴聋校创建成为了江苏省首批合格学校。随着优生优育政策的落实，各地聋生的数量急剧减少。2008年，江阴市又在全省率先组建特殊教育中心校，成为了一所接纳聋、培智和其他残障类学生的综合性特殊教育学校，我有幸参加了当年的江阴特教中心成立庆典活动。最近几年，各地贯彻执行国家、省、市各级特殊教育提升计划，扎实推进融合教育，江阴特校的职责也正在不断转型，成为了江阴地区的特殊教育教学研究中心、师资培训中心和教育资源中心。

江阴的特殊教育，可谓起步早，发展快，在发展历程中取得过辉煌的成绩。1993年和2001年，江阴市两次被评为全国特殊教育先进市。2003年8月，又被确立为全国随班就读工作支持保障体系实验县（市）。1992年，我陪同李仲汉司长考察江阴时，在目睹杏春培智学校取得的成就后，李司长当场欣然写下了“培智教育一枝花，越办越好人人夸”的题词。

如今江阴特殊教育的经验、成果和声誉，在省内乃至全国都有较高的知名度和影响力。自2014年始至今，江阴特殊教育中心校确定为“全国特殊教育学校校长能力提升培训项目影子培训”江苏省八所基地学校之一，这是县市（区）级特殊教育学校唯一的一所。蒋勤楠校长于2014年9月被江苏省特殊教育师资培训中心聘任为“校长国培计划——特殊教育学校校长能力提升培训班影子培训”“实践导师”。学校先后承接了十二期特殊教育学校校长的影子培训，接待了来自新疆、海南、内蒙、吉林等22个省、市、自治区的新建特殊教育学校的校长122名。

江阴的特殊教育发展为何能取得如此优异的成绩，一方面得益于江阴市政府的高度重视，通过发展特殊教育来实现教育公平、推进教育现代化。市政府先后出台了促进特殊教育发展的多项政策，在全省率先实现残疾学生15年免费教育，特殊教育学校生均公用经费按普通同级学校生均公用经费的10倍以上标准进行拨付。我多次听取过江阴特殊教育的工作介绍，从分管教育的副市长、教育局局长到基教科科长都是特殊教育的行家。1995年，时任江阴教研室特教教研员张梅华老师实践和总结的“培智学校分类教学”经验就在全国进行了推广，在全国盲、聋、哑、弱智教育“分类教学”研讨会、十省市弱智教育研讨会和省的“分类教学”研讨会上作了经验介绍。

其次，得益于江阴历任特校校长的励精图治，开拓进取。聋校复校后，张宪、薛祺等老校长，培智学校的庞秀凤、赵国英等老校长克服种种困难，栉风沐雨、艰苦创业，为学校的发展奠定了良好的基础。1994年，沈余校长从澄江镇教育科调到江阴聋校，发挥其曾在教育行政管理岗位任职的资源优势，在学校融入社会、争取社会各界关心支持的层面上，做了大量卓有成效的工作。启动了“希望之声”工程，开展了聋校农村职业技术教育，在省内特殊教育领域独树一帜，声名鹊起。当时在苏南地区，还有镇江的任健美校长、常州的王美琴校长、无锡的范吟雪校长、张家港的冯秀芬校长，都是“女中豪杰”，和沈校长一起被誉为江苏省特殊教育的五朵金花。

现任的蒋勤楠校长履历丰富，在普通小学担任过副校长、支过教，又在教育督导室工作过一段时间。年纪虽轻，但在学校管理、语文教学和学生习作指导等方面均颇有建树。2004年，我时任国家聋教育课程改革方案研制组负责人，就推荐蒋校长加入研制组，他对聋校课程改革的目标定位和课程实施提出了多项精辟的见解。蒋校长是一位既善于创新又务实的校长，新世纪初，他抓住互联网发展的新兴热潮，在全国特殊教育领域首开先河，以信息技术教育与培养学生的交往能力为抓手，积极探索网络环境下特教学生自主成长的教学模式。接着，又开展了聋校低年级课程综合化实践研究，又在全省率先开办普特融合幼儿园、开办智障学生职高班，实施全省首批特殊教育发展工程“医教结合”实验项目，开展学校与康复医院的深度合作等等，这些都离不开蒋校长一直以来能正确把握特殊教育的发展方向，着眼长远，敢于尝试。

再次，得益于江阴有一批情系特教，乐于把青春、智慧和心血奉献给残疾孩子的特教教师，在潜心工作的同时，又注重专业能力的提升。1982年10月，江苏省首届特殊教育青年教师培训班在南京开办，我担任了培训班的班主任。来自江阴聋校的刘琪副校长是培训班的学员之一，在为期两个多月的培训时间里，刘校长未踏出培训地点一步，虚心好学，笔记本记满了十多本，同时把学到的教育教学技能带回学校，进一步培训教师规范开展教学活动。1996年暑假，我组织了江苏省首届特殊教育青年教师基本功大赛，来自全省盲、聋、培智学校的70多名教师参赛，共评出了15名一等奖，来自江阴的张蓉芬、钱文亚两名老师均获得了一等奖；1997年7月，我率领全省特校老师、校长、特教干部和教研员27名赴加拿大布洛克大学学习培训，两位老师也是其中的成员。之后在1999年举行的第二届基本功大赛，来自江阴的居张洪、刘燕飞两名老师又获得了一等奖。至2017年12月，基本功大赛已举办了八届，江阴共有6人获得一等奖、8人获得二等奖，这样的成绩在全省特殊教育学校中都是首屈一指的。

进入21世纪，教育越来越强调要尊重人的个性发展，在国家新课程培训班上我多次强调：不同的人应得到不同的发展，有差异的学生需要差异的教育，要为每个孩子提供合适的教育。而江阴特校倡导的“和合”文化，其核心内涵就是尊重差异、和而不同。他们的办学理念与当今国际特殊教育发展潮流是接轨的。我也在不同的会议上反复谈到，特殊教育要强调缺陷补偿，但更应把重点放在学生的潜能开发和个性培养上。而如今，江阴特校承担的省级“十三五”课题“多元智能理念下基于RTI模式的个别化课程研究”，就是把工作重点放在了学生优势智能的开发上，让学生获得成功体验，形成积极主动的学习态度，为将来更好地融入社会奠定基础，这又与新课程提倡的理念不谋而合。

随着人民群众对高质量特殊教育的需求越来越高，江阴特校已有的办学条件已经无法满足发展的需要。欣闻在江阴市政府的高度重视下，占地50余亩、建筑面积近30000平方米的江阴特校易地重建项目已经启动，目前新址已经确定，我衷心期待一所集生态校园、人文校园和智慧校园为一体的现代化新型特校早日建成，为江阴的特殊教育叙写新的篇章！

以此为序。

国家聋课程改革方案研制组组长
国家聋课程标准研制组组长
江苏省特教专业委员会顾问

2018年1月18日

凡　例

一、本志以马克思列宁主义、毛泽东思想、邓小平理论、“三个代表”重要思想、科学发展观、习近平新时代中国特色社会主义思想为指导，坚持辩证唯物主义和历史唯物主义的立场、观点和方法，全面、客观、系统地记述江阴特殊教育60年的发展历史，重点在1978年复校后尤其是2008年原聋哑学校和培智学校合并组建为特殊教育中心校以来的状况、变化和风貌。

二、本志上限定为1958年9月，下限为2017年12月，详近略远。

三、本志采用述、记、志、图、表、录等体裁，以志为主，横排门类，纵写史实。

四、志首设图片、概述、大事记。专志设10章，即历史沿革、历任领导、师资队伍建设、德育工作、教学工作、科研工作、康复工作、办学条件、后勤工作、办学业绩。志末附后记。

五、本志所记事件，原则上按时间顺序排列；对历任教职工以进校先后为序；对获奖、成果，公开发表的论文、论著以时间顺序排列；学校管理机构、群团组织职务以批文为准。

六、个人、集体荣誉及学科成果一般只记述到江阴市级以上；教师论文获全国等级奖、江苏省级以上，在无锡市以上刊物发表者列目录；课题研究，江阴市级以上列目录。

七、地名、称谓、政区及机构等记述用当时名称。语言文字、标点符号、数字数据、计量单位的使用等按国家有关规定执行。

八、本志对所涉及到的图片资料、史实来源于学校原始档案资料，来源于老领导、老教师、老校友回忆，来源于江阴市（县）志、江阴市教育（志）年鉴、教育局出版的刊物。引用公开发表的文稿在志中备注说明。

目 录

概 述

江阴市特殊教育中心校前身主体为江阴市聋哑学校，创办于1958年，1961年停办，1978年在马镇北渚复办，1992年9月迁至江阴市城区现址。2008年8月，原澄江镇杏春培智学校并入，并更名为江阴市特殊教育中心校。学校是江阴市唯一的一所公办特殊教育学校，由江阴市教育局主管，经江阴市事业单位登记管理局登记，是具有法人资格的办学机构，校址在江阴市通江南路38号。

学校占地面积14150平方米，建筑面积5817平方米。至2017年6月，共有智障和听障两个部19个教学班，242名学生。有教职工72人，其中专任教师取得本科学历50人，专科学历9人，学历达标率为99%。专任教师中高级职称8人，中级职称38人。

一、初创期（1958～1992年）

1958年上半年，为贯彻落实全国第四次民政工作会议的相关精神，江阴县民政科（相当于今民政局），委派钱福根组织相关人员对全县聋人情况进行了详细的调查摸底。在调查的基础上进行专题分析研究，认为聋人是社会的组成人员之一，同样有接受教育的权利。同年12月20日，腾出澄江镇青果巷7号私房公改的29间平房作为校舍，首次招收17名聋生入学，同年12月23日正式开学上课。至1960年9月，学校有63名聋生，分设4个教学班。实行半工半读（上午学习，下午去福利厂劳动）、教师包班负责、师生“四同”（同吃、同住、同学习、同劳动）的办学模式。1961年，为贯彻党中央关于国民经济实行“调整、巩固、充实、提高”的八字方针，县民政科按照县政府的统一部署，决定于1961年年底停办学校。

1976年上半年，为使聋生享受到教育的权益，苏州地区教育局拨下专款，指令江阴县文教局继昆山、常熟后，创办一所专为聋生教育服务的苏州地区第三所聋哑学校，由江阴县文教局主管，招收对象为江阴县和无锡县北片的聋哑儿童，学制暂定六年，校名定为苏州地区江阴聋哑学校。1978年9月1日，学校正式对外挂牌，校址为江阴马镇北渚，校长为张宪。同年10月16日正式开学，共招收到聋生39名，分设2个班进行教学，学制为五年。开设的课程有：语文、会话、数学（使用的是上海版聋哑学校课本）、思想品德、图画、常识（普小教材）。

1982年2月，张宪退休，薛祺接任校长。1983年7月，国家实行“撤销地区建制，由市管县”的管辖体制，江阴县划归无锡市管辖，学校更名为“无锡市江阴聋哑学校”，招收对象为江阴县和无锡县北片9至12周岁的聋哑儿童、少年，仍由江阴县教育局主管，人事隶属关系不变。同年7月，学校首届39名学生毕业，并全部落实了就业单位。

1987年4月23日，江阴撤县建市，在江阴市教育局的指令下，学校更名为江阴市聋哑学校，招生对象改为江阴本市的聋哑学生。同年9月起，实行九年一贯制义务教育。

澄江镇杏春培智学校创办于1985年11月，原先为澄江镇智障儿童辅读班，附属于市实验小学，后附属于澄江中心小学。1988年4月，在原杏春小学校园内，成立江阴市澄江镇杏春培智学校，主管单位为澄江镇教育办公室，招生范围为澄江镇的智障学龄儿童，首任校长为庞秀凤。

二、发展期（1992～2008年）

1992年8月，江阴市聋哑学校由马镇北渚搬迁至市区通江南路38号，原西郊中学校园内。同年9月1日，聋哑学校在新址正式开学，副校长刘琪主持学校全面工作。从此，学校走上了寻求探索发展新路子的轨道。学校启动校办厂的挂靠工作；落实按每生每年800元的标准，向学生所在乡镇征收教育经费的政策；正式开办学龄前聋哑儿童语言康复班；完善了各类专用教室及活动室，添置了必不可少的设备。

1994年8月，江阴市教委选派沈余任校长。1995年2月，学校全面启动并实施“希望之声”工程，不仅疏通了学校资金来源的渠道，而且扩大了聋哑教育事业的影响，从而取得了社会的理解和关注。同年，成立校董会，利用社会集资建造了康复综合楼，进一步解决了学校用房紧张的局面。1996年，学校成立聋哑儿童语言康复中心，购置先进的听力检测仪、言语康复评估仪和助听器检查维修仪等设备，并设置了听力检测室。聋生职业技术教育开辟新路，开设电脑打字、烹饪、编织、食用菌栽培、美容美发等专业。全面进行教育现代化建设，于1998年12月，在省内首批通过“江苏省特殊教育现代化示范学校”的验收。学校还增设教科室，使教育教学的研究工作步入了科学发展的轨道。

1999年7月，蒋勤楠接任聋哑学校校长，在学校良好发展的基础上，注重增进其内涵，以创建校园特色文化为抓手，不断提高学校设施设备的档次和品位，带领全体教工以科研开道，以提高学生能力增色，以赢得社会认可强校，外联内聚，扎实推进，成果瞩目。1999年10月，学校通过“江苏省模范学校”的验收，并以此为起点，提出“创建特色鲜明的全国一流特教学校”的办学目标，学校由此插上了腾飞的翅膀。2000年11月13日，学校为“二十一世纪特殊教育改革和发展研讨会”提供现场。2004年5月27日，面向全省特教同行举行“十五”课题汇报展示活动；开展聋校低年级综合化课程改革研究。加强学生艺术素质的培养，选送的节目多次在全国、省、市级比赛中获奖。学生章亚入选中国残疾人艺术团，参加“千手观音”节目的演出。在此期间，学校先后获得无锡市常规管理先进学校、无锡市现代信息技术实验学校、江阴市文明单位、江阴市安全工作先进集体、江阴市AA级特色学校等荣誉称号。

1992年2月，赵国英接任江阴市澄江镇杏春培智学校校长。期间，学校努力完善专用教室，增建校舍面积，并依靠政府和地方的支持，添置必要的设施设备。开展智障学生分类教学研究，1992年10月27日，为全国十省市弱智教育教学研讨会提供现场；1995年6月13日，接待江苏省残疾儿童分类教学研讨会的与会代表，并展示了研究成果。1997年8月，孙经建接任校长，期间，积极筹措经费，按教育基本实现现代化的标准，完善电教和生活设施，满足学生的住宿条件。带领教师科学提高教育质量，取得了社会的认可；教师队伍建设成效明显，两位教师获省基本功大赛一等奖。2004年8月，刘燕飞接任校长，学校招生对象从澄江镇扩展到全市，更新管理理念，个别化教育课题研究取得预期成果，带动教师教科研业务能力的提高；对普通学校特殊学生进行专业评估和巡回指导，推动随班就读质量的提升。

三、创新期（2008～2017年）

2006年，江阴市委、市政府决定把江阴市澄江镇杏春培智学校并入江阴市聋哑学校，成立江阴市特殊教育中心校，招生对象为江阴全市的听障和智障学龄儿童，并全面实施9年制义务教育。2007年6月，由市政府投入1800万元的改造和建设的工程启动。在一年多的时间里，高质量地改扩建了食堂楼、新建了教学楼和宿舍楼、建造了塑胶操场、重新装修了原有的三幢楼房、规整了校园道路、提升了绿化品位。2008年8月18日，江阴市特殊教育中心校正式挂牌成立。同年9月1日，原杏春培智学校的学生和原聋哑学校的学生合并到校上课。

自两校合并起，学校沿循“创建全国一流特校”办学目标，明确中心校的发展定位是成为江阴地区的特殊教育教研中心、特殊教育资源中心和随班就读指导中心。为此，学校先后制定“十二五”发展规划和两轮的三年内涵发展规划，提出以“和合”文化统筹安排学校各项工作，确立了“为特殊需要儿童提供最合适的教育”的办学理念，“尊重差异，和而不同”的校训，“和合仁爱、同心同行”的校风，“至爱至善、至精至勤”的教风，“自尊自信、自立自强”的学风，“微笑面对每一天、热心帮助每个人、尽力做好每件事”的师生行为准则。师资队伍建设、德育工作、课程改革、教学科研、康复训练、后勤工作、安全管理等各项工作全面推进，于2014年和2017年两次高标准通过综合督导评估。在“十二五”两项课题均取得丰硕成果的基础上，2017年1月，又成功申报“十三五”省级重点规划课题。2011年9月，学校率先在省内实行15年免费教育，开办智障职业高中班，开设园艺、烘焙、洗车和手工皂制作等专业课程，满足了轻中度智障学生接受中等职业技术教育的需求。2013年和2017年，学校先后申报和实施“医教结合”、“送教（康）上门”两项江苏省特殊教育发展工程项目，确保对全市每一个残障学生的教育“全覆盖”“零拒绝”，着重培养残障学生的生活自理技能、基本文化知识、良好行为品德和社会适应能力，让学生更好地适应生活、融入社会。

学校以生活为核心，以文化为导向，营造“和合”的校园文化氛围，和谐成果不断涌现，2011年，意大利米兰的主流教育杂志整版介绍了学校的办学理念和成果。2013年，教育部委托南京特殊教育师范学院举办“全国特教校长能力提升培训班”，学校被指定为影子培训实践基地，校长蒋勤楠被聘请为培训班实践导师。至2017年12月，学校连续接待了十二期学员来校蹲点培训，在全国特教界引起了反响强烈，学校影响力显著提升。2011年至2017年，学校努力拓展办学职能，发挥中心校在特殊教育方面的资源和教师专业优势，为全市随班就读工作提供专业评估和业务指导服务，推进特教与普教的融合、特殊儿童和普通儿童学习成长的融合。在此期间，学校先后获得无锡市平安校园、无锡市教育系统先进基层党组织、无锡市教育系统敬老先进学校、江阴市管理规范先进学校、江阴市十佳教书育人团队、江阴市安全生产先进单位、江阴市残疾人康复工作先进单位、江阴市十佳工人先锋号、江阴市教育系统关心下一代工作先进集体等荣誉称号。

大 事 记

1958–1982年

1958年12月23日 江阴县民政科创办的江阴县聋哑学校开学上课。

1961年12月底 江阴县聋哑学校因国家遭受自然灾害而停办。

1978年9月1日 苏州地区江阴聋哑学校在马镇公社北渚原马镇中学的东半部校区挂牌，并于10月16日正式上课，校长为张宪。

1983年

5月30日 县文教局副局长王起元及朱菊英、沈凤生等到校赠书。

7月10日 举行首届学生毕业典礼，县文教局局长王廷彦、民政局副局长薛仁甫、公社民政科等相关领导出席。

9月27日 无锡市、江阴县人大常委会、市（县）人大代表、无锡市教育局领导、江阴县文教局、民政局、劳动局及马镇乡等领导到校考察。

1984年

3月23日 与驻澄89960部队阳岐农场签订“军民共建文明学校”协议，并聘请7名解放军战士为校外辅导员。

6月1日 召开“六一”儿童节庆祝大会。出席的领导有无锡市人大常委会副主任、老红军谭正柱，无锡市民政局副局长徐明，无锡市盲聋哑协会副秘书长邢西滢，驻澄89960部队农场首长等。

7月9日 举行毕业典礼。江阴县教育局吴瑞岳、沈凤生，民政局副局长薛仁甫，马镇乡乡长陈元祥、科长陈官堂，89960部队首长和家长代表等出席。

9月1日 教育局局长王廷彦等领导到校调研。

10月4日 无锡市教育局局长及江阴县教育局副局长王起元等到校看望师生。

11月29日 举行青年语文教师开课活动，参加听课的单位有江阴县教育局钱明德、马镇乡陈官堂、无锡聋校校长谈福奎及教导冯丽华、常熟聋校校长龚瑞芬、昆山聋校陶美兰等。

12月17—18日 学校承办无锡市（一市三县）特教会议。无锡市教育局局长、宜兴县教育局许志兵、无锡县教育局朱兴南、无锡市聋校谈福奎、无锡县聋校程根生、江阴县教育局戎汉潮和钱明德、马镇乡陈元祥乡长等领导专家出席。

1985年

6月1日　庆祝“六一”国际儿童节，江阴县教育局局长王廷彦、主任汤金梅，民政局和89960部队农场领导及校外辅导员到校参加庆祝活动。

6月13日　学校举行青年教师比武课，无锡市聋校副校长宋鹏程和老师、宜兴聋校的领导和老师到校听课评课。

6月27日　县体育达标验收组到校验收。

9月10日　无锡市民政局、聋协，江阴县教育局钱明德、张福成，驻澄69960部队农场、乡民政科等领导来校慰问，并参加教师节茶话会。

12月5日　无锡市民政局、江阴县民政局和马镇乡乡长陈瑞昌等领导考察聋哑学校。

1986年

4月12日　举行首届一次教代会，89960部队农场教导员张贺银及军医、校外辅导员杨锡华，马镇乡文教科科长陈官堂，青阳片视导员张福成等到校祝贺。

4月30日　江苏省教育厅副厅长徐航、初教处特教科科长程益基、无锡市教育局领导、江阴县教育局局长王廷彦及副局长方玉娥、马镇乡乡长陈元祥、无锡市聋校校长谈福奎等领导到校考察。

5月31日　县教育局副局长鞠锡清、主任汤金梅、县民政局秘书黄鹤鸣、部队农场杨锡华等到校慰问学生。

11月24日　对无锡和常熟聋哑学校上公开课，教研室教研员张梅华作业务指导。

1987年

1月14日　江阴县人大副主任钱巍昶，政协副主席黄亚蒙，教育局局长王廷彦、副局长鞠锡清、方月娥，红十字会秘书长陈以平等到校考察。

3月19日　无锡市电教馆、江阴县电教组到校拍摄缝纫课和打字课的教学录像。

6月1日　江阴县政府、无锡市和江阴县教育局、马镇乡政府等领导到校慰问师生。同时，解放军农场教导员和校外辅导员也参加。

9月13日　江阴市聋哑学校参加全国勤巧小队竞赛得奖。三(2)中队1小队获一等奖，三(1)小队获二等奖。

9月15日　市教育局钱明德、姚兴耕、张梅华、张福仁等到校检查开学工作。

11月16日 江阴市委组织部王俊明等领导到校调研。

1988年

3月26日 对青阳片中心小学开课，各中心校校长及有关教师到校参加活动。

4月18日 澄江镇杏春培智学校正式成立，校址在澄江镇环城西路126弄11号。

5月28日 参加江阴市小芙蓉文艺会演，江阴市聋哑学校参演节目为舞蹈《聋哑花朵》。

6月30日 江阴体委副主任顾仁淦、体育馆馆长陶德贤、学校体育股股长秦浩明到校进行体育达标验收。

6月29日 新建的教学楼"育芽楼"落成，由市教育局投资、江阴市设计院设计，马镇建筑公司承建，三层10间，共634.8平方米。

7月9日 收到青海省贵南牧场民族学校寄来哈达一条，开启江阴市聋哑学校与少数民族地区学校的交流。

7月15日 江阴市教育局副局长方玉娥一行到校验收新教学楼。

9月9日 市政协孙主席、宣传部部长王伟成、教育局副局长蒋光中到校慰问教师。

9月10日 江阴市民政局股长黄鹤鸣，教育局钱明德、张梅华，马镇乡政府秘书到校参加学校庆祝第四个教师节茶话会。

10月14日 舞蹈《聋哑花朵》参加无锡市"三花杯"残疾人文艺会演。

10月26日 江苏省教育厅副厅长徐航、江阴市教育局钱明德到校考察。

12月5日 市教育局教研室主任蔡崇武、教研员张梅华、沈佩玉等到校指导。

12月12日 江阴市特殊教育研讨会暨聋哑学校劳技成果汇报会在江阴市聋哑学校校召开。市中小学教研室副主任姚兴耕、特教研究员张梅华及杏春培智学校、青阳中心小学辅读班的有关教师参加。

12月17日 举行江阴市聋哑学校建校十周年庆祝大会。省特教学会，无锡市民政局、残联，江阴市委市政府、政协、人大，市教育局、民政局、红十字会、总工会、教育工会等领导，兄弟学校的教师共50多人到校参加。

1989年

2月18日 下午学校召开教代会。

4月10日 江阴市教育局、教研室领导到校指导课堂教学。

4月17日 教师卫幸福出席江苏省第七届人民代表大会。

5月27日 无锡聋校支部和校支部开展党员联谊活动。

6月1日 江阴市政府副市长徐海锋等领导到校慰问师生。

9月8日 89960部队阳歧农场领导到校参加学校教师节庆祝会。

9月9日 江阴市委宣传部部长王伟成等到校慰问教师。

10月4日 校文艺宣传队参加马镇乡庆祝40周年国庆文艺演出。

10月11日 党支部换届选举会议。

10月13日 召开建队40周年庆祝表彰大会。

10月18日 对全市举行教学评优课活动。

10月25日 国家教委基教司司长李仲汉、特教处处长龙庆祖等领导到学校考察。

11月6日 副校长刘琪参加无锡市委党校第五期新闻、文化、教育干部进修班学习，为期50天。

12月31日 无锡市电教馆到校拍摄电视录像。

1990年

4月25日 接手江阴市控制设备厂为学校挂靠企业。

5月5日 无锡市教育督导室领导到校检查工作。

5月12日 国家教委特教处副处长赵永平、原省教委主任徐航和初教处副处长程益基等领导到校考察。

5月23日 江阴市特教思想品德课研讨会在江阴市聋哑学校召开。

6月4日 学校乒乓队参加无锡聋校学生乒乓球比赛。

6月9日 无锡市聋校五年级作文比赛在江阴市聋哑学校举行。

10月16日 组织师生参加江阴市中小学生田径运动会。

11月18日 师生参加无锡聋生田径运动会。

1991年

1月18日 举行教育工会换届选举大会。

3月5日 组织师生开展学雷锋活动。

5月31日 举行庆“六一”活动，无锡市、江阴市各级领导到校慰问。

6月10日 校文艺队参加江阴市学生文艺会演。

9月4日 无锡市教委普教处、江阴市教委基教科等领导来校考察。

10月6日 党支部举行换届选举大会。

11月26日 组织部分老师赴无锡聋校参观学习。

1992年

3月24日 南京爱德基金会捐款给学校11000元。

4月11日	江阴市校办公司为学校筹办江阴市澄江特殊印刷厂。
5月18日	江阴市各级领导助残日到校献爱心。
6月1日	庆祝“六一”国际儿童节，江阴市各级领导到校慰问。
6月16日	开展首届校园文化体育艺术节。
7月8日	部分学生参加无锡市第三届残疾儿童夏令营活动。
9月1日	暑期，学校由马镇北渚搬迁至市通江南路38号，正式上课。
9月6日	江阴市政府副市长方国良、政协副主席黄亚蒙等领导到校慰问，庆祝教师节。
9月16日	学校党支部由马镇党委转到江阴市教委党委。
9月29日	借西郊中心会议室举行学校乔迁典礼。
10月27日	培智学校成功承办中国十省市弱智教育研讨会。
10月27日	在江阴召开的十省市弱智教育教学研讨会代表领导到聋哑学校参观。
11月4日	学生代表江阴市到无锡体育馆参加“民模杯”残疾人乒乓球比赛。
11月21日	部分师生参加无锡市聋校田径运动会。

1993年

3月2日	无锡市、江阴市特教干部联席会议在江阴市聋哑学校召开。
3月16日	无锡市残联理事长邢西滢等领导到校指导工作。
4月2日	国家教委特教处副处长周德茂、省教委初教处程益基等领导考察江阴市聋哑学校。
5月15日	江阴市委副书记王伟成等领导助残日到校慰问。
6月1日	江阴市委书记翟怀新、市长贡培兴等领导到校慰问师生。
6月22日	省特教工作检查组到校检查指导工作。
9月10日	无锡残联、江阴市民政局等领导到校慰问教师。
9月28日	江阴市教委创建检查组到校检查工作。
12月25日	学校举行康复班开班典礼，江阴市政府、残联和教委等领导出席。

1994年

5月13日	部分师生到黄田港进行助残日演出。
5月18日	开展第二届校园文化技能艺术节活动。
5月19日	省教育厅原副厅长徐航等领导到校考察指导工作。
5月22日	无锡市四所聋校在聋校举行联谊活动。
6月1日	江阴市教委副主任唐金华、副书记刘罗洪等领导到校慰问。
9月6日	江阴市委市政府宋忠歧、袁振兴等领导来校教师节慰问。
9月7日	农工民主党江阴市委在学校设立“农工聋生奖学金”。江阴市副市长徐海锋、

农工民主党江阴市委主委马元品和郁如鹤、吴志云等领导出席颁奖仪式。

10月22日　对无锡市四所聋校举行公开课活动。

11月14日　江阴市佳宝炉具有限公司赠送学校10套烹饪设备和用具。

12月4日　和黄山炮团举行军校共建签字仪式暨军训会操表演。

12月15日　江阴市人民法院庭长王东到校作法制教育讲座。

1995年

2月24日　全面启动“希望之声”工程。

3月1日　承办江阴市特殊教育中心组成立大会。

4月8日　江阴市政协副主席、工商联主席蒋祖麒到校考察并慰问学生。

4月16日　江阴百货大楼、人民商场为学校“希望之声”工程义卖一天捐资助学。

4月19日　举行“金三角”集团为“希望之声”工程捐赠仪式。

5月11日　江阴市佳宝炉具公司捐建烹饪室揭牌仪式。

5月12日　全国十佳少年袁浩巍到校作身残志坚讲座。

6月12日　江苏省残疾儿童分类教学研讨会在聋哑学校召开。

6月13日　培智学校接待了江苏省残疾儿童分类教学研讨会的与会代表，并展示研究成果。

7月1日　江阴市副市长黄满忠为学校语训室举行揭牌仪式。

10月4日　在江阴市工人文化宫举行首届校董会成立大会，市政府副市长黄满忠、教委常务副主任刘忠耀、民政局局长方远平和校董会成员单位等领导出席。

10月24日　江阴市教育督导室到校评估学校工作。

11月14日　向周边县市兄弟学校举行开课活动。

12月2日　无锡市四所聋校工会在江阴市聋哑学校举行体育趣味比赛。

12月22日　学校举行高年级学生军训会操表演。驻澄83434部队首长、市民政局副局长金玉良、教委副主任蒋光中等领导到校观摩。

1996年

3月15日　投资64万元、建筑面积1100平方米的康复综合大楼建成使用。

3月19日　江阴市教委组织各镇中心校校长到校参观指导。

4月3日　甘肃省特教代表团一行8人到校参观指导。

4月9日　亚太地区聋教育协会主席鲍瑞美率香港聋教育专家代表团一行到校参观考察。

江苏省教委基教处处长张仁、江阴市政府副市长徐海锋、无锡市教委副主任魏祖成等领导陪同考察。

4月30日　学校召开第二届董事会会议。江阴市副市长徐海锋、教委常务副主任刘忠耀、民政局副局长薛仁甫和教委普教科副科长陈元等领导和全体董事单位参加。

5月17日　国家教委基教司特教处处长王民养、副处长周德茂，中残联就业部郭福荣等领导到校考察。

5月17日　江阴市委书记翟怀新等领导到校助残日慰问。

5月21日　无锡市四所聋校校长到校联谊活动。

9月5日　江阴市副市长曹建华等市领导到校慰问师生。

9月18日　教师张蓉芬、钱文亚参加省青年教师基本功大赛获一等奖。

10月13日　省教委初教处程益基率全国聋教材编写组一行到校参观指导。

11月12日　江阴特殊教育工作研讨会在聋哑学校召开。

12月1日　校长沈余应邀随江苏省特教参观团赴香港考察。

1997年

2月24日　举行开学典礼暨农工聋生奖学金颁奖仪式。

2月26日　组织师生观看邓小平追悼会实况。

3月4日　江阴市特教中心组人员在校举行教研会议。

4月15日　峰力公司西门子公司到校检测学生听力并验配助听器。

5月23日　中残联聋人协会主席戴目、原无锡市聋哑学校副校长宋鹏程到校考察。

5月31日　举行第三届艺术节活动。

6月1日　市委书记袁静波、市长王伟成等领导“六一”节慰问全校师生。

6月26日　全校教工去远望影剧院参加教委双庆活动。

7月5日　学校教师张蓉芬、钱文亚赴加拿大布洛克大学参加为期50天的特殊教育培训。

10月10日　通过无锡市教育现代化示范学校的验收。

10月12日　“希望之声”电视台正式开播。

12月10日　开办聋童康复家长学校。

12月15日　全国自强模范孟辉到校作励志报告。

1998年

3月3日　举行军训会操活动。黄山炮团政委庄梦觉、教委常务副主任刘忠耀、民政局副局长薛仁甫等领导参加。

3月11日　举办江苏省课题“农村聋校职业技术教育模式研究”阶段性汇报活动。

4月2日　全体师生赴江阴市黄山烈士墓扫墓并参观黄山部队内务。

4月6日　组织10名教师赴广东省深圳市元平聋哑学校参观学习。

4月20日　江苏省特殊教育分类教学评估现场会在江阴市聋哑学校召开。

4月25日　浙江省温州、瑞安两市特殊教育考察团到校参观交流。
5月14日　学校承办无锡市聋校“三优化一提高”观摩活动课活动。
5月15日　江阴团市委在江阴市聋哑学校举行“手拉手、献爱心”助残日联谊活动。
9月10日　全体师生举行“心系灾区”抗洪救灾捐款仪式。
9月11日　中保人寿江阴支公司领养4名特困生聋童，签订结对助学协议。
9月26日　省残联聋人协会主席、省劳动模范、全国自学成才先进个人谭京生到校访问。
10月16日　江苏省教委基教处组织专家对江阴市聋哑学校进行特教现代化示范学校的验收。
10月26日　邀请江阴市法制教育报告团到校对师生进行法制讲座。
11月26日　学校通过了无锡市97—98年度常规管理先进学校的验收。

1999年

3月18日　举行江苏省特教现代化示范学校挂牌暨复校20周年庆典大会。
5月25日　江苏省如东、东台和海安三市的特殊教育参观团到校参观交流。
9月7日　召开农工民主党颁奖仪式暨开学典礼。
9月10日　全国特教理事长李宏泰一行到校考察。
9月16日　教育部特教处处长王洙、中残联教育处原处长张慧秋等领导到校考察。
9月24日　中保人寿江阴市支公司领导到校签订结对助学活动。
9月27日　江阴市特教研究会年会在聋哑学校召开。
9月29日　举行“希望之声”少年军校军训汇报活动。

2000年

5月19日　江阴市四套班子领导到校考察。
5月21日　江阴市交警大队机动中队到校签订结对助学活动。
5月31日　中残联发展部黄友柏、朱春林和江苏省残联蔡新成等领导到校考察。
6月21日　省特教风采录制摄影组到校拍摄。
9月22日　教育部特教处处长谢敬仁等领导到校考察。
11月13日　“21世纪中国聋教育改革与发展”研讨会代表到校参观。
12月12日　举行江苏省模范学校揭牌仪式。
12月30日　举行省级课题“农村聋校职业教育模式研究”的结题工作。

2001年

3月14日　省教育现代化检查组领导到校考察。

4月21日 无锡市四所聋校学生田径运动会在江阴市聋哑学校召开。

5月13日 教育部特教处副处长周德茂在省市教育部门领导程益基、徐泰来、虞清等陪同下到校考察。

5月18日 江阴市交巡警大队机动中队到校捐资助学。

5月22日 江阴市卫生局、红十字会和西杏社区等领导到校捐资助学。

5月30日 江阴市星级学校评定组到校开展星级评定工作。

6月30日 江苏雪豹日化公司到校献爱心活动。

9月13日 中保人寿江阴支公司到校捐资助学。

11月19日 江阴市人大、教委、残联等领导到校考察。

11月22日 江阴市特教研讨会在江阴市聋哑学校召开。

12月15日 举行青年教师培训班开班典礼。《现代特殊教育》杂志副主编沈玉林、无锡市教研中心林未延、江阴市教研室沈永清等参加。

2002年

1月26日 江阴市人民政府市长兼慈善基金会会长姚建华率民政局、残联和教育局领导慰问江阴市聋哑学校师生。

4月26日 全校师生在江阴市电视台参加《活力课堂》专题栏目的现场摄制并播出，主题为《无声世界也精彩》。

6月4日 教育部特教处处长谢敬仁在省市领导程益基、虞清、屠湘如等陪同下到校考察。

6月6日 顺利通过无锡市现代信息技术实验学校评估组的检查验收。

6月22日 南京特殊教育师范学校副校长谢明到校作讲座。

9月2日 九五部队通信总站的战士到校帮助六至九年级学生军训。

9月17日 省教育现代化先进（县）市验收组到校检查验收。

9月29日 省残联副理事长张建平在江阴市副市长李立行、民政局局长季三宝等领导陪同下考察江阴市聋哑学校。

10月18日 学校田径队3名学生参加江阴市中小学田径运动会，取得 2 个第三名、1 个第六名。

10月29日 培智学校承办无锡市特殊教育课堂教学研究活动。

11月1日 《静夜思》节目在江阴市中小学古诗文诵读表演会上获特别奖。

11月7日 举行无锡市教科研课题“加强信息技术教育与聋生交往能力培养”开题研讨活动。

11月22日 《床前明月光》节目在江阴市残疾人文艺会演上获二等奖。

11月27日 学校六至九年级学生到市青山看守所开展现场法制教育活动。江阴电视台《说新闻》栏目作了专题报道。

12月12日 手语舞《懂你》在市慈善一日捐文艺晚会上进行表演。

12月18日 无锡市名教师唐云增到校作班集体建设的讲座。

2003年

3月27日 组织师生到上海春游，游览上海科技馆和野生动物园。

4月20日 江阴市教育局召开防治非典紧急会议。

4月23日 无锡市原教科所所长江坤才到校作讲座。

6月9日 小品《情满中秋》参加全国第四届盲、聋、培智学校文艺会演获三等奖。

6月12日 省教育学会课题专家组到校，对“聋校低年段课程综合化研究”的课题方案进行课题认证。

9月6日 组织教师参观江阴市海澜集团，并举行“师德宣誓”。

12月24日 江阴市素质教育星级学校评估组到校检查验收。

12月29日 无锡市教育局副局长张志新、基教处副处长虞清，江阴市教育局副局长屠湘如、副科长江红梅等到校检查指导特教工作。

2004年

3月11日 台湾瀚宇博德科技有限公司董事长焦佑衡（江阴籍台胞企业家焦定标之子）到校考察。

3月25日 江阴市聋哑学校与西郊实小和西郊幼儿园签订手拉手校（园）结对协议。全校师生到西郊实小参加“同在蓝天下”手拉手活动。副市长倪颖伟等参加活动。

3月31日 教育部特教处处长谢敬仁在省教研室副主任程益基、无锡市教育局基教处副处长虞清等（县）市教育局领导的陪同下到校考察，调研全国特教随班就读实验县工作。

4月14日 无锡市人大副主任徐懿、司工委王作化和副主任华新博在无锡市残联理事长周满意等（县）市残联领导的陪同下考察江阴市聋哑学校，开展《中华人民共和国残疾人保障法》执法检查。

4月19日 校长蒋勤楠到市政府参加江阴籍台胞焦定标30万元特教奖励基金捐赠仪式。

5月13日 校长蒋勤楠与新华美容城总经理蒋琴华签订助残结对仪式。市工商局局长助理郁敏、工商联书记张明忠、个协秘书长吴盘松等参加活动。

5月26日 全国聋教材研制组人员到校开展研讨活动。江阴市聋哑学校校长蒋勤楠是研制组成员之一。

5月27日 举行无锡市“十五”重点课题“信息技术教育与聋生交往能力的培养”中期汇报活动。省教工委书记葛高林、省教研室副主任程益基、无锡市教育局和教科所领导专家、苏南聋校同仁、江阴市的有关领导同仁等70余人参加活动。

5月31日　江阴市四套班子领导何士荣、周平生、陈楠、毕祥昭和市妇联焦蓉芳等领导在市教育局副局长屠湘如的陪同下到校慰问师生，同庆“六一”儿童节。

6月8日　举行省教研“十五”立项课题“低年段课程综合化研究”中期汇报活动。无锡、江阴教育学会的领导专家们到校参加。

10月31日　学校的《欢乐时刻》威风锣鼓节目在无锡市九运会的闭幕式上进行演出。

11月18日　省教育厅副巡视员张仁、省教研室副主任程益基等领导到校考察。

2005年

2月22日　江阴市教育局局长室、办公室和基教科的主要领导到校检查指导开学工作。

3月18日　无锡市首届特殊教育论坛在校举行，论坛的主题是教学资源的开发利用。

5月15日　江阴市政府在文明广场举行“市残疾人康复用品赠送仪式”，校长蒋勤楠带部分师生参加，50名学生获赠助听器。自此，江阴市聋哑学校聋生助听器配戴率达100%。

5月30日　市长王锡南到校慰问师生。

6月8日　无锡市“十五”重点课题“信息技术教育与聋生交往能力的培养”顺利结题。

8月7日　章亚、朱娜、庞宇玉等三名学生，参与舞蹈表演《心与心不再遥远》，在第6届全国残疾人艺术会演湖北赛区的比赛中，获得二等奖。其中，章亚担任领舞。

8月28日　“蓝天幼儿园”正式揭牌开学。首批招收两个小小班，计37名幼儿。

9月9日　江阴市委副书记何士荣、人大副主任陈捷元、政协副主席毕祥昭等领导到校慰问教师，同庆第21个教师节。

9月11日　学生章亚作为中国残疾人艺术团选调的22名集训新队员之一，赴北京参加为期3个月的封闭式训练。

2月7日　江苏省教育学会“十五”计划立项课题“聋校低年段课程综合化研究”结题。

2006年

4月5日　台湾华新瀚宇慈善基金会执行长陈昭如率基金会相关人员及慈辉社企业志工、荣总医院耳聋科专家访问江阴市聋哑学校，陪同访问的有市台办领导等。

4月27日　省特殊教育研究会理事长程益基、省教育厅基教处徐泰来等领导到校考察。

5月19日　江阴市政府副市长袁秋中、民政局局长季三宝等到校慰问师生，庆祝第16个助残日。

5月30日　全校师生到西郊实验小学参加手拉手活动，主题是“真实的了解、真挚的关爱”。

6月1日　江阴市委书记朱民阳率政府副市长赵国权等领导到校慰问师生。

6月22日至23日　毕业班12名学生到无锡市聋哑学校参加中考。黄飞剑获得无锡市中考总分第一名（英语不计入总分）。

9月4日　晚上，22名教师、2名学生和培智学校教师到江阴市电视台录制《百姓茶坊》的《特教老师》节目。

10月10日　作为江阴市国庆期间开展的“幸福进万家，文化欢乐行”系列活动的压轴大戏——“同在蓝天下，幸福你我他”关爱残疾儿童专场文艺演出在天华文化中心小剧场举行。市委书记朱民阳等领导观看了由培智学校、西郊实验小学和江阴市聋哑学校的小朋友联袂演出的节目。

11月28日　在第15个国际残疾人日来临之际，江阴市聋哑学校举行由新华美容城捐赠的“爱心美容美发室”揭牌仪式。

12月12日　全体学生参加“2006年慈善文艺晚会”，并成功表演《感恩的心》歌舞剧。

2007年

4月18日　贵州省特殊教育考察团一行到江阴市聋哑学校考察访问。

5月20日　江阴市残联聋人协会主办，江阴市聋哑学校承办了首届聋人乒乓和象棋比赛。56位毕业聋生到校参加。

5月31日　全校师生到红磨坊观看庆“六一”文艺节目演出。

6月1日　江阴市政府副市长赵国权和副市长吴林兴等领导到校慰问师生，同庆“六一”儿童节。

6月18日　举行新大楼建设动土仪式，大楼建筑面积4432平方米。

9月12日　江阴市教育局局长屠湘如和副局长王玉泉等领导考察建筑工地。

9月13日　省教育厅基教处副处长徐泰来到校考察，调研省特殊教育合格学校工作。

10月15　江苏省县市区教育现代化建设水平评估组（以周德藩为组长的一行 9 人）到江阴市聋哑学校检查验收，江阴市副市长倪颖伟等陪同检查。

10月20日　江阴市市长现场办公会议在江阴市聋哑学校召开，市长王锡南等领导出席。

2008年

3月11日　江苏省教育电视台记者到校拍摄素质教育专题片段，并采访学校领导。

3月18日　江阴市委副书记陈德荣、市政府副市长钱文琴在市残联理事长周美娣、市教育局党委副书记佘惠兴等领导的陪同下考察江阴市聋哑学校，并调研市残疾人教育工作。

4月14日　人大常委会副主任倪颖伟在教育局局长屠湘如和副局长王玉泉的陪同下考察学校建设工程。

5月 4 日　全国自强模范、南师大教授侯晶晶到校作励志报告，并和师生作互动交流。

5月16日　江阴市市长王锡南、政协副主席吴林兴和副市长袁秋中等领导到校开展助残日慰问。

5月16日　全校师生举行心系灾区献爱心捐款活动，共捐款11790.90元。

5月19日　为四川汶川大地震遇难者举行三天的全国哀悼日活动。早上降半旗，下午默哀三分钟，江阴市电视台《鲜闻一线》栏目作了拍摄报导。

5月21日　党支部举行支援灾区特殊党费交纳仪式，共交纳10800元。

5月30日　江阴市委书记朱民阳、市人大常委会主任吴崇迪、市政府副市长龚振东等到校慰问，同庆“六一”儿童节。

7月30日　教育部基教司特教处副处长周德茂、省教育厅基教处副处长徐泰来、江阴市教育局副局长沈娅梅等领导到校考察，调研特教学校建设标准工作。

8月18日　经江阴市政府批复，聋哑学校和培智学校合并成立江阴市特殊教育中心校。

9月4日　江阴市政府副市长钱文琴和残联、教育局等领导到校考察调研。

9月10日　江阴电视台《新闻一线》栏目到校拍摄教师节专访。

9月12日　江阴市政府副市长龚振东到校考察。

10月15日　江苏腾飞机械工程有限公司到校设立师生奖励基金。

11月5日　全校师生赴江阴市消防大队参观。

11月17日　浙江省桐乡市特殊教育学校领导教师到校参观。

12月2日　省中长期教育改革和发展纲要规划专题组领导到校考察。江苏省教育厅副厅长、教工委副书记胡金波率省教育厅领导专家，在江阴教育局局长屠湘如等领导的陪同下到学校进行调研工作。

12月3日　庆祝第17个“国际残疾人日”助残日暨特教中心校成立庆典活动。

2009年

1月7日　江阴市市长王锡南、副市长钱文琴率残联理事长周美娣、教育局局长屠湘如到校指导工作。

2月11日　无锡市特殊教育工作会议在江阴市特殊教育中心校召开。

3月3日　江苏南京特教学院副院长谢明到校指导工作。

3月18日　陕西省特殊教育学校领导教师到校参观指导。

3月31日　贵州省5名特殊教育领导教师到校进行为期1个月的挂职学习。

4月1日　江苏省残联李新平、王元等领导到校考察。

4月14日　华新翰宇慈善基金会陈昭如一行到学校考察。

4月20日　农工民主党江阴市委员会会员到校为学生义务体检。

5月11日　无锡市教育电视台到校拍摄新闻节目。

5月20日　教育部特教处处长谢敬仁到校考察。

5月31日 江阴市委书记朱民阳到校考察。

6月3日 江阴市特殊教育中心校举行“携手名校，打造名师”院校结对签约仪式暨骨干教师课堂教学观摩活动。省特教研究会理事长程益基、南京特教学院副院长谢明、无锡市教研室副主任李俐、江阴市教育局副局长沈娅梅、市教育局基教科副科长江红梅及省内外兄弟特教学校的领导教师参加了本次活动。

6月26日 江阴市教育学会特教分会代表大会在江阴市特殊教育中心校召开。

8月29日 南京特院教授谢明和教授谈秀菁到校作“有效教学”讲座。

8月31日 江苏腾飞工程公司成才基金到校举行奖学金发放仪式。

9月11日 举行开学典礼暨农工奖学金发放仪式。

10月31日 广西特教领导干部到校进行为期半个月的学习。

11月17日 南京特师实习生到校进行为期一个月的实习。

12月3日 学校和西郊实验小学、市中实验学校开展手拉手活动。

2010年

4月13日 新疆特教学校领导到校考察交流。

5月16日 “共享阳光，让爱飞翔”无锡市第二届特奥会在无锡市保利小学举行。江阴市特殊教育中心校派出24名运动员，获得五金、四银和五铜的成绩。

6月1日 江阴市人民政府市长王锡南率有关部门领导一行到江阴市特殊教育中心校看望慰问师生，与学生同庆“六一”儿童节。同日下午，首届校园文化艺术节闭幕式暨“六一”儿童节节目展演活动在大礼堂举行，参加活动的有江阴市残联理事长周美娣、教育局副局长沈娅梅和新成立的学校理事会等领导。

8月28日 南京特院教授李泽慧到校讲座。

9月9日 江阴市政府副市长龚振东到校进行教师节慰问。

10月17日 副校长张蓉芬参加南京特教论坛，为期四天。

10月27日 蓝天幼儿园举行全市教研活动。

11月3日 江阴市残疾人乒乓球比赛在学校举行。

11月4日 江苏省残联康复机构到校检查。

11月17日 农工民主党江阴支部到校献爱心。

11月24日 江阴市交巡警大队机动中队到校作交通安全知识讲座。

2011年

3月4日 市残联组织耳科专家到学校举办“爱耳日”宣传活动。参加活动的有市残联康复科科长谢彩坤及立聪堂和人民医院耳科专家，学校听障部的教师和学生家长等。

4月15日　新疆霍城县特殊教育学校校长许智宏到校开始为期一个月的挂职学习。

4月27日　《无锡教育》杂志编辑到校专访课题研究情况。

6月1日　参加第11届中国国际儿童电影节的中外嘉宾莅临学校。

6月3日　意大利儿童电影节前主席、意大利教育家伊娃·舒瓦兹沃尔德到校访问。

6月23日　召开蓝天幼儿园并入西郊幼儿园家长动员会。

8月3日　江阴市政府副市长龚振东到校调研校安工程。

8月5日至14日　校长蒋勤楠赴新加坡考察培训。

9月2日　举行《日出江花——教育教学论文集》首发式。

10月17日　江阴市教育局领导来校检查验收无锡市平安校园。

11月4日　江阴市周庄实小省优秀班主任夏德琴到校讲座。

11月17日　学校承办无锡市级阅读教学研讨展评活动。

11月26日　《宝贝计划》摄制组到校拍摄一天。

12月6日　副校长张蓉芬参加全省特教学校校长培训班学习并赴台湾交流考察。

12月12日　“十二五”规划课题“智障学生‘生活化’阅读的校本实践研究”开题活动。

12月30日　德育处课题“生活德育理念下特殊学生行为习惯养成研究”被立项为无锡市教育科学“十二五”规划重点课题。

2012年

1月12日　举行首届“感动校园人物·事件”颁奖典礼。

3月2日　驻澄63706部队一站与江阴市特殊教育中心校在学校礼堂举行共建签字仪式暨联谊活动。

3月12日　九五部队国旗班到校示范升旗仪式。

3月21日　学校成立教师民乐队并开始训练。

4月17日　青海省西宁市聋哑学校到校考察并签订友好合作学校。

4月18日　江阴市纪委书记孙英到校检查校安工程。

5月15日　江阴市委副书记、市长沈建率四套班子领导到校走访慰问。

5月19日　校长蒋勤楠赴新疆霍城开展专家讲学活动。

6月1日　江阴市委书记蒋洪亮、副书记赵国权、副市长龚振东和唐仲贤等领导到校慰问。

6月7日　江阴市英伦尚郡置业公司到校献爱心。

6月25日　举行农工民主党江阴市委励志奖学金颁奖仪式暨休业式活动。

9月21日　民盟江阴市委妇委会到校举行“心系特教、爱心助残”活动。

12月3日　召开江阴市特殊儿童心理健康教育研讨会。

12月20日　无锡教育电视台到校采访感动无锡教育年度人物候选人、教师李佳佳。

2013年

3月14日	江阴市特教中心组会议在江阴市特殊教育中心校召开。
3月28日	无锡市随班就读工作会议在江阴市特殊教育中心校召开。
4月3日	组织学生参加社会实践活动，参观63706部队营地和远望号船。
5月6日	江阴市教育督导室对江阴市特殊教育中心校开展为期两天的综合督导。
5月9日	江阴市宣传部组织电视台、电台、报社等媒体到校采访“江阴好人”李佳佳老师。
5月17日	江阴市委书记蒋洪亮等领导到校进行助残日慰问。
5月19日	组织师生在江阴万达广场开展感恩教育义卖活动。
5月28日	和晨光实小开展“心融·志同”结对手拉手活动。
6月26日	举行农工民主党江阴市委“励志奖学金”颁奖仪式暨休业式活动。
10月10日	法尔胜泓昇集团董事长周建松万米书法长卷展示暨慈善爱心活动在体育馆举行，向江阴市特殊教育中心校捐赠10万元，学校校长蒋勤楠接受捐赠。
10月11日	由江阴市档案局副局长吴红敏带领一行5人组成的专家组，对江阴市特殊教育中心校创建省二星级档案室的工作进行现场测评。

2014年

1月7日	举行无锡市教育科学“十二五”规划重点课题“生活德育理念下特殊学生行为习惯养成研究”和江苏省教育学会“十二五”教育科学规划课题“智障学生‘生活化’阅读的校本实践研究”的中期汇报展示活动。
3月12日	蒋勤楠校长和协理员刘琪参加江阴市责任督学挂牌督导工作启动仪式。自此，学校设立督学工作室，刘琪任学校的首位责任督学。
3月16日	校长蒋勤楠参加为期半个月的华东师范大学校长高级研修班培训。
4月3日	《现代特殊教育》副主编沈玉林到校调研“医教结合”工作。
4月10日	江阴市特殊教育工作会议在江阴市特殊教育中心校召开。
4月16日	江阴市特殊教育中心校举行首届职高班学生毕业展示活动暨就业洽谈会。市残联副理事长江良、各镇残联领导出席了活动。
5月12日	江阴市副市长龚振东到校考察，落实特教三年提升计划。
5月14日	成立校志编写组。特聘江阴市教育督导室原负责人、江阴市老作家联谊会副会长杨德生为顾问。
5月29日	江苏省教育督查组领导到校检查。
6月19日	召开省课题“医教结合”项目推进会。

9月22日　　无锡市残联、江阴市残联领导到校检查康复工作。
10月25日　　全国第一期“特教校长能力提升培训班”学员到校参加影子培训。
11月14日　　由江阴市特殊教育中心校、江阴澄江康复医院共同承担的“医教结合”项目研讨会在江阴市残疾人康复医院举行。江阴市残联理事长沈军、副理事长沈小狮、澄江康复医院院长万国新和校长蒋勤楠、副校长居张洪等参加研讨会。
11月17日　　全国第二期“特教校长能力提升培训班”学员到校参加影子培训。
11月28日　　教师周浩忠参加无锡市第二届中小学教师现场书法比赛。
12月13日　　全国第三期“特教校长能力提升培训班”学员到校参加影子培训。
12月30日　　举行农工民主党江阴市委“励志奖学金”颁奖仪式暨休业式活动。

2015年

1月11日　　三生（中国）健康产业有限公司532团队向江阴市特殊教育中心校捐赠10万元康复设备。
4月8日　　学校和少年宫开展第二课堂签约仪式。
5月12日　　江阴电视台到校拍摄“工人先锋号”专题片。
5月13日　　在敔山湾开展风筝节传统文化活动。
5月15日　　江阴市市委书记周铁根到校助残日慰问。
5月21日　　15名学生赴惠山区参加无锡市首届特殊学生文艺会演。
5月25日　　全国第四期“特教校长能力提升培训班”学员到校参加影子培训。
6月19日　　广西桂林特殊教育学校领导教师5人到校参观。
6月19日　　江苏华科事业群慈爱基金会开展江阴捐赠（助听器31只）活动。
6月23日　　全国第五期“特教校长能力提升培训班”学员到校参加影子培训。
9月8日　　江阴市政协捐资助学20万元用于建设学生烹饪烘培室。
9月21日　　全国第六期“特教校长能力提升培训班”学员到校参加影子培训。
9月23日　　校长蒋勤楠赴中国台湾考察特殊教育。
9月30日　　江阴市民盟在教育局副局长单红霞带领下到校开展助学活动。
11月26日　　江阴市朝阳担保公司捐赠学校价值3万元的大屏幕彩电3台。
12月14日　　韩国残疾人代表团一行12人到校参观访问。
12月18日　　召开“医教结合”项目实施研讨会。
12月25日　　江苏见龙廖有章爱心基金会到校赞助学生冬季校服。

2016年

1月6日　　江阴电视台记者到校采访全国特教园丁奖教师朱巧云。

1月15日　召开2015年度教师发展汇报会，市残联和教育局领导参加。
3月10日　学校启动全市义务教育阶段未入学残疾儿童少年的排查摸底工作。
3月15日　江阴市光明眼科医院为全校学生免费检查视力健康情况。
3月24日　叶瑞财记忆科技有限公司《最强大脑》项目到校作讲座。
4月15日　学校开展“风筝节”暨春游踏青活动。
4月27日　教师戴娅萍参加江阴市十佳文明职工表彰会。
4月28日　学校组团参加无锡市第二届听障学生运动会。
5月10日　全体师生参加江阴市残疾人文娱会演。
5月24日　全国第七期“特教校长能力提升培训班”学员到校参加影子培训。
5月25日　小品《让世界因你而美丽》参加无锡教育电视台节目录制。
6月1日　江阴市市长沈建、人大常委会副主任薛良、政协副主席兼教育局局长陈兴初等到校慰问师生。
6月8日　学校过渡期办公板房开工建设。
6月17日　全国第八期“特教校长能力提升培训班”学员到校参加影子培训。
7月13日　江阴市委书记陈金虎到校调研工作。
8月26日　无锡市教科院张烨主任、黄树生博士到校对全校教师进行暑期培训。
9月5日　中国狮子会江苏暨阳分会到校开展开学慰问送温暖活动。
9月5日　“特教中心廖有章爱心手鼓队”成立。
9月14日　民盟江阴市委妇工委到校慰问学生，教育局副局长单红霞陪同。
9月29日　全市“送教上门”学生信息全部录入省学籍管理系统。
9月30日　江阴市12345热线受理中心到校开展爱心活动。
10月8日　家长义工团队开始履职。
10月22日　全国第九期“特教校长能力提升培训班”学员到校参加影子培训。
11月11日　举行“廖有章爱心超市揭牌仪式”，《江阴日报》和江阴电视台进行报道。
11月23日　江阴永丰余纸业监事长台商黄俊郎为学校赠送纸品。
11月25日　无锡“爱心向前走”艺术团到校进行公益演出。
12月6日　江阴市教育局副局长单红霞、德育科科长沈志荣到校检查文明城市创建情况。
12月6日　江阴市残联理事长蒋万春、副理事长江良、沈小狮到校考察工作。
12月26日　无锡市早期干预中心主任朱一敏等到校交流资源教室建设和送教上门工作。
12月30日　江阴艾泽拉斯贸易有限公司到校捐赠净水宝。

2017年

1月11日　同和健康科技江苏有限公司为学校捐赠净水器。
1月11日　学校退教协分会换届选举。

1月17日　学校工会换届选举。

1月20日　学校课题成功申报为江苏省教育科学“十三五”重点自筹规划课题。

3月3日　部分师生到学院场参加江阴市爱耳日宣传活动。

3月7日　江苏教育出版社原编审、《全国优秀作文选》原主编姚卫伟到校作讲座。

3月14日　特殊教育指导中心申报2017年江苏省特殊教育发展工程“送教（康）上门”项目。

4月21日　学校首部公开出版的著作《且行且思》举行新书首发式。

4月24日　江苏省“十三五”规划重点课题“多元智能理论下基于RTI模式的个别化课程研究”开题论证会。

5月4日　江阴市教育工会在学校召开“全市关爱残疾儿童”工作座谈会。

5月16日　全国第十期“特教校长能力提升培训班”学员到校参加影子培训。

5月17日　江阴市残联和市教育工会共同组织的“助残圆梦”爱心联盟启动仪式在校举行。

6月1日　江阴市委书记陈金虎、人大常委会主任孙小虎、组织部部长崔荣国、宣传部部长程政及政协副主席兼教育局局长陈兴初等领导到校慰问师生。

6月14日　全国第十一期“特教校长能力提升培训班”学员到校参加影子培训。

6月23日　学校举行休业式，农工民主党江阴市委领导等为学生颁发奖学金。

8月21日　学校59名教师到华东师范大学开展为期5天的暑期全员培训学习。

9月15日　惠山特校校长奚梅萍、副校长严敏亚等人到校考察交流“送教上门”工作。

9月25日　学校做好迎接全国文明城市创建验收的各项准备工作。

9月28日　江阴市市长蔡叶明、副市长费平及郁秋皓、市政府办、发改委、规划局和教育局等主要负责人到校调研异地新建工作。

10月13日　教师刘小燕、学生吴佳晨和黄文轩出席江阴市少代会；学校举行秋季田径运动会。

10月23日　全国第十二期“特殊校长能力提升培训班”学员到校参加影子培训。

10月24日　教师浦志萍到南京聋校参加江苏省第八届特殊教育青年教师教学基本功大赛，并荣获一等奖。

10月25日　学校举行第二轮内涵发展三年行动计划专家论证会。

11月10日　江苏省特教专委会理事长程益基、省残联副巡视员丁勇、省教育厅发展规划处副处长徐泰来、无锡市教育评估院虞清、原无锡市特教教研员林未延到校进行新校建设规划。

11月13日　江阴市人民政府教育督导室对学校进行为期2天的综合督导评估。

11月23日　学校承办无锡市特殊教育学校校际教学研讨活动。

第一章　历史沿革

第一节　从创办到停办

1958年上半年，为贯彻落实全国第四次民政工作会议的相关精神，江阴县民政科（相当于今民政局）委派钱福根组织相关人员，对全县19个公社（镇）的聋人情况进行了详细的调查摸底。历经数月的认真工作，得知全县680名聋人中，只有2人为初中文化，18人为初小文化，其余都是文盲；其中有320名聋哑青少年，基本上是文盲。

科务会议听取了这方面的汇报后，对此进行了认真的专题分析研究，一致认为聋人是社会的组成人员之一，他们文化水平低，不仅有损于他们的身心健康，同时也会给社会带来诸多的不利因素。从聋人同样有享受教育的基本权益出发，科务会议觉得完全有必要创办一所聋人学校，同时商定办学模式和原则，即实行半工半读（上午学习，下午到福利厂劳动）、教师包班负责、师生“四同”（同吃、同住、同学习、同劳动）的办学模式和除教师的工资由民政科发放外，学生的书杂费、伙食费均靠自己的劳动所得解决，不足部分再由民政科补助的办学原则。

经请示县政府批准后，县民政科当即组建了由钱福根、张镜清、聋人代表方成基等人参加的聋哑学校筹建班子。经过筹建班子组织人员周密的论证，于当年12月20日，腾出澄江镇青果巷7号私房公改的29间平房作为校舍。没有课桌，除学生自带一部分外，所缺的就用砖头砌成墩子，上面搁扇门板，做成简易课桌。同时还配备了伙房、宿舍等设施。仅用3天时间，一所简陋实用的江阴县聋哑学校建成。

学校初成，限于条件有限，第一次招收17名聋生入学，由无锡市聋哑学校毕业生方成基任班主任，同年12月23日开学上课。1959年春季，第二次招收14名聋生入学，由县福利厂职工夏桂芬任班主任。同年暑假开学，第三次招收18名聋生入学，由刚毕业的中师生陆玉芬任班主任。1960年暑假开学，第四次招收14名聋生入学，由县福利厂朱琴宝任班主任，自此学校有63名聋生，分设4个教学班。

此时开设的课程有语文、算术、图画和体育四门，还订有《学习与劳动公约》。由于受当时极左思潮的影响，教学质量并不十分高。尽管如此，聋教育从没有到有的现实，还是备受学生家长的欢迎。1961年为贯彻党中央关于国民经济实行“调整、巩固、充实、提高”的八字方针，县民政科按县政府的统一部署，决定于1961年年底停办该校，在校的63名聋生，除年龄较大的8名居民户学生和12名优秀的农业户学生，被分派到县福利综合厂的拉链厂当学徒外，其余都回原籍务农。

第二节　从重办到初具规模

一、奉命重办

1976年上半年，为使聋生享受到教育的权益，苏州地区教育局拨下专款，指令江阴县文教局继昆山、常熟后，创办一所专为聋生教育服务的苏州地区第三所聋哑学校，由江阴县文教局主管，招收对象为江阴县和无锡县北片的聋哑儿童，学制暂定六年，校名定为苏州地区江阴聋哑学校。

县文教局接此指令，进行了郑重的调查研究，认为鉴于15年前县民政科已办过聋哑学校，为保持县里聋哑学校教育事业的延续性，以称“重办”为宜；当然，当年聋哑学校为县民政科筹办、管理，属部门办学，将其归口到教育部门另砌炉灶，少不了有“创办”之意；为此，务必审慎规划，周密实施。根据办学须教师先行的原则，县文教局于1976年6月，选派了3名江阴籍的洛社师范应届毕业生，到常熟聋哑学校进行实习培训。

1978年7月，时任县文教局局长的周谷坤，经过较长一段时间的考察论证，考虑到地区教育局指令的招生对象，觉得随马镇公社治所的迁址——从北渚至马公桥，已迁到马公桥的马镇中学原校舍和校园正闲置，地理位置却正处于江阴县和无锡县北片的中心地带，正是办聋哑学校的最佳场所。周谷坤将自己几经考虑的设想，递交局务会议进行了认真讨论，与会者一致认为，此设想有利于盘活原马镇中学闲置的资产，完全切实可行。会议决定：将原马镇中学迁址后留下校园的东半部分，划归聋哑学校筹建，委派曾在北渚中心小学任过校长、时在县文教局小教股任职的张宪负责筹建的具体事项，同时委派时在县文教局业余教育组任职的沙泰峰、马镇小学校长张行协助筹建。

筹建工作于1978年8月正式开始。尽管有旧校舍作为基础，但因马镇中学搬迁已两年有余，加上无人管理，久不住人，32间平房，门窗破缺，墙壁剥落，原有的8间教室，地板全被撬光，地面坑洼不平，而且无厨房、厕所、照明等设施，师生宿舍也需重新改造和充实。整修工作的艰难程度，可谓是物力维艰。

张宪凭着一份坚定的党性，组成班子，知难而上，在当时建筑材料极度紧张的情形下，他带领班子成员到处拜访求援，终于获得了马镇公社党委、政府的支持，在马镇农具厂和水泥厂、璜塘砖瓦厂、青阳石灰窑，以及无锡县堰桥西胶山采石场等单位的倾情支持下，经过一个半月的艰苦努力，整修好了3排32间旧平房，新建了围墙、校门、门卫室、厕所、厨房和浴室，初步配齐了师生宿舍的设施设备。

在校舍整修工程将进入扫尾阶段时，筹建班子经通过县文教局报请地区教育局批准，于1978年9月1日，苏州地区江阴聋哑学校正式对外挂牌。

二、步入正轨

在向地区教育局递交筹建情况报告的同时，学校向社会发出了招收聋童入学的通告，国庆节后正式着手办理招生手续，至10月10日，共招收到聋生39名。10月16日正式开学，分设两个班进行教学。开设的课程有语文、会话、数学（使用的是上海版聋哑学校课本）、思想品德、图画、常识（普小教材）。由于准备充分，很快就建立了正常的教学秩序。

学校各项工作机制的健康运转，不久就得到了社会的普遍认可，在以后的两年招生中，出现了聋生纷至沓来的势头。期间学校又从减轻学生家长经济负担的实际出发，先是通过县文教局领导与马镇公社党委商量后，调拨到了2亩种植蔬菜的基地；接着先后办了由抛光、服装加工、冲压件等3个车间组合成的一个小工厂；同时，优惠购得一辆两吨半的解放牌汽车，在征得县交通局许可的前提下，改装成人、货两用车，平时运送校办厂的货物，节假日接送远道学生。由此，学校声誉日隆，新生应接不暇。

但因校舍十分有限，无法满足聋生入学的迫切需求。已招收的1978年、1979年和1980年的三批学生，因入学时年龄偏大，到五年级时已有十七八岁，少数大龄者已二十岁出头，鉴于学生家长也有让他们提前毕业的要求，经请示县文教局批准，对这三届学生的学制作了适当调整，读完五年就让他们提前毕业。

面对这样的被动局面，学校积极争取，努力开拓。1980年和1981年，经县教育局批准，先后两次扩建两层宿舍楼13间，一度缓解了聋生积极要求入学的愿望和学校接受能力滞后的矛盾，决定对1981年起入学的新生，实行六年制学籍管理。

1983年7月，国家实行“撤销地区建制，由市管县”的管辖体制，江阴县划归无锡市管辖。经无锡市教育局指令，学校更名为无锡市江阴聋哑学校，招收对象为江阴县和无锡县北片9至12周岁的聋哑儿童、少年，仍由江阴县教育局主管，人事隶属关系不变。

1983年秋季开学，学校按照无锡市教育局的指令招收新生，出现了更旺盛的招生势头。为能尽量满足聋教育事业的发展，1983年12月，县教育局又将原马镇中学西北部13间旧平房，划归聋哑学校修缮使用。

与此同时，学校领导切实采取行之有效的措施，全方位、多角度地提高教师的师德、师风和教学水平，使之能迎合学生的生理和心理特点开展教育工作。1984年3月，学校领导采纳了教师们的建议，与驻澄89960部队的阳岐农场，建立了“军民共建文明学校”的紧密关系，配合社会发展的形势，经常性地开展有关激发学生自信心的主题活动，还给每个少先队中队聘请了一名解放军战士当辅导员，大大地促进了学校各项工作机制的高效运转。

校长薛祺带领解放军官兵和老师参加建校劳动

学校聋哑教育事业局面的打开，进一步鼓

舞了大家办好学校的热情。经请示县教育局批准，对1984年9月起入学的新生实行八年制，并对四年级学生开设每周两个半天的缝纫和理发职业培训课，为学生毕业后的自食其力创造条件。从此，学校步入了聋哑教育良性循环的正常发展轨道。

校长薛祺颁发毕业证书

三、初具规模

1983年7月，学校首届学生提前毕业。39名毕业生全部落实了就业单位，由此，进一步激发了在校学生的学习积极性。

1986年7月，在征得县教育局同意的前提下，学校着手进行课程设置改革，使之更趋向科学性，更适应社会需求，更适合学生就业。在教材使用上，政治、语文、数学、自然，使用由教育部组织编写的全国聋哑教育通用教材，思想品德、常识、图画、体育选用普小教材，还对各年级的课程设置做了科学安排。至1987年9月起，依据县教育局的要求，对自此后招收的学生实行九年一贯制义务教育。

正是为满足这一举措的需要，该年经县教育局批准，拆除第三排破旧平房，新建了一幢3层13间的教学楼，命名为“育芽楼”，使校舍紧缺的矛盾得到了根本性的缓解。同时，还利用社会募捐赞助款和校办厂的创收，先后添置了16台缝纫机、2台拷边机、3只电熨斗、4套理发工具、2台铅字打字机等职业培训设备和部分体育文艺设施设备，改造了操场。至此，学校共占地16亩，其中校舍8亩，操场6亩，种植2亩，校舍总面积达10891平方米，办学条件初步适应了聋哑学校的教育需要。

1987年4月23日，经国务院批准，江阴撤县建市，在江阴市教育局的指令下，学校更名为江阴市聋哑学校，招生对象改为江阴本市的聋哑儿童。尽管招生范围缩小了，但生源仍然充足，1988年的在校学生数达11个班级、185人，成为聋哑学校历史上在校生最多的一年。

至此，无论是硬件还是软件，都初具了规模，并初见了规模效应。至1992年7月，学校先后招收聋哑学生376人，按学制全部学完课程的学生占90%左右；先后优质毕业7届、计115名学生，而且百分之百就业，大多数在市、镇福利厂工作。也有少数自谋职业，如开理发店、修理自行车、补鞋、缝纫等。

复校十周年庆祝大会

学校于1980年、1985年和1986年荣获江阴县政府、县文教局颁发的先进集体奖。1987年，荣获江阴市委、市政府颁发的“军民共建精神文明先进集体”奖旗。学校团支部工作、少先队工作、学生宿舍管理、体育运动、清洁卫生等工作，多次受到团中央、团省委、无锡市团委、江阴市团委的奖励和表彰。

教师中也涌现出了一批忠诚于特教事业的优秀工作者。其中卫幸福、刘琪、许丽珍分别于1985年、1986年和1987年荣获中国残疾人福利基金会颁发的“优秀特殊教育工作者”奖金。

第三节　从常规到创新

一、迁址探索

鉴于锡山市创办了聋哑学校，原锡北地区的聋童由锡山市聋哑学校招收入学，江阴市聋哑学校的招生区域发生了改变，而聋哑学校地处农村，且偏于市域最南端，交通十分不便，给家长接送孩子造成极大困难，也满足不了九年制义务教育形势发展的需求。1991年，经市人大代表提案，市政府批准并作出决策，将聋哑学校搬迁至市区通江南路38号原西郊中学校园内的事项，列为1992年市政府十件大事之一。同年5月，由政府出资，市教委具体操作的对原西郊中学进行全面改造的工程正式动工。9月1日，聋哑学校在新址正式开学。从此，走上了寻求探索发展新路子的轨道。

学校迁至城区后改建的教学楼

全面改造后的原西郊中学，尽管校园面积比聋哑学校旧址扩大了6亩地，校舍环境也大有改观，但还是满足不了聋哑教育的特殊需求。在市教委和有关单位的重视和资助下，逐步完善了有关硬件建设。

为能解除学校经费来源上的后顾之忧，在市教委校办总公司的关注下，先后让5家企业挂靠聋哑学校，成为校办性质的企业。与此同时，针对在此以前，教育实行“市（县）办镇（乡）管”的体制，乡镇中、小学的教育经费由所在乡镇负责统筹，市直属学校由市教委负责下拨，而聋哑学校虽是直属单位，招收的学生却来自各个乡镇，因此而带来的此块经费得不到落实的实际问题，在学校的主动争取下，1993年6月1日，由市教委牵头，会同市财政局、物价局、民政局、残联等单位领导，一起解决了聋哑学生的教育经费由所在乡镇财政承担的政策性问题，扫除了学校在经费来源上的后顾之忧。

“希望之声”工程工商联捐赠仪式

1994年年底，学校设计了“希望之声”工程实施方案，提交市政府后，获得了市长常务会议的通过，并下发了〔1995〕9号会议纪要，由时任分管副市长兼市教委主任的徐海锋亲任工程组委会主任，时任市委书记的翟怀新带头捐款，很快就使全市形成了助残兴学的热潮，为贯彻落实国务院颁发的《残疾人教育条例》，高标准实施残疾人九年制义务教育，为把江阴市聋哑学校办成一所现代化的特殊教育学校奠定了坚实的基础。

1995年10月4日，由副市长黄满忠任名誉董事长，由企业家许培圣任董事长，由长泾毛纺厂、长泾康元印染有限公司、江阴市节能灯具厂、江阴市振冲机厂、江阴市造纸厂、澄南日用化工厂、江阴市农工民主党等为董事单位的首届校董会，在江阴市工人文化宫会议室召开成立大会。按董事会章程，各董事单位每年均给学校捐助一定数额的资金或物资，为学校的建设发展注入了强劲动力。

首届校董事会成立

学校的办学活力在社会上产生了广泛的影响后，原籍南闸镇的台湾华新科技名誉董事长焦廷标捐资15万元，设立了聋哑学生奖学基金，每年奖励在德智体美劳等方面表现突出的学生，还捐赠了8副先进的数字化助听器，此举，极大地激发了学生的自信心和学习积极性。

校长蒋勤楠向江阴籍台胞焦定标（右一）介绍学校发展情况

经过不懈的努力，多方面沟通了学校与社会的联系，增进了社会各界对聋哑教育事业的理解，为学校能在新址上迈出更坚实的新步伐，创造了校史上从无有过的优势和保障。

二、深化课改

作为一所从事特殊教育的学校，其生命力当然显示在“特殊”二字上，这就要以“特殊”的思维去开发“特殊”的领域。

根据国外和国内先进地区的实践证明，聋哑儿童如果从两三岁就进行语言康复训练，可以达到只聋不哑，与健全人一样会说话交流。在此之前，学校受办学条件限制，未能开办语言康复班，仅是先后两次请无锡市第二人民医院、江阴市远望医院的医生，对低年级班的学生进行听力测试。学校根据学生不同听力进行教学或课外语训，得到了一定效果，不少学生学后能简单却亲切地叫声“爸爸”“妈妈”。

1993年10月，经与市残联和市教委商定，正式开办学龄前聋哑儿童语言康复班，其师资、场所、入学管理等系列服务，由市教委和聋哑学校负责；保育员工资费用由市残联负责。首批招收的8

名5～7岁的聋哑儿童，于该月18日正式开学。

康复班开学后，学校想方设法添置这方面所需的设施设备，先后添置了具有国际先进水平的听力检测仪和助听器分析仪。1995年学校新建了一幢综合康复楼，设立了专用电教室、语训室、电脑室、律动室、书画室、图书阅览室等，利及全体学生的活动场所，是年7月1日，学校还特意举行了由副市长黄满忠、市教委常务副主任刘忠耀和民政局副局长薛仁甫参加的语训室揭牌仪式。1996年学校又建设了高标准的聋哑儿童康复中心，购置了先进的听力检测仪、言语康复评估仪和助听器检查维修仪等设备，并设置了听力检测室。之后，还逐年进行了完善，不断更新提高了有关设备的档次、品位。

与此同时，学校还努力开拓对学生实用职业技术培训之路。1995年5月11日，在江阴市佳宝炉具有限公司的捐赠下，学校开设了职训烹饪课，还建立了烹饪实践室。食用菌栽培技术培训也列入了课程，并在1995年下半年至1996年上半年，建成了食用菌栽培基地。

校长蒋勤楠与江阴新华美容城经理蒋琴华结对签约

同时开设的美容美发职训课，经9年的探索，在取得一定成效的基础上，2004年全国助残日前夕，学校与江阴新华美容城举行了结对签约仪式，并将新华美容城列为该校学生的职前培训基地。之后，新华美容城总经理蒋琴华协助学校建设了美容美发室，配齐了全新的设施设备，为学生的职业教育提供了更好的培训平台。2006年11月28日国际残疾人日前，还举办了揭牌仪式。

三、形成特色

清晰的办学理念，带来了清晰的管理思路。学校在狠抓教师队伍建设的同时，狠抓了对学生评价机制的建立。其核心是“夯实双基、突出能力、加强平时、取消期中、淡化期末”。至2002年6月，通过总结以往经验，“学生个体档案跟踪式评价机制”正式形成。次年4月，《学生主体化课堂教学评价指标》出台。2004年3月，又建立了学生“成长的足迹”档案评价袋。所有这些，为学生的健康成长，开发了潜能，铺平了道路。

江苏省特殊教育现代化示范学校挂牌庆典

为了使学生能形成“合格+特长”的特色，学校在过去开展理发、自行车修理、刺绣、编织、花卉种植、雕刻活动的基础上，拓展第二课堂范围，开展田径、乒乓、书法、美术、舞蹈、电脑打字等兴趣活动，使得学生的特长得到了展示，在无锡市或江阴的有关比赛中屡屡获奖。

自1995年起，学校全力狠抓了教育基本实现现代化的建设，不仅高质保量地按省颁标准配齐了专

“21世纪中国聋教育改革与发展”研讨会代表莅临学校

用教室、仪器、三机一幕、闭路电视、多媒体教室、微机室、体育器材等设施设备，还根据本校开展教学科研和创特色学校的需要，建立了设施一流的实习室或基地。1997年10月10日，通过了无锡市教育现代化示范学校的验收。1998年10月16日，通过了省教委基教处组织专家到校进行的省特教现代化示范学校的验收。次年10月，学校再次通过了“江苏省模范学校”的评估验收。以此为起点，学校提出了“创建特色鲜明的全国一流特教学校”的办学目标，学校插上了腾飞的翅膀。

由此吸引了全国各地特教行业同仁的眼球，到校参观的组、团络绎不绝。2000年11月13日，还为“21世纪中国聋教育改革与发展研讨会”提供了参观现场，高质量的现场展示，受到全体参观者的高度赞扬。

学校办学质量的优异，自然而然地提升了自身的档次。2001年，江阴市被列为全国首批特殊教育支持性保障实验县（市），聋哑学校率先减免学生学杂费，由市财政每年专项拨款。尔后，市财政还逐年增加代办费、保险费、校服费等12个减免项目，并先后由市慈善会和红十字会捐助学生的午餐费、床上用品和住宿费用，使聋哑学生真正享受到了免费上学。

蓝天幼儿园揭牌仪式

随着优生优育政策的真正落实，聋哑学生逐年减少，班级数也逐年减缩。为充分发挥校舍资源的效用，缓解社会上幼儿入园难的矛盾，同时为了给聋哑儿童创造一个融合教育环境，经请示市教育局批准，2005年8月，学校开办了蓝天幼儿园，招收附近体格健全的适龄儿童入园，从此揭开了学校发展史上“健聋合一”的“融合教育”的新篇章。后因“校安工程”，校园内两栋教学楼和一栋综合楼拆除重建，该幼儿园在市教育局的统筹规划下，2011年8月并入江阴市西郊幼儿园。蓝天幼儿园开办时两个班60人，至2010年发展为七个班218人。

聋哑学校自1978年重办至2008年7月，共毕业19届，计256名学生。

第四节 从“单轨”到“双飞”

一、两校合并

2006年，市委、市政府决定：江阴市澄江镇杏春培智学校并入江阴市聋哑学校，成立江阴市特殊教育中心校，招生对象为江阴全市的听障和智障学龄儿童，并全面实施9年制义务教育。随后连续四次发了专门会议纪要。

2007年上半年，学校紧紧地抓住两校合并这一发展契机，在外出考察、细致调研和全方位论证的基础上，主动配合市教育局进行科学规划和周密设计，从校园环境、一流设施、安全防范等方面，绘就了崭新的蓝图。

国际残疾人日庆祝活动

2007年6月，由市政府投入1800万元的改造和建设的工程启动。在市委、市政府有关领导的直接关注和指导下，遵照时任市长王锡南关于“学校要办成江苏省县（市）级特教学校的样板学校”的办学目标和时任市教育局长屠湘如关于“建设要体现现代水平，体现专业水平，体现江阴水平”的总体要求，在一年多的时间里，高质量地改扩建了食堂楼、新建了教学楼和宿舍楼、建造了塑胶操场、重新装修了原有的三幢楼房、规整了校园道路、提升了绿化品位。

2008年8月18日，由市政府批复的江阴市特殊教育中心校正式挂牌成立。9月1日，原杏春培智学校的学生和原聋哑学校的学生合并到校报到上课。

江阴市澄江镇杏春培智学校创办于1985年11月，创办时以“因材施教，全面发展，补偿缺陷”为办学宗旨，以“适应社会，回归主流，成为自食其力的劳动者”为培养目标，由澄江镇政府主办，镇教育办公室主管。当时，在城中菜场附近租用民房一间，招收了澄江镇镇区的智障学龄儿童18人，是为澄江镇智障儿童辅读班，附属于市实验小学。次年，扩租民房一间，招得学生16名，另开一班。为便于管理，两个辅读班附属于澄江中心小学，业务上受无锡市崇安辅读学校指导。

1988年4月，在原杏春小学校园内，成立江阴市澄江镇杏春培智学校，主管单位和招生范围不变，两个辅读班也随之并入。时占地面积4044平方米，建筑面积1800平方米，设施不齐，设备简陋。其经费来源主要为原杏春小学撤并后的部分结余和澄江镇政府的财政拨款。

杏春培智学校师生参加升旗仪式

1990年年初，随着办学规模的扩大，学校在有关单位的赞助、出租房屋等预算外收入的支撑下，在原有的9间两层的教学楼上增建一层。之后，经学校不断努力，逐年完善了设施设备，基本达到了教育现代化的标准。市内部分乡镇均开办了特教附设班，杏春培智学校在教育、教学科研等方面给予了很好的指导，发挥了传帮带作用。

至1999年上半年，学校在进一步完善电教设备和生活设施后，创造了学生住宿条件，于下半年便开始面向全市招生。各乡镇的培智班也相继停办。至2008年7月，学校有7个教学班，96名学生，17名教师；开办至2008年共毕业学生16届，计156人。学校并入聋哑学校后，校舍场地全部被市土地储备中心接收，所有建筑于2009年下半年全部拆除。

二、走上新路

江阴市特殊教育中心校正式挂牌之前，即筹建阶段，学校领导高度重视，积极操办，一手抓校舍、校园的建设，改造工程，使之适合特殊学生在生活、学习、活动中的特殊需要，顶级提高安全系数；一手在理清管理新思路的基础上，抓好了厘清各项规章制度、机构设置和校园文化等软件建设。为使管理更加条理化，学校设有“二部一中心”，即听障教育部，负责聋哑教育一块；智障教育部，负责培智一块；儿童听力语言康复中心，负责全市听障学生的语言康复一块。

鉴于全国特殊教育的发展趋势，市政府为整合特殊教育资源，将两校合并，学校认清了转轨的方向，从贯彻和谐、融合教育思想，以“和合”的办学理念统筹安排学校各项工作，力求实现跨跃式发展的新高度出发，制定了《尊重差异，走向和合》的内涵发展三年规划，提出了“争创全国一流特校”的重要目标，从而构架了校园“和合”教育文化的理性体系。

其核心是以平等、尊重为前提，以“和”为价值导向，以“合”为方法、手段，以“和爱、和立、和达、和处、和生”为原理，把教育活动视为一个有机结合的整体，遵循受教育者的身心发展规律和个体差异，通过营造一种自然、和谐、全面、稳定、平衡、有序的教育环境，构建注重学生发展的“和合”课堂，实施激发生命活力的“和合”教学，促使教育者和受教育者都能得到优质均衡的和谐发展。

学校领导依据上级教育部门关于对残障儿童全面实行九年制义务教育的要求，为激励学生的学习积极性，努力争取有关企业的关爱和支持，与江苏腾飞工程项目管理有限公司一起，创立了“特教学生成才奖励基金”，对考取高中和在市级以上竞赛活动中取得优异成绩的学生，给予1000元的奖励。

通过以上一系列的探索和努力，终于使学校未经任何周折，就以轻松而又自信的步伐，走上了由原来单轨从事听障教育，到此时的听、智两障教育双轨并驾齐驱的新路。

三、实现双飞

2008年9月1日，获得“江阴市师德标兵学校”和“江阴市十佳教师育人先进团队”的奖牌；2012年，李佳佳被评为“江阴十佳教书育人标兵”，同年又被推荐为“无锡好人”，入围“感动无锡年度教育人物”的评选；2016年，戴娅萍被评为江苏省教育先进工作者；2015年，朱巧云被评为全国交通杯特殊教育优秀教师；2012年，校长蒋勤楠被评为“无锡市劳动模范”。

学校改革的配套深化和老师的无私付出，换回了学生自我价值的不断提升。其主旋律是，全面实行国家课程校本化，通过选择、改编、整合、补充、拓展等方式，对现行国家课程内容进行科学地变通，使之更符合特殊学生的特殊认知个性。学校组织人员编写了三本《可爱的家乡》乡土教材；编写了《爱阅读·会生活》低中高三个年级段的生活化阅读校本教材。为挖掘学生的潜能，学校的多媒体教室每天对学生开放；各室计算机允许学生自由操作；电教室利用学校网络，定期开办网络学校，训练学生的“网上生存”能力；开展各类活动，让学生从中找出自己的位置，学会一种技能，留下一件值得回忆的作品，从而用“自信”置换了“自卑”，使他们在学好基础学科的同时，大多掌握了打字、绘画、小报创编、网页制作、文字编辑等方法，初步具备了信息搜集、分析、处理的能力，增大了语言交流量，矫正了心理缺陷，为实现学生与社会无障碍沟通夯实了基础。残障孩子网络应用无障碍化，正逐渐成为学校特色。由此，学校的办学实绩，获得了学生98%、学生家长96%和董事会成员100%的满意率，实现了听、智两障教育的比翼双飞。

落实了残障学生的生均公用经费是普通学生10倍的标准。2011年9月，在全省的同类学校中，率先开办了智障学生职高班，开设了园艺和烹饪两个专业，为学校探索智障学生全程基础教育模式，提供了条件和可能；在学制上，由九年义务教育，迈入了15年免费教育，对考上高中的学生，除免收各项费用外，每人每年还补助生活费1000元。

基于国家制定的校舍抗震指标的提升，2009年，江阴市市政府对学校校舍进行了安全评估，原西郊中学留下的两幢教学楼和1995年建造的综合楼，因防震指标未达标，于2012年拆除。市政府作为2012年民生工程十大实事之一，拨款3000万元对其余校舍进行了改造加固，同时计划在拆除原地新建一幢教学大楼，后因市区布局等因素，决定规划易地新建。在此过渡阶段，于2016年在校区建造简易平房22间，作为行政办公区，以腾出教学用房，改善教师的办公条件和解决招生扩班的校舍硬件。

至2017年6月，学校有学生242名，其中康复部有8人，听障部38人，智障部126人，送教上门学生70人，教师59人，职工13人。

第二章 组织结构及负责人

第一节 党的组织

学校由县政府民政科于1958年12月创办时的情况，因未留下此方面的档案，故略。

1978年7月，在马镇公社北渚街上原马镇中学内重办该校时，有中共党员3人。依据党章的组织原则，成立党小组，由张宪任组长，组织关系隶属于县文教局党支部。凡参加党支部的活动和过组织生活，都须从北渚赶到江阴城内。尽管因当时交通极不方便，每去一次总面临诸多困难，但党员都坚持每次参与。

1982年2月，张宪退休，由薛祺接任。1983年8月，经县委组织部批准，学校成立党支部，为便于开展活动，其组织关系隶属于马镇乡党委，由薛祺任党支部副书记。党支部成立后，坚持以党的路线、方针、政策凝聚人心，充分调动党员和全体教工忠诚于党的聋哑教育事业的积极性，加强了对入党积极分子的培养，特别是对青年教师的培养。1983年11月，发展了团支部书记刘琪、总务处副主任陆岐山。1984年12月发展了学校工会主席卫幸福。1985年11月发展了总务主任顾建清，至1992年7月，先后又发展了高秀英、周湘荣、尤佳武。至此，学校共有中共党员10人，其中，有教育局挂靠人员一人。1986年，经上级党委同意，改选了学校党支部，经选举产生了支部委员会，经上级党委批准，薛祺为支部书记，刘琪、卫幸福为支部委员。1991年10月，支部换届选举，继续由以上3位组成支委会。

1992年8月，薛祺退休，市教委党委批准，由主持学校工作的副校长刘琪任党支部副书记。自此起，为理顺管理的层次关系，其组织关系隶属于市教委党委。此时，有中共党员11人。由于党支部在学校的教育教学改革中，注重充分发挥党员的先锋和模范带头作用，使学校的声誉得到了进一步的扩大。

1994年8月，市教委党委任命沈余为学校党支部书记，刘琪继续留任副书记。1995年，经换届改选，沈余继任支部书记，刘琪、顾建清为支部委员，使得在加强党的建设上又向前迈进了一大步。除了在党员的自我修养方面加强学习和指导外，还组织党员外出考察，由刘琪带队的10名教师到广东深圳市元平聋哑学校参观学习活动，使党员和教工中的骨干扩大了眼界，提升了意识。1994—1999年期间，发展新党员1人。

1999年8月，因年龄关系和工作需要，沈余借调到市政府教育督导室工作，市教委党委任命蒋勤楠为党支部书记。同年12月，选举刘琪、卫幸福为支部委员。2004年，再次换届改选，仍由以上3人组成支委会，蒋勤楠继任书记。2008年9月，杏春培智学校并入后，经教育局党委审批，蒋勤楠为支部书记；刘琪为副书记，至2013年8月，因年龄关系退居二线；刘燕飞、张蓉芬、卫幸福为支部委员。党员数达20人，分两个党小组，组长分别是：居张洪、徐建文。其间，党支部一直重视对入党积极分子的培养，有计划地在青年教师中进行党课教育，让青年教师了解党的相关知识，增进对党的认识。青年教师们，踊跃向党支部递交入党申请书，党支部专门安排党员对他们考察培养。党支部一直以来都十分重视党员队伍的建设，多年来，建立健全并坚持了“三会一课”制度，认真组织党员学习党的文件，保持党员队伍在思想上、政治上的高度一致，保证党的路线、方针、政策的贯彻执行，保证和促进党支部各项建设工作任务的落实；增强服务意识，提高党员为人民服务的自觉性，在工作中充分发挥基层党组织战斗堡垒作用和党员先锋模范作用。根据学校特点，党支部十分重视结合实际开展活动。例如“我是党员，向我看齐”活动，要求党员在工作中发挥带头作用，成为教师的榜样。又如“一帮一，一对红”活动，要求每个党员结对一位普通教师，通过谈心，沟通感情；通过指导，业务进步，最后达到共同提高。再如“帮困助学”活动，每个党员结对一个学习上、经济上有困难的学生，给予热心帮助，使学生得以完成学业，健康成长。党支部组织党员先后赴灌云、淮安、盱眙等地参观学习；党员及校领导还到句容、溧阳参观考察；全体党员、行政人员到浙江桐乡特殊教育学校取经等活动，尤其是2005年第二批保持党员先进性教育的活动开展以后，全体党员的思想境界得到了更进一步的提升。2008年5月21日，在支援汶川大地震灾区的特殊党费交纳仪式上，支部16个党员共交了特殊党费10800元。之后，还开展了“看身边先进，找自身差距”等多项党员活动，为学校内涵的增进提供了强大的原动力，使各类集体荣誉频频而得：党支部先后被评为“2007—2009学年度”“2011—2012学年度”江阴市先进基层党组织；“2013—2014学年度”江阴市先进基层服务型党组织，2016年6月，被评为“无锡市教育系统先进基层党组织”。

原杏春培智学校，自1988年4月创办起，就单建了党支部，其组织关系隶属于澄江镇党委，支部书记均由时任校长兼任（详见第二节“校长的更迭”），至2008年8月，先后发展新党员5人。

至2017年6月，全校中共党员达24名，占教师总数的40.6%。

第二节　校长的更迭

一、聋哑学校时期

1958年9月，学校初办时县政府民政科（相当于今民政局）指派张镜清主持学校全面工作。

1978年9月，受苏州地区教育局指令，江阴县文教局在马镇北渚重办该校时，经县委组织部考察挑选，任命张宪为校长。张宪，曾任北渚中心小学校长、县文教局小教股工作人员。当时尽管年过五旬，但为确保校舍维修工程早日竣工和节省费用，组织已经报到的孙文建、孟寒宝、顾士亮、奚南琪、张行等6名教职工，冒着盛夏酷暑，无偿地投入到了紧张而有序的抢修工作之中。当维修工程接近尾声阶段，又兵分三路做好开学准备工作，一路由张宪带领孙文建、孟寒宝、顾士良到常熟、昆山、无锡等地聋哑学校学习取经，另一路由沙泰峰带领余银娣、张才良等6位教师到无锡市聋哑学校进行跟班业务培训，还有一路由张行负责购置教学和生活设备。10月10日开学后，学校又想尽一切办法解决了照明、丰富学生课业生活、开设医务室、创办校办厂、建立蔬菜基地等实际问题。同时，狠抓了师资队伍建设，使学校的教育教学开始了正常运行。

1982年2月，张宪退休，县文教局委派薛祺任校长。薛祺在任期间，为了改善办学条件，先后改造了学校操场，翻建了一幢教学楼，新建了一幢师生宿舍楼，同时发展了校办工厂，增添了冷作车间。积极探索改革聋哑教育的新路子，针对聋哑学生的个性特点，疏导他们的心理，把“如何促进学生听力发展，提高学生口语能力”“克服语序颠倒，提高书面语能力”“引导学生全面观察事物，促进思维能力发展”等问题，列为教育、教学科研的重点课题。

1986年8月任副校长的刘琪，于1992年7月，主持学校全面工作，他启动校办厂的挂靠工作；落实了按每生每年800元的标准，向学生所在乡镇征收教育经费的政策；正式开办了学龄前聋哑儿童语言康复班；初步改善了师生的生活条件；完善了各类活动室，添置了必不可少的设备，为学校的元气恢复倾注了非同一般的心血。

依据学校的发展趋势和市教委的规划需要，1994年8月，市教委选派沈余来校任校长。到聋哑学校上任后，发挥曾在澄江镇当过文教助理的资源优势，在把学校融入社会，争取社会各界关心支持的层面上，做了大量卓有成效的工作。1995年2月，全面启动并实施的“希望之声”工程，不仅疏通了学校资金来源的渠道，而且扩大了聋哑教育事业的影响，从而取得了社会的理解和关注，成立了校董会，利用社会集资，建造了一幢面积达987平方米的综合楼，进一步解决了学校用房紧张的局面；全面进行了教育现代化建设，并高标准在省内首批通过了“江苏省特殊教育现代化示范学校”的验收；成立了聋哑儿童语言康复中心；增设了教科室，使教育教学的研究工作步入了科学发展的轨道；用“一切为了聋哑孩子，为了聋哑孩子的一切，为了一切聋哑孩子”的教育理念武装教工，使之“捧着一颗心来，不带半根草去”的奉献精神充满了整个校园，为“江苏省模范学校”的验收，实现“创建特色鲜明的全国一流特教学校”的办学目标，积累了经验，夯实了基础。

1999年7月，市教委借调沈余到市政府教育督导室任专职督导员，由时任市政府督导员的蒋勤楠来校接任校长职务。蒋勤楠，凭着年富力强，热爱聋哑教育事业的优势，在学校良好发展的基础上，注重增进其内涵，以创建校园特色文化为抓手，不断提高学校设施设备的档次和品位，带领全体教工以科研开道，以提高学生能力增色，以赢得社会认可强校，外联内聚，扎实推进，成果瞩目。不仅顺利通过了“江苏省模范学校”的验收，还为“二十一世纪特殊教育改革和发展研讨会”提供了高质量的现场；承办了“中国聋教育课程改革研制组”的研讨活动，蒋勤楠作为研制组的成员，在会上发表了个人的独特见解，博得与会者的赏识。

二、杏春培智学校时期

杏春培智学校的前身为智障儿童辅读班，先后附属于江阴市实验小学和澄江中心小学。办班三年不到，在原杏春小学办起了澄江镇杏春培智学校，并选派了校长。

首任校长为庞秀凤，1988年4月任命。其间，因学校设施设备简陋，庞秀凤带领全体教工，因陋就简，艰苦创业，克服种种困难，使教育教学很快就走上了正轨。庞秀凤知难而上，把学校初步办成了智障学生的乐园。

1990年2月，澄江镇镇政府任命赵国英任校长。努力完善了各个专用教室，增建了校舍面积，依靠政府和地方的支持，日渐添置了必要的设施设备。同时通过一段时间的探索，初步掌握了智障学生的心理特点，并形成了一套可行的教育、教学方法，逐步得到了学生家长的理解和支持。

1997年8月，澄江镇镇政府任命孙经建任校长。任上，孙经建积极筹措经费，按教育基本实现现代化的标准，完善电教和生活设施，满足了学生的住宿条件，迎合了市教委下达的面向全市招生的指令。与此同时，带领教师科学地提高教育质量，取得了社会的认可。

2004年7月，澄江镇镇政府任命刘燕飞任校长。此时学校有了一定规模，更有利于开展教育、教学科研，但因施教区遍及全市，无论是家访或是对学生的生活管理，都存在一定的难度。刘燕飞从“一个学生就是一个家庭”的高度出发，团结全体教工，不断更新管理理念，闯关前进，获得了可喜的成果。

三、特教中心校成立以后

经市委、市政府统筹规划，2008年8月，将杏春培智学校并入聋哑学校后，学校更名为江阴市特殊教育中心校。市教育局任命蒋勤楠任校长兼党支部书记。蒋勤楠以新的理念，新的思维，围绕“铸就健全人格，练就生存技能，融入主流社会”的办学目标，以“让每个残疾学生都有发展机会，让每个特教教师领略特教乐趣，让每个学生家长分享成功的喜悦，让校园到处充满成长的气息”为方向，走上了“构建‘和合’教育文化”的新路子，开始了实施十五年义务教育的新动作，实施了送教上门的新举措，对无法到校接受教育的“重残儿童”派教师上门施教，用创建“十佳教师团队”的精神，推进了听障、智障教育双翼齐飞的新发展。2009年11月，作为江苏省特殊教育学校管理的典型，其经验在全国发行的特教权威杂志《现代特殊教育》上作了专题长篇报道。2011年10月，意大利米兰的教育杂志又整版介绍了学校的办学经验。

与蒋勤楠被任命为校长的同时，被任命为副校长的有：

刘燕飞，男，江阴长泾人，分管学校的德育工作，一年后调市残联残疾人服务中心管理处任职。

张蓉芬，女，江阴桐岐人，历任少先队大队辅导员、教导处副主任、教导处主任，经组织考察，走上副校长岗位，分管教学工作。

2013年，根据学校工作需要，又由教育局任命居张洪为副校长。居张洪，男，江阴云亭人，历任教科室副主任、教务处主任，经组织考察，走上副校长岗位。

聋哑学校、杏春培智学校、特教中心校历任校长合影

前排：薛祺

后排左起：刘琪、赵国英、孙经建、沈余、庞秀凤、张宪、蒋勤楠、刘燕飞

校级领导一览表

表01

时　期	姓名	职　务	任 职 时 间
聋哑学校	张镜清	负责人	1958 年—1961 年
	张　宪	校长、党小组组长	1978 年 9 月—1982 年 2 月
	薛　祺	校长、副书记、书记	1982 年 2 月—1992 年 7 月
	刘　琪	副校长	1986 年 8 月—2008 年 7 月 （其中 1992 年 8 月—1994 年 7 月主持学校工作）
		副书记	1992 年 8 月—1995 年 3 月
	卫幸福	工会主席	1983 年 12 月—2008 年 7 月
	沈　余	校长、书记	1994 年 8 月—1999 年 7 月
	蒋勤楠	校长、书记	1999 年 8 月—2008 年 7 月
培智学校	庞秀凤	校长、书记	1988 年 4 月—1990 年 1 月
	赵国英	校长、书记	1990 年 2 月—1997 年 7 月
	孙经建	校长、书记	1997 年 8 月—2004 年 7 月
	刘燕飞	校长、书记	2004 年 8 月—2008 年 7 月
特殊教育中心校	蒋勤楠	校长、书记	2008 年 8 月—
	刘　琪	副书记	2008 年 8 月—2013 年 8 月
	卫幸福	工会主席	2008 年 8 月—2012 年 1 月
	刘燕飞	副校长	2008 年 8 月—2009 年 10 月
	张蓉芬	副校长兼工会主席	2008 年 8 月— 2012 年 1 月—
	居张洪	副校长	2013 年 8 月—

第三节　中层机构设置

聋哑学校重办初期，因学生数较少，中层仅设教导、总务两处，组成人员也仅各1人，其余均为兼管。1979年，成立少先队大队部，设大队辅导员1人。

随着招生数的逐步增多，校办厂业务的扩大，后勤事务繁杂，自1982年8月起，总务处增设副主任1人。

1992年8月，学校迁址至江阴城区，随着学制延长，班级数不断增加，1993年8月，教导处增设副教导1名。1995年8月又增设副教导1名，主管学生生活，此部分工作于1996年8月划归总务处。

1996年8月起，从教导处分出一块，专门设立教科室。教导处于1996年8月、1997年8月又先后提拔2名副教导。自2008年8月起，为有利于加强学生的德育建设，设立政教处，教导处也随之更名为教务处；为适应形势需要，加强学校的安全监督工作，还新设了安全监督管理办公室。

为使学校行政的日常工作更趋条理化，接待工作更显情理化，自1995年8月起，增设校长办公室。后因某种原因中断了近10年，于2008年8月学校更名为江阴市特殊教育中心校后，得到了恢复。

江阴市聋哑学校和特殊教育中心校中层领导一览表

表02

处室名	职　务	姓名	起讫时间	备注
校长办公室	主　任	陆岐山	1995 年 8 月—1997 年 8 月	
		徐建文	2008 年 8 月—2017 年 7 月	
教导处	主　任	沙泰峰	1978 年 8 月—1986 年 7 月	
		卫幸福	1986 年 8 月—1998 年 7 月	
		刘　琪	1998 年 8 月—2002 年 7 月	
		张蓉芬	2002 年 8 月—2008 年 7 月	
	副主任	尤佳武	1993 年 2 月—1996 年 7 月	
		高秀英	1995 年 8 月—1996 年 7 月	
		张凤珍	1996 年 8 月—2001 年 7 月 （自 1998 年 8 月起主持工作）	
		张蓉芬	1997 年 8 月—2002 年 7 月 （自 2001 年 8 月起主持工作）	
		徐建文	2001 年 8 月—2008 年 7 月	
教务处	主　任	居张洪	2008 年 8 月—2013 年 7 月	
		钱文亚	2013 年 8 月—	

续表02

处室名	职　务	姓名	起讫时间	备注
教务处	副主任	钱文亚	2008 年 8 月—2013 年 7 月	
		夏红新	2014 年 8 月—	
政教处	主　任	谈一宇	2009 年 8 月—2013 年 8 月	
	副主任	谈一宇	2008 年 8 月—2009 年 7 月	
德育处	主　任	谈一宇	2013 年 9 月—	
教科室	主　任	卫幸福	1998 年 8 月—2008 年 7 月	
		居张洪	2008 年 8 月—2011 年 7 月	兼
		计丽英	2011 年 8 月—2014 年 7 月	
		刘晓华	2014 年 8 月—	
	副主任	尤佳武	1996 年 8 月—1998 年 7 月	主持工作
教科室	副主任	居张洪	2001 年 8 月—2008 年 7 月	
		夏红新	2009 年 8 月—2014 年 7 月 （2012 年 8 月—2014 年 7 月主持工作）	
安监办	主　任	张晓军	2015 年 9 月—	
	副主任	张晓军	2008 年 8 月—2015 年 8 月	
总务处	主　任	张　行	1978 年 9 月—1982 年 7 月	兼校办厂厂长
		顾建清	1985 年 8 月—1997 年 6 月 （1985 年—1993 年兼校办厂厂长）	
		高秀英	1998 年 8 月—2007 年 6 月	
		须忠贤	2009 年 7 月—	
	副主任	陆岐山	1982 年 8 月—1995 年 7 月 （1982 年—1985 年兼校办厂厂长）	
		高秀英	1996 年 8 月—1998 年 7 月	
		陶宗懋	1997 年 8 月—2007 年 7 月	
		须忠贤	2008 年 8 月—2009 年 7 月	主持工作
		沈国军	2008 年 8 月—2012 年 9 月	
办公室	人事秘书	蔡小虎	1999 年 8 月—2011 年 7 月	
		徐建文	2011 年 8 月—2017 年 7 月	
财会处	主办会计	柳民九	1978 年 9 月—1979 年 9 月	
		张慧娟	1979 年 10 月—1990 年 1 月	
		周湘荣	1990 年 2 月—1992 年 8 月	
		刘乾来	1992 年 9 月—2000 年 8 月	
		陆升凤	2000 年 9 月—2005 年 7 月	
		陈丽萍	2005 年 8 月—2016 年 8 月	
		方红霞	2016 年 8 月—2017 年 12 月	

杏春培智学校中层领导一览表

续表02

处室名	职　务	姓　名	起讫时间	备注
教导处	主任	袁银娣	1988 年 8 月—1998 年 7 月	
		刘燕飞	1998 年 8 月—2006 年 7 月	
		钱文亚	2006 年 8 月—2008 年 7 月	
总务处	主任	吴明宝	1991 年 8 月—2002 年 7 月	
	副主任	徐清芬	2002 年 8 月—2008 年 7 月	
		曾晓丰	2002 年 8 月—2008 年 7 月	
财务处	主办会计	孙经建	1992 年 8 月—1997 年 7 月	
		曾晓丰	1997 年 8 月—2003 年 7 月	
		夏红新	2003 年 8 月—2008 年 7 月	

第四节　群团组织

一、教育工会和教代会

学校教育工会，成立于1979年11月，由时任总务主任的张行任主席。1983年12月，由学校教师大会选举产生了新一届工会委员会，经市教育工会审批，卫幸福任主席。2012年1月，经教师大会选举产生了以张蓉芬为主席、计丽英为副主席的新一届委员会。2017年1月，又经教师大会选举产生了以张蓉芬为主席、谈一宇为副主席的工会委员会。作为最基层的学校教育工会，自1979年11月建立以来，始终在学校党组织和上级工会领导下，配合学校行政进行工作。始终成为校长狠抓教工队伍建设的“二传手”。根据《中华人民共和国工会法》《中华人民共和国教师法》《中华人民共和国劳动法》等法规努力维护教职工合法权益、为群众说话办事。深入基层，调查研究，听取教职工的意见、要求和建议，配合党组织做好教师工作，及时向校党组织反映教职工的意愿和要求，密切沟通领导与教职工的联系。配合党组织做好学校教职工的思想政治教育工作，经常在教职工中开展共产主义理想、集体主义、爱国主义、职业道德和校园文化建设的教育活动。会同学校有关部门积极开展“教书育人、管理育人、服务育人”活动；做好有关先进个人和先进集体的推荐、评选和表彰工作。按期召开工会会员大会或代表大会，组织筹备工会委员会的选举工作，主持起草工作报告，并向大会报告工作。同时，注意发挥教代会对学校工作的监督和建言作用，审议学校即将出台的各项文件，参与学校重大事项的论证。并能按法定时间，高效开好每次会议，尤其是对换届选举更是郑重其事，做到位不虚设，职不落空。配合有关部门做好教职工的文化技术教育和继续教育工作、青蓝工程师徒结对工作，开展教职工文化交流、知识讲座和专业技能比赛活动。组织好群众性文体活动，充分利用教工之家等活动场所，举办好群众性的文化娱乐、体育活动，更好地丰富教职工的文体生活，使教职工在各项活动中陶冶情操，增长知识。定期或不定期的组织诸如乒乓球比赛、迎春长跑、演唱会、歌咏会、趣味体育项目比赛、与兄弟学校联谊、参观考察、短途旅游、教师基本功比赛等各类活动。在学校日常工作中，为校长当好参谋，为和谐校园建设发挥了应有的作用。学校工会先后成为市“合格教工之家”“模范教工之家”“优秀教工之家”。为打造蜚声远近的“十佳教师团队”尽了职，出了力。

二、共青团

聋哑学校开办之初，建立了共青团小组，先后由郁骁、高秀英任组长。1982年5月建立了共青团支部，由刘琪任支部书记，其组织关系隶属于马镇乡团委。为正常开展团活动，在教工、学生中分别成立团小组。与学生尽管存在语言交流的困难，但还是坚持以手语、现场活动，向学生宣传团的知识，激发他们的上进心，先后有28名学生被批准入了团，支部也因此于1991年被评为“江阴市先进团支部”。1992年8月，学校迁至城内后，其组织关系也由马镇乡团委转至共青团江阴市委。多年来，团支部坚持以党的基本路线、方针、政策为指导，积极引导学生学先进，图自强，还组织他们参加由团市委举办的“手拉手，献爱心”联谊活动，使学生把争取入团看作是自己要求进步的一件大事，自1992年至今，又有 26 名学生光荣地加入了团组织。

三、少先队大队部

1979年10月，随着第二届学生的入学，学生数、班级数均增加了，为了更好地开展少先队活动，建立了少先队大队部，由王建南任大队辅导员。以班级为中队，经常性地开展学时代英雄、少年英雄和有益队员身心健康的活动，还积极组织队员参加全国、省、市少先队的活动竞赛。在响应团中央号召的“快乐中队”活动中，四年级中队“丰富多彩的中队活动”获“全国快乐中队”奖。1985年，在团中央组织开展的“创造杯”主题活动中，学校各中队积极参与，获全国“创造杯”1只，获江苏省“创造杯”最佳活动奖1个、江苏省“创造杯”优秀活动奖2个，并荣获团省委颁发的“创造杯”活动“百花奖”。1990年，学校少先队大队部被授予江阴市先进集体。2009年，被评为江阴市十佳少先队大队。2013年，获少先队论文推报优秀组织奖。

江阴市聋哑学校群团组织领导一览表

表03

名称	职务	姓　名	起讫时间
工会	主　席	张　行	1979 年 11 月—1982 年 7 月
		卫幸福	1983 年 12 月—2012 年 1 月
		张蓉芬	2012 年 2 月—
	副主席	计丽英	2012 年 2 月—2017 年 1 月

续表03

名称	职务	姓　名	起讫时间
工会	副主席	谈一宇	2017年1月—
团支部	书　记	刘琪	1982年5月—1984年4月
		周湘荣	1984年5月—1993年4月
		张伟明	1993年5月—1994年6月
		徐建文	1995年8月—1998年4月
		蔡小虎	1998年5月—2000年5月
		谈一宇	2000年6月—2010年8月
		刘小燕	2010年9月—
少先队大队部	辅导员	王建南	1979年10月—1985年7月
		尤佳武	1985年8月—1993年2月
		张伟明	1993年2月—1994年6月
		张蓉芬	1994年8月—1997年6月
		谈一宇	2003年8月—2008年6月
		刘小燕	2008年8月—

江阴市澄江镇杏春培智学校群团组织领导一览表

表04

名　称	职　务	姓　名	起讫时间
团支部	书　记	刘燕飞	1995年5月—1999年7月
		曾晓丰	1999年9月—2002年7月
		殷　莉	2002年8月—2008年6月
少先队大队部	辅导员	曹秋瑾	1988年8月—1995年7月
		刘燕飞	1995年8月—1997年6月
		夏红新	1999年8月—2003年7月
		刘小燕	2003年8月—2008年7月

第三章　师资队伍建设

学校生源的特殊性，决定了师资队伍建设的特殊性。自建校以来，学校领导一贯以“为特殊需要孩子提供最合适的教育”的办学理念，坚持将“至爱至善，至精至勤”为教风，打造一支优秀的教师队伍。

历经40年的特殊磨炼，造就了一支德才兼备的特殊教师团队，目前，学校拥有江阴市级以上新秀、能手、带头人20人，其中无锡市学科带头人4人。在历届省特校教师基本功大赛中获得一等奖5人、二等奖6人、三等奖2人，教师专业发展水平在省内特殊教育学校中处于领先地位。2011年被市教育局授予“江阴市十佳教书育人团队”。

第一节　师资来源

一、复校初期

至20世纪80年代末期为复校初期。除有1名特教师范毕业生外，其余教师有的是从普通中小学转入的，有的是普通师范应届毕业生分配去的，还有的是初高中毕业的社会青年，因此，师资的基础质量，参差不齐。

二、复校中期

20世纪90年代，师资来源有了较大改观，先后有11名南京特殊教育师范学校的毕业生被分配到校，其余分配到校的都为普师毕业生，因有了函授、自学考试等外部条件，教师的学历也在自身的不断努力下得到相应的提升，不少教师取得了大专或本科的学历资格。

三、复校后期

2000年8月至2008年7月，新进的教师绝大多数为大专和本科的对口专业毕业生，少数为普师或其他专业的毕业生，学历也基本在大专以上。2005年7月以后，市委、市政府为切实提高师资的基础质量，委派市教育局采取公开招聘的方法，招收新进的教师。

四、并校初期

2008年8月至2016年7月，新进入的7名教师中，2名为本科学历，5名为大专学历，其余为由杏春培智学校并入，基本上达本科学历。

第二节　师德建设

聋哑学校的特殊性，决定了其工作的艰巨性，尤其是复校初期，被派来的教师，都是普通师范学校的毕业生，甚至还有的是初、高中毕业的社会青年，他们对聋哑教育，只能称作是门外汉，即使后来有特教师范的毕业生充实进来，但开展工作的难度较大。为此，学校针对某个时段中教师的不适应性，独具超前意识地首先狠抓师德建设，坚持用时代精神陶冶教师的情操，用崇高的信仰铸造教师的人格，从而形成“忠诚党的特教事业”的师德风范。

一、在马镇北渚的14年

学校领导，始终围绕“聋哑学生在我心中”这一主题，形式多样地开展了“热爱聋童，忠诚聋教”“献一片爱心，栽一片绿荫”等为人师表的系列活动，并制定了《师德公约》，使大家认清了人生的价值取向。中共十一届三中全会召开以后，在认真学习了全会文件的基础上，又学习了全国教育工作会议精神，学习全国优秀班主任周玲娣等先进人物的事迹，还开展了20世纪80年代“最佳教师形象”设计、撰写师德论文等活动，激发了教师“热爱聋哑儿童，热爱聋教事业”的情感。

教师中一批忠诚聋教事业的优秀人物也随之涌现，其中获大市级以上荣誉的有卫幸福、刘琪、许丽珍等3人，他们分别获得1985年、1986年和1987年中国残疾人福利基金会颁发的“优秀特教工作者”奖；卫幸福还先后荣获团中央、团省委、团无锡市委少工委颁发的“优秀辅导员”奖，并于1987年当选为江苏省第七届人大代表；刘琪还相继荣获“无锡市优秀共产党员”“新长征突击手”称号。王建南于1989年6月获无锡市“优秀班主任”奖；高秀英于1991年9月，获无锡市“优秀教育工作者”奖。

二、迁址城内后的16年

在1992年至2008年的16年中，学校重视师德建设持之以恒，在不断提升品位的过程中，逐渐形成为一种水到渠成的传统。

学校由农村进城以后，领导以“一切为了聋哑孩子，为了聋哑孩子的一切，为了一切聋哑孩子”的教育理念，丰富了“聋哑学生在我心中”这一践行了十多年的师德教育主题的内涵，开展了学习陶行知教育思想等一系列活动。2003年9月6日上午，在参观海澜集团时举行的“师德宣誓”，将全体教师的思想境界提高到了一个新的水平。1996年12月，张凤珍获无锡市“优秀班主任”称号，1998年1月，又获江苏省“优秀班主任”称号。1998年，高秀英被评为江苏省先进教育工作者；张蓉芬当选为无锡市第十二届人大代表。学校两次被评为“江阴市先进学校”。1997—1998学

全校教师在参观海澜集团时，举行师德宣誓

年度被评为无锡市“常规管理先进学校”。1999年被评为“江苏省模范学校”。2003年被评为“江阴市素质教育四星级学校”。2003—2004学年度被评为“江阴市文明单位”。

三、两校合并后的10年

2008年8月与杏春培智学校合并后，不仅学校规模变大了，而且师资队伍也庞大了，更是教育对象的头绪变多了。为了协调大家的步伐，学校领导在上阶段“学陶师陶”，打造优秀团队的基础上，又拓新思路，又出新举措。他们在“名师工程”的指引下，力图培养出高素质的教师群体，一是继续深入开展以“争做幸福江阴好园丁”为核心的师德教育活动，大力倡导教师把“做学问”与“做人”统一起来，在行为上做学生表率，在事业上做学生榜样，以无私奉献的精神塑造人，以渊博的知识培养人，以科学的方法引导人，以高雅的气质影响人；二是继续狠抓对青年教师的培养，确立青年教师“一年掌握规范，三年胜任熟练，五年能挑重担，十年争当骨干”的培养目标，利用名师引领，采取多种策略，为青年教师的成长、成才、成名创造机会，提供舞台。由此，拉开了师德师风专题教育活动的序幕。

在活动中，组织教师学习中共十七大精神，牢固树立科学发展观；学习《中小学教师职业道德规范》《中小学教师十不准》，深刻认识廉洁对人格塑造的重要性，开展“我看轮岗大家谈”活动，逐步养成换位思维习惯；举办师德师风专题汇报会，主动接受市、局领导的督查指导。同时，施行“以目标凝聚人心”的工作方针，通过目标意识的培养和灌输，把学校的发展目标转变为教师群体的共同目标，以此使全体教职工统一了目标认识，牢固形成了明确的目标感、热忱的事业感和高度的责任感。

“江阴市十佳教书育人团队”颁奖现场

2008—2009学年度被评为“江阴市师德先进学校”。2010年被评为“江阴市十佳师德标兵学校”。2009—2010学年度被评为“江阴市常规管理先进学校”。2011年被评为“江阴市十佳教书育人团队”“争做幸福江阴好园丁先进集体”。2013年被评为“江阴市师德师风专题教育活动先进集体”。

仅仅两年就有30人次获得江阴市以上荣誉，2009年5月孟维淼荣获“江阴市十佳自强模范”光荣称号；2012年4月蒋勤楠被评为“无锡市劳动模范”，同年李佳佳被评为“江阴市十佳教书育人标兵”，还被推荐为“无锡好人”，入围“感动无锡年度教育人物”的评选。为进一步检验学校师德建设的真实效果，学校分发了各类调查问卷，统计结果显示：学生对老师的满意率达98%，家长对学校的满意率达96%，理事会对学校的满意率达100%。

第三节　业务工作

聋哑学校的重办，迎来的是教师业务基础质量的错位，即懂聋哑教学的老师微乎其微。之后，尽管业务基础质量有所提高，但随着时代形势的发展，教学要求也日渐提高，故而师资教学业务质量的适应性是相对的，不适应性却是绝对的。为此，学校采取多种形式，让教师不仅在培训中，而且在教学实践中，历练教学业务，使之由外行而内行，由内行而名师，将一所名不见经传的农村普通聋哑学校，建成了江苏省模范学校，而且蜚声海内外。

学校在北渚时教师参加业务培训

一、传统时期

传统时期，是指课堂教学还依赖一块黑板、一支粉笔、一张嘴巴教学的时期。就聋哑学校而言，在实践上则是20世纪的70、80年代。当时，学校为提高教师的业务水平，采取的主要措施有借力培训和一线练兵两项。

因学校初办，教师的业务能力尚属一张白纸，学校领导便通过四条渠道，借助外力，培训骨干。这四条渠道是：为培养教学骨干担任班主任和主课教学，先后派12名教师到昆山、常熟、无锡、南京等聋哑学校和南京特殊教育师范学校见习、培训；每学期组织教师到办学历史较长、教学经验丰富的外地聋哑学校听课、观摩，还请昆山、常熟、无锡聋哑学校的领导、老师到校讲座传经；分期分批组织教师到上海、杭州、苏州等地的聋哑学校参观取经，以扩大眼界，增进感受；先后推荐7名骨干教师加入全国、省特教研究会，参加特殊教育的学术研究。这四条渠道的顺畅与效能，加速了教师业务水平明显提高的进程。

在借助外力培训的同时，学校领导狠抓了校内教师以老带新，边教边学边提高的一线练兵活动。为了让教师尽快过好特教三关，即特教理论关、聋校教材教法关、聋人手语关。学校经常开展教学基本功比赛，如手语比赛、普通话比赛、“三字”比赛、特教理论考试、上一堂好课、上一堂最佳课等。还聘请兄弟学校的领导、老师出题、批卷、评课，选出优秀者参加省、市级比赛。在榜样力量的带动下，全校教师出现了刻苦攻读《聋校教育学》《聋童心理学》《聋校教学大纲》《聋校教材教法》，争取考试时考出优秀成绩，争着相互听课，争上公开课的热潮，人人都盼望着自己能尽快适应聋教育，做一个合格的聋教育教师。

1988年7月1日，在学校举办的青年教师基本功（手语、普通话）比赛中，施志英获一等奖，张凤珍、华群芳获二等奖，张锦萍、沙志莲、谢彩坤获三等奖，之后选3名教师参加了无锡市教育局举办的3所聋校青年教师练兵活动，有两名教师获得了二等奖。这一荣誉的获得极大地鼓舞了全校教师历练教学基本功的积极性。尤其是1989年8月，学校对青年教师提出三年达标要求，即一年入门、两年过关、三年达标以后，有力地促进了全校教师刻苦钻研业务，不断提高上课艺术的风气形成。

二、过渡时期

到20世纪90年代初，教学手段开始起着微妙的变化。学校领导预料到教学改革的大动作必然会出现，于是组织班子成员反复分析研究教师现状，觉得为使学校的教学改革不致陷入被动，针对年轻教师多，学历不达标的教师多，学科配备不齐等现状，必须加大培训力度，力争在三到六年内提高教师总体素质，以适应教育、教学改革急速发展的需求。

为此，制定了对新教师和学历不合格教师的《培训计划》，重点是青年教师，原则是“政治上严要求，业务上勤指导，思想上常鼓励，工作上压担子，生活上多关心。”并明确了“三定两过关”的在职岗位制，即定培训目标、定指导老师、定培训期限，过年底的汇报考核关、过满一年之后的转正定级关。培养目标中还提出三个层次的具体要求，即第一个层次要在一年内熟悉本校教育教学的要求，在教研组指导老师的指导下完成一定量的工作；第二个层次要在三年内能完全胜任本人所任学科的教育教学工作；第三个层次要在五至六年内成为本学科的教学骨干。

为能有效实施这个《培训计划》，在试行一个时期后，学校于1994年10月，又具体制定并施行了十条措施：

1．积极鼓励教师参加自考、函授和各种形式的自修、进修，按学历层次进行提高学习，学校为他们创造有利条件，在费用上按上级有关规定给予报销，对集中学习、考试的正当误时算出勤。

2．要求不合格学历的教师参加进修学习，工作中予以适当照顾。

3．采取在职学习、综合性的提高措施，组织教师扎扎实实地开展教研活动。学习《教学大纲》《教材教法》，上伸下探，拓宽知识面。

4．以老带新，以新促老，安排有经验的老教师指导年轻教师，发挥高、中职教师专题辅导、课堂示范、评教评学的带头作用，以达共同提高。

5．积极鼓励，推荐骨干教师参加学术团体组织，参加学术研讨会，承担有关部门组织的辅导教材、教学参考书、教学论文的撰写任务。

6．联系开辟发表园地，向有关报刊杂志投稿，开拓视野，检验自身能力水平，施展聪明才智，提高社会知名度。

7．听取家长、学生反馈意见，每学期通过一至二次教学反馈，改进教学方法。

8．组织教师参加本校和上级组织的优质课评讲赛，锤炼和培养教学骨干。

9．分担教改专题实验，定期完成专题报告、撰写论文或研讨文章，促进教师学以致用，理论与实践相结合，不断探索教学规律。

10．学校设教学成果奖，表彰奖励先进。学年考评，奖惩兑现。

为使《计划》《措施》能落到实处，学校还会同职能部门，分阶段提出操作性更强的具体要求，1992年3月，提出人人必须上好一堂电教课，重视教学图片、仪器在课堂上的应用；同年10月，提出提高教师素质的“学”“练”“带”“研”“引”“溶”“管”七字法。1994年3月，在狠抓青年教师基本功训练上，在“三字一话一手语”的基础上，增加了乐器演奏、作图训练等项目。1995年3月，对教师的基本功训练，又提出“练”“赛”“用”三字要求，“练”即练教学六认真常规达标，练一两项职业技术和课外辅导技能，练一手好字和规范化手语；“赛”即开展钻研教材、备课说课比赛；“用”即用科学的业务理论指导课堂教学，用过硬的教学基本功改革课堂教学，用提高教师的知识水平和业务素质来促进课堂教学质量的提高；1996年8月，应电化教学之需，对教师的基本功又提出“两电一学”新要求，即电脑、电教手段和自学大专考试，并派教师沈国军到南京特殊教育师范学校参加微格教学培训，教师徐军到苏州聋校学习微机辅助教学培训。随之校内出现了人人学电脑的热潮。与此同时，不仅在校内举办相应比赛，还推荐优秀者参加大市及省级的有关比赛，使教师的精神状态一直处于浓厚的氛围之中。

1991年5月，在无锡市聋校青年教师优秀课评选活动中，谢彩坤获中年级组二等奖，吴珊心获低年级组一等奖。1996年5月，张蓉芬、张凤珍分别获无锡市特教青年教师基本功比赛聋校组一、二等奖，钱文亚获培智组一等奖；同年7—10月，张蓉芬、钱文亚代表无锡市参加省首届特殊教育学校青年教师基本功比赛均获一等奖，并据此优异成绩，获得了由省教育厅组织的赴加拿大为期一个多月的培训资格。1997年的3—5月间，徐军制作的语文、数学、美术学科的3个课件，在对苏南10所聋校80多名领导及老师的公开课展示上，电脑辅助教学作为全新的教学手段，引起了南京、苏州、镇江等地级市聋校的极大兴趣和高度肯定。除此之外，先后有9名教师的21篇论文，发表在全国或省级的有关特教杂志上，还有的被省、大市教育学会录用或授奖。由此，学校的教学手段及水平，向教学改革的新时期迈出了从容且有力的步伐。

三、现代教育技术时期

现代教育技术的全面推广和使用，将学校领导的教育理念升华到了一个新的高度。1998年3月，学校成立了现代教育技术办公室，对全校教师开展电脑多媒体课件制作辅导，并开始对优秀课件实行存档备查工作，对课堂教学采用电教手段的情况也实行了登记制度。1999年3月起，学校先后派教师居张洪、徐建文、张蓉芬、沙志莲、谈一宇、杨芳丽等人到普小向名师跟班学习一个学期。同年10月，学校启动电教多媒体与教学评优课活动，同时举办现代教育技术培训班。2001年，加强了对教师电脑打字的训练，并提出了达标要求，即一级水平达到40字/分钟，二级水平达到20字/分钟。接着重点培养了教师网上备课、制作课件、热线聊天、信息资源的处理、积累教学素材、进行教学科研等方面的能力，使学校全面进入了现代化教学的新天地。同时，仍强调了教师“三字一话一手语”的看家基本功训练。2006年7月，在新世纪全国第三届教师“三笔字”书法作品大赛中，周浩忠获小学教师钢笔字作品一等奖。

杏春培智学校并入后，学校领导又以新的视角，把听障、智障两翼教育、教学拧合成了真正意义上的特殊教育，于是有计划、有步骤、分层次地出台了强化教师业务水平的重大决策。2009年3月，在两翼教育磨合了一个学期后，建立了校本分层次培训机制，目标是实现“三化”，即骨干教师名师化、成长型教师合格化、提高型教师专业化；措施是每年组织40周岁以下的青壮年教师开展高层次的基本功训练和各类比赛。两年后，学校又推出了加强教师专业化发展的多项措施，先后出台了《教师业务技能学习方案》，制定《教师个人三年发展规划》，规范教师继续教育的学时统计，完善教师专业化成长档案管理。同年9月，又举办了新一轮青蓝结对合同签订仪式，至此，学校共有14对教师结成师徒。2013年8月，又发起了教师学习理论书籍的活动，其推进过程分为三个层次：一是阅读学校推荐书籍，二是各教研组成员同时阅读组内自定书籍并交流收获体会，三是教师自选阅读，很快就在校内形成了浓厚的读书风气。阅读贵在坚持，还贵在指导教学实践，学校还开展了诸如青年教师基本功大赛、课堂教学展评、青年教师教学大比武、经典诵读比赛等活动。加上同年9—12月间，学校还抓了青年教师信息技术的集中训练和考核，由本校的电脑专职教师为青年教师培训12次，内容涉及“PPT 的动画效果”“Photoshop和Flash的简单运用”“文件检索”等7项技术，大大地提高了他们运用现代化教育技术的能力和水平。

由于一系列的训练既有针对性，又有实用性，更有预见性，故而效果特别显著。1998年10—11月，学校先后获江阴市课件制作比赛二等奖、无锡市级电化教学评优课一等和三等奖。1999年5月，居张洪、曾晓云参加无锡特教青年教师基本功比赛，同获聋校组一等奖，刘燕飞获培智组一等奖；同年7—10月，居张洪、刘燕飞代表无锡市参加省第二届特教学校青年教师基本功大赛均获一等奖。2002年8月，曾晓云、夏红新参加省第三届特教学校青年教师基本功大赛均获二等奖。2004年4月，学校参加全国首届特殊教育论文大赛，有12篇论文获三等奖，学校同时获论文大赛组织奖。2005年8月，在省第四届特教学校青年教师基本功大赛中，谈一宇获一等奖，朱巧云、刘小燕均获二等奖。2007年8月，在无锡市特教课堂教学展评活动中，谈一宇获一等奖，朱巧云获二等奖。2008年5月，谈一宇、居张洪、徐耀、王晓东等4名教师，参加省第六届教师现代教育技术应用作品大赛，均获二等奖；同年8月，殷莉在省第五届特教学校青年教师基本功大赛中获二等奖；同年11月，李海涯获无锡市特殊教育课堂教学展评一等奖。2008年在江苏省康复技能大赛中，鲍明芳、彭芳分别获得了二等奖和三等奖；同年，彭芳代表江苏省参赛，获得了全国康复技能大赛三等奖。2011年5月，李佳佳参加全国第三届特殊教育教师信息技术综合应用能力大赛获综合一等奖，华孝明获单项一等奖；同年8月，在省第六届特殊教育学校青年教师基本功大赛中，包菊萍获二等奖，华孝明获三等奖；同年12月，在无锡市特殊教育课堂教学展评活动中，李佳佳获一等奖，鲍明芳、李静霞获二等奖。2013年12月，在无锡市特殊教育青年教师教学大比武活动

截止2017年6月，江苏省特教学校青年教师基本功大赛一等奖获得者
左起：张蓉芬、刘燕飞、谈一宇、钱文亚、居张洪

中，孙香娟、陈蓓获一等奖，李海涯、李佳佳获二等奖。2013年4—5月间，在江阴市特殊教育青年教师教学大比武活动中，杜菊英等4名教师获一等奖，邵雯霞等4名教师获二等奖，宋雨玲等6名教师获三等奖。2013年12月，杨芳丽当选为江阴市首届“百佳书香教师”，鲍明芳获“江阴市经典诵读”教师组一等奖；2014年6月，5名青年教师参加省首届培智教育微课大赛，杜菊英、邵雯霞获一等奖，周凌艳、朱春霞获二等奖，宋雨玲获三等奖；同年8月，陈蓓获省第七届特殊学校青年教师基本功大赛二等奖。

第四节　教师荣誉

一、杏春培智学校

表05

获奖时间	姓　名	荣誉项目	获奖级别
1988 年	袁银娣	全国特殊教育先进工作者	全国
1989 年	曹秋瑾	1988—1989 年度江阴市优秀少先队辅导员	江阴市
1990 年	曹秋瑾	1989—1990 年度江阴市优秀少先队辅导员	
1991 年	袁银娣	江阴市科协系统五好个人	
	赵国英	1989—1991 年度无锡市优秀教育工作者	无锡市
1992 年	袁银娣 刘燕飞	教工师徒结对先进个人	江阴市
	赵国英	“红十字”先进会员	
1993 年	赵国英	江阴市科协系统五好个人	
1994 年	赵国英	先进工会工作者	
	顾荷英	“红十字”先进会员	
1995 年	赵国英	1994—1995 年度先进工会工作者	江阴市
	刘燕飞	优秀班主任	
	赵国英 袁银娣	先进教育工作者	
1996 年	钱文亚	江阴市教学新秀	
	徐寒娣	师德高尚好园丁	
1998 年	袁银娣	无锡市学科带头人	无锡市
	钱文亚	无锡市教学能手	
	刘燕飞	百佳读书成才先进个人	江阴市
	赵国英	先进教育工作者	江苏省

续表05

获奖时间	姓　名	荣誉项目	获奖级别
1999 年	袁银娣	无锡市学科带头人	无锡市
	刘燕飞	无锡市优秀教育工作者	
2001 年	夏红新	师德高尚好园丁	江阴市
	孙经建	关心下一代先进个人	
2002 年	刘燕飞	无锡市教学新秀	无锡市
	孙经建	“红十字”先进会员	江阴市
	曾晓丰	师德高尚好园丁	
	孙经建	江苏省特殊教育先进工作者	江苏省
2003 年	曾晓丰	无锡市优秀团干部	无锡市
	孙经建	江苏省特殊教育先进工作者	江苏省
2005 年	钱文亚	江阴市“三八”红旗手	江阴市
2007 年	刘小燕	江阴市爱生模范	
2007 年	刘小燕	江阴市教学新秀	

二、聋哑学校

表06

获奖时间	姓　名	荣誉项目	获奖级别
1984 年	卫幸福	江阴县优秀少先队中队辅导员、园丁奖	江阴县
1987 年	许丽珍	1986—1987 年度江阴市优秀教师　优秀班主任	
1988 年	尤佳武	1986—1987 年度江阴市优秀青年教工	
	卫幸福	江苏省第七届人大代表	江苏省
1989 年	王建南	1991—1992 年度江阴市优秀班主任	江阴市
	王建南	1990—1992 年度无锡市优秀班主任	无锡市
1990 年	卫幸福	又红又专优秀青年教师	江阴市
1991 年	施志英	1990—1991 年度江阴市优秀班主任	
	卫幸福	江苏省七届人代会代表	江苏省
	高秀英	1989—1991 年度无锡市优秀教育工作者	无锡市
1992 年	王建南	江阴市优秀班主任	江阴市

续表06

获奖时间	姓　名	荣誉项目	获奖级别
1992 年	施志英	江阴市优秀教育工作者	江阴市
1993 年	薛　祺	江阴市先进教育工作者	
	施志英	江阴市先进教育工作者	
1995 年	吴静新	江阴市优秀班主任	
	殷　敏	江阴市优秀共产党员	
	沈　余	先进教工之友	
	高秀英	计划生育先进个人	
	居张洪	无锡市优秀教育工作者	无锡市
1996 年	陆岐山　顾建清	1995—1996 年度江阴市先进教育工作者	江阴市
	刘　琪	江阴市教委优秀党员	
	高秀英	江阴市 1994—1995 年度优秀共产党员	
	高秀英	1995 年度计划生育先进个人	
	张凤珍	1994—1996 年度无锡市优秀班主任	无锡市
	张凤珍	江阴市师德高尚好园丁	江阴市
1997 年	沈　余	江阴市关心下一代工作先进个人	
	张凤珍	江阴市优秀班主任	
	张凤珍	江苏省中小学优秀班主任	江苏省
	刘　琪	1996 年度市优秀共产党员	江阴市
	张蓉芬	江阴市教学新秀	
	张晓军	1996 年度社会治安综合治理先进个人	
	居张洪	教育系统“人民满意”行业服务达标活动先进个人	
	张蓉芬	无锡市优秀教育工作者	无锡市
	刘乾来	江阴市教委财务工作先进个人	江阴市
1998 年	居张洪	江阴市师德高尚好园丁	
	蒋勤楠	无锡市小学语文学科带头人	无锡市
	高秀英	直属学校 1997 年度社会综合治理先进个人	江阴市
1998 年	沈　余	无锡市第二批教科研先进个人	无锡市
	居张洪	江阴市优秀班主任	江阴市
	沈　余	江阴市优秀党支部书记	

续表06

获奖时间	姓　名	荣誉项目	获奖级别
1998 年	尤佳武	江阴市优秀党员	江阴市
	居张洪	无锡市教学能手	无锡市
	高秀英	江苏省优秀教育工作者	江苏省
	曾晓云	江阴市师德高尚好园丁	江阴市
1999 年	沈　余	无锡市中小学优秀校长（书记）	无锡市
	刘　琪	江阴市教委优秀党员	江阴市
2000 年	居张洪	江阴市师德高尚好园丁	
	徐　耀	计算机优秀教师	无锡市
2000 年	张蓉芬	无锡市教学新秀	无锡市
	沙志莲	江阴市优秀班主任	江阴市
	高秀英	江阴市教委优秀党员	
2001 年	张蓉芬	江阴市“十佳”女教育工作者	
	刘　琪	无锡市小学语文学科带头人	无锡市
	朱巧云	1999—2001 年度江阴市优秀教育工作者	江阴市
	谈一宇	1999—2001 年度无锡市优秀教育工作者	无锡市
	周晓花	1999—2001 年度江阴市优秀班主任	江阴市
	刘　琪	无锡市残疾人工作先进个人	无锡市
	徐　耀	江阴市电教先进工作者	江阴市
2002 年	张凤珍	民建江阴市委会先进个人	
	蔡建英	无锡市教学新秀	无锡市
	张蓉芬	1999—2001“红十字”优秀会员	江阴市
	曾晓云	2000—2002 年度无锡市优秀班主任	无锡市
	张蓉芬	百佳文明职工	江阴市
	徐建文	师德高尚好园丁	无锡市
	徐　耀	电教先进工作者	江阴市
	蒋勤楠	全国聋校新课程研制组成员	全国
	谈一宇	江阴市优秀团干部	江阴市
2003 年	沈国军　蔡小虎	优秀青蓝对子	
	张蓉芬	1993—2003 关工会优秀工作者	

续表06

获奖时间	姓　名	荣誉项目	获奖级别
2003 年	徐　耀	“三爱”模范教师	江阴市
	龚向华	2001—2003 年度江阴市优秀教育工作者	
	杨芳丽　陶宗懋	2001—2003 年度无锡市优秀教育工作者	无锡市
2004 年	蒋勤楠	2003 年度教科研先进工作者	江阴市
	徐建文	2003 年度优秀共产党员	
	彭　芳　吴静新	优秀班主任	
	徐　耀	2001—2003 年度教育信息化工作先进个人	无锡市
	谈一宇	江阴市德育先进工作者	江阴市
	居张洪	2002—2003 年度优秀青年教师	
2005 年	徐建文	无锡市教学新秀	无锡市
	方红霞	2003—2005 年度优秀教育工作者	江阴市
	陈丽萍	2003—2005 年度优秀教育工作者	
	孙香娟	2004 年度优秀共产党员	
	杨芳丽	2004—2005 年度优秀少先队辅导员	
2007 年	张蓉芬	2005—2007 年度优秀教育工作者	无锡市
	蒋勤楠	2005—2007 年度优秀教育工作者	江阴市
	谈一宇	江阴市爱生标兵	
	沙志莲	优秀家庭教育工作者	
2008 年	谈一宇	无锡市教学新秀	无锡市
	朱巧云	教育局党委优秀党员	江阴市

三、江阴市特殊教育中心校

表07

获奖时间	姓　名	荣誉项目	获奖级别
2008 年	彭　芳	“立师德、正师风、铸师魂”活动师德高尚好园丁	江阴市
	殷　莉	“立师德、正师风、铸师魂”活动优秀青年教师	
	居张洪	“立师德、正师风、铸师魂”活动十佳青年教师	
	吴静新	江阴市班主任工作新秀	
2009 年	张晓军	江阴市 2008 年度安全生产先进个人	

续表07

获奖时间	姓　名	荣誉项目	获奖级别
2009年	徐建文	无锡市教学能手	无锡市
	计丽英	无锡市优秀教育工作者	
	钱文亚	江阴市优秀教育工作者	江阴市
	居张洪	江阴市优秀教务主任	
	谈一宇 徐清芬 龚向华	江阴市优秀共产党员	
	罗建英	江阴市优秀少先队辅导员	
	谈一宇	无锡市优秀少先队辅导员	无锡市
2010年	张蓉芬	江阴市新长征突击手	江阴市
	周晓花	2008—2009年度江阴市优秀班主任	
	朱巧云	江阴市教育系统巾帼建功先进工作者	
2010年	张蓉芬	无锡市学科带头人	无锡市
	钱文亚 张晓军	江阴市教育局党委先进党员	江阴市
	朱巧云	江阴市十佳师德标兵	
	彭　芳	江阴市教学新秀	
	张凤珍	民建江阴市委会先进个人	
2011年	杨芳丽	争做幸福江阴好园丁先进个人	
	张晓军	治安保卫先进个人	
	沙志莲	江阴市班主任工作能手	
	谈一宇	江阴市我身边的青春榜样	
	计丽英	无锡市教书育人优秀共产党员	无锡市
	夏红新 徐建文	2010—2011年度优秀共产党员	江阴市
	徐　耀 刘　琪	江阴市优秀教育工作者	
	徐　耀	2009—2011学年江阴市优秀教育工作者	
	殷　敏	无锡市优秀校外少先队辅导员	无锡市
	张晓军	2010年度平安校园创建先进个人	江阴市
	刘小燕	2010—2011年度江阴市德育先进工作者	
	朱巧云	2010—2011江阴市优秀班主任	
	殷　敏	退休后被评为无锡市优秀少先队志愿辅导员	无锡市

续表07

获奖时间	姓　名	荣誉项目	获奖级别
2012 年	刘小燕	江阴市教学能手	江阴市
	陈丽萍	2011 年度后勤系统先进个人	
	杨芳丽	无锡市优秀班主任	无锡市
	李佳佳	“向吴辰同志学习”先进个人	江阴市
	谈一宇	无锡市教学能手	无锡市
	徐建文	江阴市教育系统 2011 年度优秀通讯员	江阴市
	蒋勤楠	无锡市劳动模范	无锡市
	居张洪 陈丽萍	2011—2012 学年度“创先争优”优秀党员	江阴市
	刘　琪	江阴市优秀党务工作者	
	张蓉芬	江阴市百佳创先争优党员先锋岗	
	吴静新	第二批无锡市班主任工作能手	无锡市
2012 年	李佳佳	2012 年度江阴市教书育人标兵	江阴市
	方红霞	江阴市 26 届中小学生田径运动会优秀裁判员	
	陈丽萍	校外教育辅导站优秀辅导员	
	沈　余	退休后被评为江阴市关心下一代先进个人	
2013 年	张凤珍 浦志萍	2012 年度江阴市教师社区服务先进个人	
	包菊萍 朱巧云	2012—2013 年度优秀党员	
	蒋勤楠	2012—2013 年度优秀党务工作者	
	李静霞	2011—2013 年度江阴市优秀教育工作者	
	刘小燕	2011—2013 年度无锡市优秀教育工作者	无锡市
	杨芳丽	2013 年度江阴市教书育人标兵	江阴市
	杨芳丽 朱巧云	江阴市优秀少先队辅导员	
	鲍明芳	江阴市校外教育优秀辅导员	
	华孝明 孟惟淼	2013 年无锡市中小学电脑制作活动优秀辅导员	无锡市
	杨芳丽	江阴市首届“百佳书香教师”	江阴市
2014 年	罗建英	2012—2013 年度江阴市优秀班主任	
	谈一宇	2012—2013 年度江阴市德育先进工作者	
	张晓军	2013 年“校园安全工作先进个人”	
	李佳佳	无锡市教学新秀	无锡市

续表07

获奖时间	姓　名	荣誉项目	获奖级别
2014 年	李海涯	江阴市教学新秀	江阴市
	徐建文 张蓉芬	2013—2014 年度优秀共产党员	
	张晓军	江阴市中小学“最给力班主任家属”	
	李佳佳	“人民满意的好教师”	
	宋雨玲	江阴市第二批“百佳书香教师”	
2015 年	朱巧云	江阴市班主任工作能手	
	徐建文	2014 年度教育系统人事工作先进个人	
	谈一宇	无锡市校外教育辅导站工作先进个人	无锡市
	张蓉芬	2014—2015 学年度优秀党务工作者	江阴市
	计丽英 谈一宇 浦志萍	2014—2015 学年度优秀共产党员	
2015 年	蒋勤楠	2013—2015 学年度无锡市优秀教育工作者	无锡市
	戴娅萍	2013—2015 学年度江阴市优秀教育工作者	江阴市
	刘小燕	2015 年度江阴市教书育人标兵	
	朱巧云	“交通银行”特教园丁奖	全国
	徐建文	江阴市第三批“百佳书香教师”	江阴市
2016 年	戴娅萍	2015 年度无锡最美教师	无锡市
	张晓军	2015 年度校园安全工作先进个人	江阴市
	须忠贤	2015 年度江阴市教育系统后勤工作先进个人	
	周浩忠	2015 年度江阴市优秀教师义工	
	邹　蕾	2013—2015 年度江阴市“三八”红旗手	
	张蓉芬	2014—2015 年度江阴市德育先进工作者	
	包菊萍	2014—2015 年度江阴市优秀班主任	
	戴娅萍	获“江阴市十佳文明职工”称号	
	方红霞 华孝明	无锡市第二届听障学生运动会优秀教练辅导奖	无锡市
	徐建文	2015—2016 江阴市教育局党委优秀党务工作者	江阴市
	李佳佳 刘晓华 钱文亚	2015—2016 江阴市教育局党委优秀共产党员	江阴市
	戴娅萍	江苏省教育工作先进个人（优秀教育工作者）	江苏省

续表07

获奖时间	姓　名	荣誉项目	获奖级别
2016 年	戴娅萍	2016 年度江阴市教书育人标兵	江阴市
	孙香娟	江阴市心理健康教育说课比赛小学组三等奖	
	沈　燕	《争当环保小卫士》一课获江阴市首届少先队辅导员风采展示说课活动之图文案例评比三等奖	
2017 年 6 月止	方红霞	2016 年度学校后勤服务工作先进个人	
	孙香娟	江阴市第四批“百佳书香教师”	
	张蓉芬	江阴市优秀学校工会工作者	
	张晓军	2016 年度江阴市优秀教师义工	
	张晓军	2016 年度优秀校外辅导员	
	刘　琪	2014—2016 年度无锡市教育督导工作先进个人	无锡市
	邵雯霞	江阴市德育工作新秀	江阴市
	陈　蓓	无锡市教学新秀	无锡市
	张蓉芬	2016—2017 年度江阴市教育局党委优秀党务工作者	江阴市

第五节　教师名录

一、历任教师

1.复校初期教师（1978—1989年年底）：

聋哑学校：张　宪、张　行、沙泰峰、柳民九、奚南琪、张才良、余银娣、孙文建、孟寒宝、顾士亮、王建南、高秀英、朱德芳、刘乾来、陈祖龙、郁　骁、俞浩华、孙君熙、卫幸福、薛　祺、陆岐山、刘　琪、尤佳武、张惠娟、邵产根、顾建清、谢彩坤、周湘荣、李晓华、沈国军、胡汉琴、许丽珍、吴珊心、张凤珍、卫琴华、彭淑英、林开秀、沙志莲、华群芳、施志英、张金萍、奚红忠、金申荣、徐　耀、周浩忠、胡建英、挂靠人员：贡　敏、黄建文。

培智学校：庞秀凤、赵国英、谢淑贤、吴希白、汪静瑛、高玉林、盛美英、郭佳玉、徐汝娣、顾荷英、曹秋瑾、袁银娣、庄自振。

2.20世纪90年代教师：

聋哑学校：沙泰峰、张才良、余银娣、王建南、高秀英、朱德芳、刘乾来、卫幸福、薛祺、陆岐山、刘　琪、尤佳武、顾建清、周湘荣、沈国军、许丽珍、吴珊心、张凤珍、沙志莲、华群芳、施志英、张金萍、奚红忠、金申荣、林开秀、卫琴华、彭淑英、徐　耀、周浩忠、胡建英、曾晓云、张伟明、居张洪、张晓军、杨芳丽、吴静新、蒋蕴华、殷　敏、吴美萍、张蓉芬、徐建文、龚向华、周晓花、沈　余、朱巧云、方红霞、徐　军、江曦音、马文华、陈丽萍、刘婉芳、陶宗懋、鲍明芳、谈一宇、杜菊英、孙香娟、王晓东、蔡小虎、王丽斌、彭芳、沈莉、蒋勤楠、陆升凤、挂靠人员：贡敏、黄建文、黄国洪、黄国平、郭顺显、金寿宝、张一兵、姚文英。

培智学校：庞秀凤、赵国英、汪静瑛、高玉林、盛美英、郭佳玉、徐汝娣、顾荷英、曹秋瑾、徐寒娣、刘燕飞、钱文亚、曾晓丰、夏红新、蔡雪霞、罗建英、殷莉、陆美芳、朱育妹、苏淑娴、周　冰、史惠华、孙经建、吴明宝、韩汉云、袁银娣、徐清芬。

3.2000–2007年：

聋哑学校：沙泰峰、王建南、高秀英、刘乾来、卫幸福、刘　琪、陆歧山、沈国军、许丽珍、林开秀、卫琴华、张凤珍、徐　耀、周浩忠、居张洪、张晓军、曾晓云、杨芳丽、吴静新、张蓉芬、徐建文、龚向华、周晓花、朱巧云、方红霞、沈余、王晓东、陈丽萍、陶宗懋、谈一宇、杜菊英、鲍明芳、孙香娟、彭芳、蔡小虎、蒋勤楠、陆升风、刘婉芳、蔡建英、须忠贤、宋雨玲、孟惟淼、钱云峰、陈蓓、邹蕾、计丽英、挂靠人员：贡敏、郭顺显、金寿宝、张一兵、姚文英、周湘荣、吴俊亮。

培智学校：袁银娣、庄自振、吴明宝、韩汉云、孙经建、徐清芬、刘小燕、李静霞、朱丽娜、李海涯、邵雯霞、华志明、华孝明、刘燕飞、钱文亚、曾晓丰、夏红新、蔡雪霞、罗建英、殷莉、戴娅萍。

4.2008–2016年：

特教中心校：王建南、高秀英、卫幸福、刘　琪、沈国军、张凤珍、沙志莲、徐　耀、周浩忠、居张洪、曾晓云、张晓军、杨芳丽、吴静新、张蓉芬、徐建文、龚向华、周晓花、朱巧云、方红霞、陈丽萍、王晓东、谈一宇、杜菊英、鲍明芳、孙香娟、彭　芳、蔡小虎、蒋勤楠、刘婉芳、宋雨玲、须忠贤、蔡建英、邹　蕾、孟惟淼、计丽英、钱云峰、包菊萍、徐清芬、刘燕飞、钱文亚、夏红新、李海涯、刘小燕、朱春霞、浦志萍、朱丽娜、沈　燕、周凌艳、陈　蓓、华孝明、汤凤娟、罗建英、邵雯霞、李佳佳、华志明、曾晓丰、蔡雪霞、殷　莉、戴娅萍、邬　超、陶　亮、李静霞、刘晓华、谢　琼、李　丽、张　清、郗　晓、高　晨、赵海艳、周　晶、夏梦倩

挂靠人员：姚文英、郭顺显。

二、在职教师（2017年9月）：

张　清、郗　晓、高　晨、钱晓程、桑俊杰、陈　蕾、高　原、李海涯、刘小燕、谢　琼、朱春霞、浦志萍、李　丽、杜菊英、朱丽娜、龚向华、吴静新、沈　燕、邹　蕾、孟惟淼、周凌艳、鲍明芳、陈　蓓、曾晓云、张蓉芬、华孝明、陈丽萍、徐　耀、汤凤娟、钱文亚、沙志莲、周晓花、周浩忠、朱巧云、张晓军、刘晓华、罗建英、邵雯霞、李佳佳、蔡建英、华志明、王晓东、彭　芳、夏红新、谈一宇、居张洪、曾晓丰、宋雨玲、须忠贤、孙香娟、蔡雪霞、张凤珍、殷　莉、戴娅萍、方红霞、蒋勤楠、杨芳丽、包菊萍、计丽英、刘琪、钱云峰、陶　亮、沈国军。

三、退休教师

退休教师一览表

表08

姓　名	性别	出生日期	参加工作时间	退休时间
奚南琪	女	1934.12.26	1955.01.02	1979.06.01
张　宪	男	1928.02.05	1949.10.10	1981.06.01
张惠娟	女	1934.10.11	1952.02.01	1989.03.01
薛　祺	男	1932.03.13	1951.08.28	1992.09.01
朱德芳	女	1937.07.07	1937.07.01	1992.09.01
余银娣	女	1938.07.21	1963.02.01	1993.09.01
蒋蕴华	女	1939.02.15	1961.08.28	1994.09.01
殷　敏	女	1940.04.12	1961.08.28	1995.09.01
彭淑英	女	1940.10.16	1962.09.01	1995.04.01
张一兵	男	1940.08.13	1960.08.28	2000.08.01
沈　余	女	1945.12.01	1962.08.28	2001.02.01
沙泰峰	男	1941.03.03	1961.08.28	2001.02.01
陆岐山	男	1941.10.15	1962.08.28	2001.11.01
许丽珍	女	1949.08.22	1969.01.28	2004.09.01
陆升凤	女	1950.04.10	1968.12.28	2005.05.01
刘乾来	男	1946.05.15	1967.02.28	2006.06.01
林开秀	女	1951.09.06	1969.10.28	2006.10.28
金寿宝	男	1947.11.06	1968.08.28	2007.12.01
卫琴华	女	1952.11.01	1971.01.28	2007.12.01
陶宗懋	男	1947.12.04	1971.01.28	2008.01.28
谢淑贤	女	1922.11.12	1967.08.28	1979.07.28
吴希白	女	1934.09.10	1951.02.28	1989.03.01
庞秀凤	女	1934.11.10	1954.08.28	1990.03.01
汪静瑛	女	1936.07.25	1955.08.28	1990.08.01
高玉林	女	1936.01.18	1957.09.01	1992.03.01
盛美英	女	1936.12.23	1957.09.01	1992.03.01
郭佳玉	女	1937.07.02	1960.08.28	1993.08.28
徐汝娣	女	1940.07.16	1960.08.28	1995.08.28

续表08

姓　名	性别	出生日期	参加工作时间	退休时间
顾荷英	女	1941.06.23	1962.08.28	1996.08.28
曹秋瑾	女	1941.09.03	1958.08.28	1997.03.01
赵国英	女	1942.11.18	1962.08.28	1998.02.01
徐寒娣	女	1942.12.21	1963.01.28	1998.02.01
袁银娣	女	1944.05.15	1969.02.28	2000.02.01
庄自振	男	1941.10.28	1961.09.01	2001.07.28
吴明宝	男	1942.09.27	1959.08.28	2002.09.01
韩汉云	女	1948.12.23	1965.08.28	2004.01.28
孙经建	女	1951.02.19	1968.09.01	2006.03.01
王建南	女	1956.02.15	1979.01.28	2011.03.01
刘婉芳	女	1956.09.05	1973.09.01	2011.10.18
高秀英	女	1956.12.12	1979.01.28	2012.01.18
郭顺显	男	1952.08.16	1969.12.28	2012.09.01
卫幸福	男	1955.11.09	1979.01.01	2015.12.01

四、调出教师

调出教师一览表

表09

姓名	性别	调入时间	调出时间	去处	备　注
孙君熙	男	1979.6	1980.9	西郊中心小学	
孟寒宝	男	1978.8	1981.7	西郊中心小学	
陈祖龙	男	1979.6	1982.7	无锡福利厂	
孙文建	女	1978.8	1983.7	澄江中心小学	
顾士亮	男	1978.8	1984.7	顾山中心小学	
俞浩华	男	1979.2	1985.7	申港中学	
郁　骁	男	1979.6	1988.8	新桥中心小学	
胡汉琴	女	1983.8	1989.7	青阳中心小学	
李晓华	男	1981.8	1989.7	青阳中心小学	
金申荣	男	1986.3	1992.7	青阳中心小学	
张金萍	女	1986.3	1992.7	马镇中心小学	

续表09

姓名	性别	调入时间	调出时间	去处	备　注
华群芳	女	1986.8	1992.7	马镇中心小学	
施志英	女	1986.8	1992.7	马镇中心小学	
奚红忠	男	1986.8	1992.7	马镇中心小学	
谢彩坤	男	1981.7	1992.7	江阴市民政局	
周湘荣	男	1981.8	1992.8	江阴市教育局校办工业公司	
胡建英	女	1989.8	1993.7	无锡市崇安区辅读学校	
张伟明	男	1990.8	1994.7	要塞中心小学	
江曦音	女	1993.8	1994.7	周庄中心小学	
吴珊心	女	1986.6	1995.7	第二实验小学	
吴美萍	女	1992.8	1995.7	第二实验小学	
顾建清	男	1981.8	1997.7	江阴市农业技术学校	
马文华	男	1995.8	1998.7	要塞中心小学	
王丽斌	女	1996.8	1998.7	自由创业	
尤佳武	男	1980.12	1998.8	澄江中心小学	
沈　莉	女	1997.8	2001.7	辅延中心小学	
徐　军	男	1994.8	2004.8	江阴远闻律师事务所	
刘燕飞	男	1991.7	2009.10	江阴市残联	
蔡小虎	男	1996.8	2011.7	江阴市教育局人事科	
赵海艳	女	2010.1	2011.9	西郊幼儿园	
周　晶	女	2008.8	2011.9	西郊幼儿园	
夏梦倩	女	2008.8	2011.9	西郊幼儿园	
李静霞	女	2004.8	2014.7	自由创业	
邬　超	男	2012.9	2014.12	自由创业	

五、亡故人员

柳民九、张　行、张才良、邵产根、徐清芬、谢淑贤、陆岐山、袁银娣、贡　敏

附录：教师练兵活动纪事

1976年6月，县文教局选派洛社师范毕业生孟寒宝、顾士良、孙文建到苏州地区常熟聋哑学校实习6个多月。1977年春，又到无锡市聋哑学校学习2个月。1978年9月，学校又选派沙泰峰、张才良、余银娣到无锡市聋哑学校培训2个多月。1978年10月，县文教局又选派洛师应届毕业生卫幸福、王建南去常熟聋哑学校实习，毕业后分配到江阴县聋哑学校。

学校平时还经常组织教师到省内外兄弟特教学校和本市普通中小学听课学习。

自1979年起，学校每周安排半天时间组织全校教师进行业务学习，学习了普通儿童《心理学》和《教育学》等理论书籍，并每月举行一次学习讲座，由时任校长的张宪和负责教务的沙泰峰轮流作讲座。

1982年，学校组织开展教师“过三关”（教材、教法、基本功）活动，力求课堂教学最优化，全面提高教学质量。同年10月，学校选派青年教师刘琪参加由省教育厅在南京聋哑学校举办的特殊教育师资培训班学习2个半月；学校还向常熟、昆山聋校7名老师进行公开课展示（三年级语文和五年级数学各开了一堂课）。

1984年，学校组织教师学习《普通心理学》一书，作辅导讲座3次，教工黑板报出版问题解答四期，全校教师作笔记，完成题后作业，撰写心得体会；5月，无锡市聋哑学校18名领导、教师来校听课，各年级语、数课均作了教学展示；11月，青年语文教师上比武课，并邀请县教研室领导、无锡聋校谈福奎校长、常熟聋校陶美芝教导一起参加听课评议，最终李晓华、卫幸福分别获一、二等奖。

同年下半年，学校专门召开会议，研究制定了学校《教职工岗位责任制》。对参加自学进修和科研成绩显著的教师给予奖励：县级论文录用（包括教育行政部门、学术研究单位和各种期刊杂志等）每篇奖励2元，市级录用每篇5元，省级每篇7元，全国级每篇10元。参加文化业务方面等竞赛，县级一等奖3元，二等奖2元，三等奖1元。凡是市、省、全国获奖者，按县级奖励标准，分别每级递增2元。

1985年6月13日，数学青年教师举行上课比武活动，参加教师有刘琪、谢彩坤、胡汉琴、沈国军。

现场听课评议者除本校数、语教师外，还邀请了无锡市聋校的副校长宋鹏程、两名教师和宜兴县聋哑学校的3位教师；10月，教导处为教师编制了《教育学》五讲，《心理学》四讲，辅导教师学习教育学和心理学，并做了25道问答题，全校教师都有学习笔记，做作业，写心得。

1987年3月，提出30岁以下的语文教师上一堂最佳课，全体教师写一份最佳教案；3—5月，组织青年教师进行粉笔字比赛，语文教师三分钟普通话比赛，标准化手语比赛，对新教师进行业务知识讲座，开展以老带新活动。

1988年5月，教师张凤珍在四（1）班对外开语文研讨课，无锡市聋校、锡山市聋校领导、教师及江阴市教研室张梅华到校听课；7月1日，学校青年教师基本功（手语、普通话）比赛，施志英获一等奖，张凤珍、华群芳获二等奖，张金萍、沙志莲、谢彩坤获三等奖，同时选出三名教师参加无锡市教育局举办的3所聋校青年教师练兵活动，两名教师获得二等奖。

1989年6月，尤佳武、高秀英参加了无锡市教研室组织的无锡市聋校语文课堂教学比赛，分别获得二、三等奖；8月，学校提出青年教师三年达标要求，即一年入门、两年过关、三年达标。并制定了“以老带新”目标与职责；10月18日，学校开展数学评优课活动，邀请江阴市教研室姚兴耕副主任、张梅华和匡金龙等教研员现场指导，并和月城、青阳培智班老师一起担任评委，最终沙泰峰获一等奖，卫幸福、张慧娟获二等奖，周湘荣获三等奖。

1990年5月12日，学校举行教师“三字”比赛，刘琪、卫幸福获一等奖，周浩忠获二等奖，周湘荣、金申荣、沙泰峰、谢彩坤获三等奖。

1991年5月24日，学校教师参加无锡市聋校青年数学教师优秀数学课评选活动，谢彩坤获中年级组二等奖，吴珊心获低年级组一等奖；6月，学校举行教工铁笔钢板刻写比赛，卫幸福获一等奖，刘琪、周湘荣获二等奖，谢彩坤、沙泰峰、周浩忠、曾晓云获三等奖；11月27日，团员教师开展手语比赛，施志英获一等奖，华群芳、沙志莲获二等奖，徐耀、张金萍、张伟明获三等奖。

1992年3月，学校提出人人必须上好一堂电化课，重视教学图片、教学仪器在课堂上的应用；10月，学校提出提高教师素质的“学、练、带、研、引、用、管”七字做法，制订青年教师发展规划；11月27日，学校举行中青年普通话比赛，张蓉芬获个人赛一等奖，曾晓云、徐耀获二等奖，吴美萍、吴静新、周晓花获三等奖。

1993年5月22日，市教研室、市教育工会在我校联合举行教师手语比赛，龚向华获一等奖，尤佳武、吴静新获二等奖，张凤珍、沙志莲、曾晓云、张伟明获三等奖。

1994年3月，抓好青年教师教学基本功训练，在传统“三字一话一手语”的基础上，增加乐器演奏、作图训练等项目。语文组教师开展根据一段话作简笔画的比赛，尤佳武、朱巧云分获一、二等奖。数学组教师开展徒手作几何图形的比赛，张蓉芬、顾建清分获一、二等奖。

1995年3月至6月，尤佳武对江阴市特教中心组开课；曾晓云、居张洪、朱巧云、方红霞向澄江镇小学领导开课；吴静新、沙志莲、徐军、朱巧云向常熟、昆山两聋校教师开课；张凤珍、曾晓云、居张洪向参加省特殊儿童分类教学研讨会的领导开课。同年9月，提出教师教学基本功训练要求，要求教师每月练写6页毛笔字和2页钢笔字，隔天利用晨间的集中时间学习训练规范化手语，科任教师都要初步学会操作电脑打字，会独立使用幻灯机，全体教师会画简笔画，语文教师写好下水文，数学教师能进行速算指导。

1996年5月，张蓉芬、张凤珍参加无锡市特教青年教师基本功比赛（聋校组）分获一、二等奖，钱文亚参加无锡市特教青年教师基本功比赛（培智学校组）获一等奖；7-10月，张蓉芬、钱文亚代表无锡市参加江苏省首届特殊教育学校青年教师基本功大赛均获一等奖，比赛项目有三字一话、手语翻译、学具制作、才艺展示、说课评课、上课等；

8月，学校提出教师基本功训练的“两电、一学”新要求，两电即：电脑、电教手段；一学即：自学大专；9-11月，学校提出教师人人懂电脑，人人会用电教手段上课的要求，并派沈国军老师到南京特师参加微格教学培训，派徐军老师到苏州聋校参加微机辅助教学培训。继而，学校不仅对本校青年教师举办现代教育技术特别是课件制作的培训，还应普通中小学兄弟学校的要求，由学校的教师徐军、徐耀等对实验小学、晨光实小、城中实小、辅延小学、长寿中学等学校的青年教师进行课件制作的培训，助推了兄弟学校的现代教育技术水平。

1997年10月，在无锡市示范学校验收过程中，验收专家组共听课18节，其中17节被评为好课和较好课。

1999年3月起，学校先后派出居张洪、徐建文、张蓉芬、沙志莲、谈一宇、杨芳丽等老师到实小、西郊、环南路等普小向名师跟班学习一个学期；同年5月，居张洪、曾晓云参加无锡市特教青年教师基本功比赛（聋校组）均获一等奖，刘燕飞参加无锡市特教青年教师基本功比赛（培智组）获一等奖；7–10月，刘燕飞、居张洪代表无锡市参加江苏省第二届特殊教育学校青年教师基本功大赛均获一等奖；10月，开展电教多媒体与教学评优课活动，举办现代教育技术培训班。

2001年3月，对全校教师提出电脑打字的达标要求，一级水平达到40字/分钟，二级水平20字/分钟；5月，谈一宇参加江阴市级特教学校评优课活动，获一等奖。

2002年4月，学校承办了市教研室特教中心组个别化教学研讨会活动，谈一宇语文阅读课《美丽的画》、陈丽萍的律动课《小红花》进行了现场展示；8月，曾晓云、夏红新参加第三届江苏省特殊教育学校青年教师基本功大赛均获二等奖。

2004年5月27日，学校举行无锡市“十五”重点课题《信息技术教育与聋生交往能力的培养》中期汇报活动，参加的有省教工委书记葛高林、省教研室副主任程益基、无锡市教育局和教科所的领导及专家、苏南聋校同仁、江阴市的有关领导和同仁等70余人。学校为活动展示了语、数两堂公开课和一堂毕业班的班会课。

2005年6月8日，学校举行“十五”计划课题结题论证会，现场展示了谈一宇的语文课《富饶的西沙群岛》和吴静新的活动课《梦想与追求》；8月，谈一宇参加第四届江苏省特殊教育学校青年教师基本功大赛获一等奖，朱巧云、刘小燕均获二等奖。

2005年12月7日，学校举行省教育学会“十五”计划课题《聋校低年级课程综合化改革》结题论证会，为现场提供了一堂语文课和一堂活动课，展示了学校在结合最新课程方案、整合课程资源、整合课程设置等方面的实践做法。

2006年10月，学校开展骨干教师（基本功大赛获得者）两个一活动，即一堂公开展示课，一个专题讲座。

2007年6月，谈一宇参加无锡市特殊教育课堂教学展评活动获一等奖，朱巧云获二等奖。

2008年8月，殷莉参加第五届江苏省特殊教育学校青年教师基本功大赛获二等奖。

2008年11月，李海涯参加无锡市特殊教育课堂教学展评活动获一等奖。

2009年3月，学校提出建立校本分层培训机制。实现骨干型教师名师化，成长型教师合格化，提高型教师专业化；6月3日，学校与南京特殊教育师范学院启动院校结对活动，双方签订了教师专业化合作协议，由南京特院专家与江阴市特殊教育中心骨干教师结成对子，协助提高江阴市特殊教育中心校教师的专业化水平，省内部分友好单位也同时参加了本项活动，现场由我校的6位骨干教师进行了公开课展示。

2011年3月，学校推出加强教师专业化发展的多项措施，先后出台教师业务技能学习方案，制订教师个人三年发展规划，规范教师继续教育的学时统计，完善教师专业化成长档案管理；4-6月，学校开展了三个层面的公开课活动：4月的江阴市青年教师课堂教学大比武，5月上旬骨干教师（三手）示范课，5月底-6月的教师个人专项课题研究汇报课；8月，包菊萍参加第六届江苏省特殊教育学校青年教师基本功大赛获二等奖，华孝明获三等奖；9月，开展了新一轮的青蓝合同签订仪式，至此学校共有14对师徒结对；11月，学校开展无锡市特殊教育校际联动活动，向兄弟学校展示了江阴市特殊教育中心校书香校园建设取得的成果，在活动中，谈一宇、刘小燕、夏红新、彭芳4名教师分别开了阅读指导课，展示了一台“读书伴我成长”的节目，并进行了专题汇报；12月，李佳佳参加无锡市特殊教育课堂教学展评活动获一等奖，鲍明芳、李静霞获二等奖。

2013年4-5月，在江阴市特殊教育青年教师教学大比武活动中，杜菊英等4名教师获江阴市级一等奖，邵雯霞等4名教师获二等奖，宋雨玲等6名教师获三等奖；5月，江阴市教育局、督导室到校进行综合督导，随堂听课10节，好课率达100%；康复组进行了集体备课展示；学生个别化教育计划过程实施调整研讨；8月，提出教师学习理论书籍分三层次全面推进：一方面学校推荐图书，第二方面各教研组共阅读组内自定书籍并交流，第三方面自我选择阅读；12月，在无锡市特殊教育青年教师教学大比武活动中，孙香娟、陈蓓2名教师获无锡市级一等奖，李海涯、李佳佳2位教师获二等奖；12月，杨芳丽老师当选江阴市首届“百佳书香教师”；在“江阴市经典诵读教师组比赛”中，鲍明芳老师获江阴市一等奖。

2014年1月7日，学校举行省教育学会“十二五”规划课题中期论证会，展示了由邵雯霞执教的生活语文课《打电话》和李海涯主持的亲子阅读汇报活动；同日，学校举行无锡市教育科学“十二五”重点课题中期论证会，现场展示了由沙志莲执教的主题班会和杨芳丽执教的行规主题教育课。10月，陈蓓参加第七届江苏省特殊教育学校青年教师基本功大赛获二等奖。

第四章 德育工作

为了最大程度地弥补特殊学生的生理缺陷，学校领导组织全体教工学习有关理论著作，在摸准了让铁树开花门道的同时，采用耐心诱导、百炼成钢的方法，将人间的正能量传输到了他们心中，使之成为人格健全的，能自食其力、融入社会，甚至有功于社会的新人。

可以说，他们在校园里，乃至融入社会后绽开的一朵朵绚丽的奇花，全是由学校领导和老师们的心血浇灌而成的。

第一节 养成生活习惯

就聋哑学生而言，他们寄宿在校，而且尚处“吃饭不知饥饱，睡觉不知颠倒”的低龄时期，加之语言不通，个性各异，生活上几乎不能自理。这给生活管理带来了极大难度。而生活习惯的良莠，将直接影响到学生各方面的成长质量。学校领导深知这是一项实现办学目标的基础工程，非抓紧、抓实、抓细不可。

一、精选保育员

保育员技能操作比赛

学校一贯重视对保育员的精选，尤其注重保育员的个人素质，要有爱心、耐心、细心、吃苦心。正是由于选得严格，保育员都将聋哑学生视为自己的子女。她们不仅为学生清洗、缝补衣服蚊帐，每天晚上要安抚学生全部入睡后，自己才能就寝，而且不论寒暑，半夜常要起床照看学生的睡相、盖被情况，可以说难以睡上一个囫囵觉；对年龄特小的学生，还要照料吃喝拉撒，教他们穿衣着鞋、刷牙洗脸、洗澡洗脚，甚至是铺床、盖被、赶蚊子。因此，往往忙到腰酸背痛，四肢乏力，但是她们无怨无悔，忠于职守，尽心尽力，把学生的每一个微小改观，都当作是自己的最大快乐。

学校领导看到保育员中涌现出优秀者，总能及时地给予表彰，以此来调动全体保育员的工作热情，同时从感情上尊重她们，生活上关心她们，工作上引导她们，使她们干得开心，管得热心，爱生诚心。

二、全员共管

学校领导发动全体教师齐抓共管，全天候地关注学生生活习惯的养成。他们分工不分家，合力一起抓，从学生的坐相、立态、走势，到遵守公共卫生的意识；从个人仪表的修饰，到平时自我流露出的爱好，都及时地加以指导。碰到接受能力相对差一点的学生，他们总是不厌其烦地加以千锤百炼，直至达到预期效果。有些老师还与学生结对交朋友，用自己爱生的情感，去唤醒学生还蛰伏着的灵性，教他们享受生活快乐的门道。

老师们这种当仁不让的精神，催化了学生良好生活习惯的萌生，而班主任老师的首当其冲，更使学生良好的生活习惯得到了养护。他们像父母一样，时刻关爱着学生，用老牛舐犊之情，领着学生走进了良好生活习惯的殿堂。一代接一代省、市优秀班主任的荣誉，不断地加固着学生成才的基础工程，从而饮誉社会，取信家长，有恩学生。

这里就举上几个例子，以一斑窥全豹：

例1：全国“交通银行特教园丁奖”获得者朱巧云

全国“交通银行特教园丁奖”获得者朱巧云

当班主任22年来，一贯用爱心、耐心、真心托起了学生的明天。在她的眼里，每个孩子都是闪亮的星星。每当孩子报到的第一天，她总会问家长一句话：你知道你孩子有什么优点吗？当家长觉得自己孩子没什么长处的时候，她总能说出一串优点，使学生及其家长感受到了从未有过的尊重和爱，而当学生出现偏差时，她则全身心的投入帮扶，直至走上正路，健康成长。有一年班上有一位聋哑孩子，喜欢打游戏，经常逃学，他的家长为此操碎了心。朱老师接手这个孩子以后，咬定“一个也不能放弃”的信念，经常和家长联系，交流教育经验，帮家长出主意，并一直跟踪探求原因，当得知孩子常去一家店里玩游戏后，她和家长跑去找店主，诚恳地拜托店主一起督促这位网瘾少年。为此朱老师连续一个多月下班后陪这孩子做作业，再用车子送他回家。最后朱老师的努力有了回报，这位少年最终“浪子回头”了，顺利地考上了高中。

例2：江苏省优秀班主任张凤珍

江苏省优秀班主任张凤珍

坚持用微笑的神态、轻松的心情去面对每一个学生。记得有一次，她班上的梁某某同学因前一天晚上偷偷溜进老师办公室上网一事被老师严厉地教育了一番。可惜的是，老师的一番苦口婆心不但没使他有悔改之意，反而使他产生了对立情绪。语文课上，张老师有意识地用微笑使他改变了自己的态度。在讲读课文“完璧归赵”故事后，张老师开始布置他们把指定的段落有感情地读一读，体会主人公蔺相如的性格特点。果然，梁某某同学读得特认真，别的同学都读完了，他还一字一句地读着。看到他那么认真，张老师没有打扰他，微笑着等他读完。同学们也都和老师一起静静地听着。他读完后，张老师用赞许的目光对他点了点头，并翘起了一个大拇指，又给了他一个赞美的微笑。同学们看了，也都把微笑送给了他。这时的他居然腼腆地笑了。张老师看他脸上露出了笑容，便抓住时机让同学来夸夸他的闪光点，说说他身上的优点。同学们都一致肯定他热爱劳动、读书专注、字迹端正等优点。在肯定他的优点同时，张老师又微笑着请他说说自己身上存在的缺点。这时的他满脸通红，不好意思的告诉她爱上网、贪玩、管不住自己等等毛病。张老师微笑着安慰他有缺点不可怕，可怕的是不肯承认自己的缺点，只要勇于承认并改正自己的缺点，就是一个好同学，这样的话，老师会更喜欢你。他听了，向张老师连连点头，表示一定能做到。这时候，张老师和同学们把掌声送给了他。简短的一番话，水到渠成，既让他认识到了自己的错误，又消除了他心中的怨恨。自此，这位学生成了班级里的佼佼者。是啊，适当的时候，赏识的话语，微笑的面对，就能得到意想不到的双赢机会。

例3：江苏省优秀教育工作者戴娅萍

对班上每一位学生，不放弃，不抛弃，注重发掘每一位学生的潜能，培养学生的一技之长，让智障学生享受成功的愉悦。她发现自闭症学生小佳，在音乐上具有一定的天赋，便坚持每天利用业余时间全身心地义务辅导他弹钢琴。因为小佳同学家境贫困，2015年年初她又赠送给他了一架钢琴。2016年为小佳解决了学琴的一切费用。在教孩子学弹钢琴的同时，还挖掘了小佳的记忆特长，教他背诵圆周率。

江苏省优秀教育工作者戴娅萍

班上的其他同学也是这样，发挥他们各自的兴趣特长，如黄文轩同学学了画画，李昀键学了架子鼓，叶涛学了乒乓……在家长不能及时接送孩子时，她便义务每天带学生回家，并在晚上辅导完作业后再送其回家；得知班上学生家里发生火灾时，她及时给学生买衣物和生活用品，家长感动之余特意给她送上了锦旗。平时她也经常给班级里的贫困学生添置衣物和生活用品等，得到了学生、家长和同事的一致好评。任现职以来，她多次获得澄江镇“优秀教育工作者”、“优秀班主任”等称号。2013—2015学年被评为江阴市优秀教育工作者，2015年被评为无锡市、江苏省优秀教育工作者，2016年被评为江阴十佳文明职工。所撰写的20多篇论文在省、无锡市、江阴市获奖，所带班级多次被评为优秀班集体。

三、榜样感化

学校自1984年3月起，先后与解放军驻澄89960部队后勤部马镇阳岐农场、73035部队江阴黄山炮团、63683驻澄部队和63706部队江阴一站等结成了“军民共建文明学校”对子，这为学生良好生活习惯的形成，提供了榜样示范的便利。

早在马镇北渚时期，学校便把学生带进军营，参观了军人的宿舍与饮食起居规范。尤其是

军校共建仪式暨联谊活动

看到叠得方方正正、摆放得成一条线的被子，使他们产生了跃跃欲试的冲动。在解放军官兵手把手的指导下，学生们很快学会了折叠被子、摆放生活用品、打扫宿舍卫生等军事化生活之事，促使他们逐渐养成了爱整齐、求统一、顾全局的生活习惯。自此之后的几十年来，学校把军营列为不可或缺的教育资源，每次招收了新生，都要带他们到军营去接受熏陶，把好良好生活习惯的源头关，使他们在那里找到了解放军之所以受人尊敬的原因，是在于生活上一丝不苟，外观上整齐端庄，行动上规范有序。

四、学习自理

尽管有保育员周全地照料着学生的生活，还有教师在他们学习、活动时候给予热情地指点，但毕竟这些学生生活在无声世界里，具有与常人不同的特殊性，故而也不可能面面俱到地包办代替，应采取有效措施，尽量促使学生学会自理。

一是强调自己的事情自己做

无论是保育员还是教师，在学生生活习惯养成的过程中，总是把“教”渗透在“替、帮、放”的步骤之中。所谓“替”即替学生做，为学生树立一个样子；“帮”即帮助学生一起做，让学生做时有依靠；“放”即放手叫学生自己做，在做的过程中记牢要领。经过这样反复地训练，学生逐渐由生到熟，学会了生活上的自理，诸如铺床睡觉、起床穿衣、刷牙洗脸、清洗碗筷、汏洗单衣、打扫卫生等。

二是以大带小

复校初期，学生间年龄差距较大，而年龄大者总比年龄小者懂事得多，接受能力也相对强些。学校便引导大同学带小同学，让他们结成帮带对子，形成相互照顾、不留间隙的氛围，加速了良好生活习惯的扎实形成。就是到了后来，学生的年龄差距虽然缩小了，但是智力、灵敏程度上仍有差距，于是组织那些对生活感知得较快的学生，去帮带那些反应相对迟钝的学生，同样起到了小帮手作用。

三是建章立制

学校除了注重调教、帮带外，还在认真贯彻《小学生守则》《中学生守则》的同时，拟定了宿舍、食堂、课堂、课外活动等行为准则，时常进行规范训练，使学生始终在学校的可控场合下生活、学习、活动、成长。为督促学生能遵守那些规则，还坚持运用定期检查评比的手段，表扬先进，鞭策后进，促使学生提高了自觉遵守准则的积极性，生活自理能力也相应得到了快速提高。也正是学生良好生活习惯这项养成教育的成功，使学校其他各类先进称号的获得有了厚实的底气。

第二节　培养优良品德

学校本着教育残障学生懂得做人、学会做人、学做好人的德育宗旨，坚持不懈地采用灵活多样、生动活泼的形式。

一、营造环境引导

环境是重要的教育资源，环境具有暗示和熏陶作用，对特殊学生的健康成长有着至关重要的作用。学校历来重视环境建设，努力为学生营造积极向上的环境氛围，引导学生养成优良品德。

（一）创设物理环境

教学楼大厅

学校力争让整个校园成为思想教育的大课堂，让师生视线所到的地方，都带有教育性。为了实现这一目标，一是通过对通道、电梯、扶手、卫生间等多处无障碍设施的设置、优化，营造有爱的教育环境，时时提醒学生做到相互尊重，相互帮助，举止文明。二是把走廊打造成立体的教科书，贴上朗朗上口的生活习惯儿歌、童谣，让学生在校园文化无声的熏陶中学习礼仪，养成良好的文明行为习惯。三是在大厅、专用室、教室、食堂精心布置醒目标语、自强模范板面、学生作品展示等，让学生们从中汲取正能量，懂得自立自强，争做残而有为之人。

（二）营造人文环境

学校充分发挥教师的榜样作用，号召全体教师率先树立榜样，规范自身言行。从节约粮食不浪费、见到纸屑主动捡等细微行动开始作榜样示范，感染熏陶学生，让学生看在眼里，记在心里，落实在行动中。学校还充分发挥集体舆论的导向功能，号召学生向社会上、学校里、班级内、小组中优秀的同伴学习，如：学校团支部、少先队大部队每年都要在组织学雷锋的同时，配合当时形势，组织大家向韩玉娟、赖宁、成吉等少年英雄学习，并开展“我是文明好队员”“我们也有一双手”“祖国在我心中，做祖国的好儿童”“我能行”等主题活动，使大家从少年英雄的身上，看到了闪光的行为品德，认清了自己努力的方向，从而树立了远大的理想。因此，每一个活动学生都能全身心投入，并用自己的实际行动，创造出不亚于体格健全同龄人的奇迹。1985年，全校7个中队的15个主题活动，有7个分别荣获全国、省、县“创造杯”活动奖。1990年“学雷锋、学赖宁”活动中，涌现出了20名“学雷锋积极分子”。在各类竞赛活动中，获奖的人数和项目更是不胜枚举。

（三）举行升旗仪式

升旗仪式

每周一，学校总会举行升国旗仪式。环境氛围诱发的情感升级，经日久天长的积累便成为一种品质，最终凝聚成了热爱祖国的情怀。尤其是九五部队国旗班到校所做的示范升旗仪式，更令学生的思想受到极大的震动，使一次次升旗仪式，于潜移默化之间变成了看得见、能模仿的爱国主义教育。学校“小旗手”也在部队战士的指导下，呈现出了军人般的气势和架势。

（四）利用影视资源

为了让学生明白升国旗与爱祖国之间的关系，学校又曾多次开展了以“爱祖国”为主题的大型活动，诸如看《神州风采》纪录片，讲祖国名称、首都、版图、国旗、国徽等基本国情知识，降半旗沉痛哀悼四川汶川大地震遇难同胞，开展“感恩教育”系列活动等，使学生在直观性强或能动手操作的环境氛围中，既锻炼了能力，更增强了爱国主义情感的积淀，从而形成了稳定的心理素质，即奋发向上，爱党爱国；残而有为，融入社会。

二、发挥“共建”作用

（一）军（警）校共建

学校先后与解放军89960部队后勤部江阴阳岐农场、73035江阴黄山炮团、63683驻澄部队和63706部队江阴一站的“军民共建”结对，不愧为德育工作开发了优质资源。四十年来，学校充分利用这一资源，每年都召开军校共建会议，每个中队都聘请一名解放军战士当校外辅导员，并把学习《小学生守则》《中学生守则》、“学雷锋、树新风、争三好”“五讲、四美、三热爱”各个时期的主题活动，都纳入共建内容，围绕不同时期的思想教育重点，广泛开展适合残障学生特点的丰富多彩的品德教育活动，诸如召开各类主题班会、观看电影电视、出黑板报、编印《新芽报》、与省内外聋哑学校交流、参观各种展览、进行各种专题教育活动、祭扫革命烈士墓、开展多种公益活动、展示小制作成果、开办少年军校、体验军训生活等等，让学生看得见、摸得着、能理解、感受深。

军训汇报活动

2000年5月开始，学校和江阴市交巡警大队机动中队（现称城西中队）开展警校共建活动。学校聘请中队长担任校董会董事，在学校每年召开的校董会暨行风评议会上为学校的改革发展共商献策，为学校的“护学岗”派出警员，协同维持学生上下学的交通秩序，给学生作交通法规知识教育，进行“徒手操”表演并作培训辅导。还带领高年级学生到附近马路上指挥交通，体验警察工作的辛苦；到西郊市民广场开展“以我所能、回报社会”活动，进行交通知识宣传，维护交通秩序。该中队的警察们还献出爱心，捐资助残，从2000年开始，资助一年级的学生陈磊每年1500元的学习生活费用，直至九年级毕业，还为她找到了一份很不错的工作。

军训开营仪式

“军（警）校共建文明学校”这一资源，就这样有力地推动着学校德育工作常搞常新，有声有色，效果喜人。少先队大队部曾多次被评为先进集体，学校先后两次被评为江阴市军民共建先进单位，还被评为无锡市先进学生军（警）校。

（二）“手拉手”结对

学校从农村迁址到江阴城区后，学校附近的职大、职中、中小学校和幼儿园也多次和学校或班级进行手拉手活动，在助残日、儿童节等前夕到校献爱心送礼物，表演节目给残障儿童看，非常热闹，学校师生得到了许多的感动和关爱。但这仅仅停留在校际、班际间的交流来往，缺乏设计和正规的安排。

2003年初春时节，江阴市政府分管教育的副市长倪颖伟来到聋哑学校亲切看望全校师生，并殷切希望残疾儿童要努力学习文化知识和生活技能，将来能顺利融入正常的社会环境中去。时隔不久，学校校长蒋勤楠和晨光实小校长徐顺湘经过商量、策划，为不辜负领导的殷切期望，决定两校和谐共建，让健全儿童和残障儿童手拉手，共享生命阳光。

“手拉手”活动拉开帷幕，举行结对共建仪式后，晨光实小领导教师到学校接触了解残疾儿童学习生活情况，制订活动计划。第一次活动，晨光实小各班选派队员到学校，寻找各自的“手拉手”小伙伴，交流游戏的方法技巧。第二次活动，“快乐游戏、幸福童年”大型游戏节在晨光实小举行。结对的小伙伴们牵起手，很快就融入到欢乐的游戏活动中。共同的兴趣，让孩子们走到了一起，感受到了相处同玩的快乐。从此，游戏节成为一年一度的传统活动，成了两校学生交流思想情感和追求美好人生的最佳契机。

“手拉手共成长”汇报展示活动

“手拉手”结对活动还从学校延伸到了家庭。端午节当天，晨光实小的队员们到校把结对小伙伴请到各自家中作客。他们为小客人精心准备饭菜，互相交流学习生活情况，还一起学包粽子。有些细心的家庭还给小伙伴送上课外书籍和生活用品。短暂的相聚时光，让残障儿童们感受到家庭的温暖和朋友的情谊。

“心融·志同”携手共进展示活动

2013年1月24日，时逢两校手拉手十周年之际，江阴市教育局发文，将江阴市特殊教育中心校与晨光实验小学的手拉手活动（“心融·志同”携手共进活动）命名为江

关爱残疾儿童专场演出

阴市第二批中小学优秀德育项目。

在江阴市特殊教育中心校与晨光实验小学手拉手期间，江阴实验中学（原江阴高中实验学校）也积极加入进来。2006年10月，三校结对，携手前进。尔后每年的“六一”儿童节、国庆节、国际助残日等庆祝活动，三校师生共同开展活动，有抗震救灾联合倡议，有“同在蓝天下、文化欢乐行”关爱残疾儿童专场演出，有“手拉手”活动汇报演出，有结对班级的联合主题班队活动，还有“假日小队”利用暑假走进社区参加环保劳动等。

“手拉手”融合教育活动开展多年来，残障孩子们真的变了，他们的长处得到了别人的承认。他们不再像过去一样畏畏缩缩，开始感觉到了自身的价值和存在的重要性，已经慢慢地开始喜欢并且能够和健全人交往了，在公共场合也能自信地表露自己了。

三、开展多种活动

特殊学生的品德养成教育，必须寓于活动中，才会取得良好的效果。学校根据听障、智障学生的身心特点，组织开展形式多样、内容丰富的德育活动，让学生在活动中辨别是非、锻炼能力、感受乐趣、形成品德。

（一）主题教育活动

每学期开展形式多样的主题活动，对学生进行文明礼仪教育、诚信教育、法制教育、热爱劳动教育等。如每学期都举行劳动技能比赛，低年级同学进行生活自理能力展示，中年级进行简单家务展示，高年级进行烹饪技能展示。每年5月，组织形式丰富的艺术节活动，项目包括田径运动会、棋类比赛、手工制作、舞蹈绘画比赛等，通过活动来丰富学生的学习生活，激发学生的活力。不定期开展“学模范、当自强”活动，通过讲座、班会等形式，让学生进一步感受残疾人自强不息的精神，从而做一个残而有为的人。

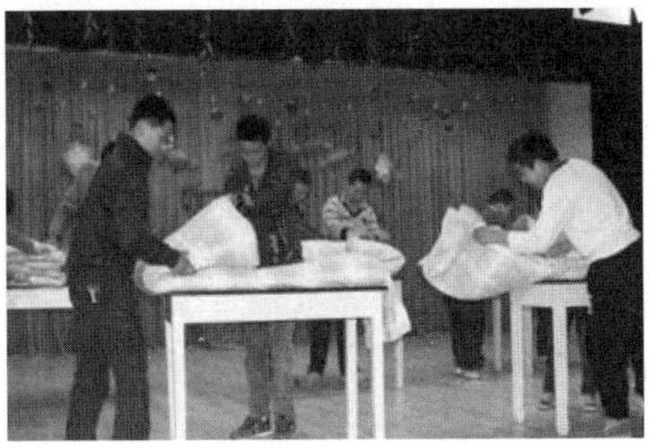

生活自理能力比赛

“放飞文明”风筝节活动

（二）节日教育活动

学校有针对性地抓住节日契机组织活动，对学生展开节日教育。如每年三月份，抓住学雷锋日和“三八”妇女节，组织开展活动。一是开展“学习雷锋从我做起”活动。组织师生到附近社区、公园打扫卫生、清理垃圾，用自己的实际行动表达向雷锋学习的决心。二是开展“寻找身边的雷锋”活动，利用班会课说说伙伴的好人好事，用他们的细小而平凡的事迹诠释雷锋精神。三是开展“感恩的心，感谢有你”活动，要求学生在“三八”妇女节这一天，至少为母亲做一件事，体味母爱的艰辛，用自己制作的手工作品为母亲送去节日的祝福。

（三）争章（奖章）活动

2012年下半年始，按照市教育局提出的“行动德育”总要求，学校从学生的特殊性出发，精心设计并创新开展“争章”活动，着力对特殊学生进行文明行规养成教育，激励学生主动参与活动、积极争夺奖章，培养学生自我参与、自我督促、自我评价的能力，提高养成教育的针对性和实效性，逐步形成健康向上的人生观、价值观。

“我能行”争章活动启动仪式

开展“争章”活动，制定奖章是基础。学校一方面从学校、家庭、社会全方位考虑，将奖章分为三级，内容涵盖学校生活、家庭生活、社会生活三个方面。学校生活方面制定了勤学章、阅读章、艺术章等；家庭生活方面制定了自理章、清洁章、劳动章等；社会生活方面制定了文明章、自护章、环保章等。每一个奖章都有细化的目标内容，如环保章（一级）要求学生做到：节约水电，爱惜粮食、文具；养成良好的清洁卫生习惯：不随地吐痰，不乱扔垃圾，不乱涂乱画；爱护花草树木，不随意采摘花朵和践踏草坪；不挑食，不乱吃零食，不与他人攀比。这些内容和要求全方位考虑到了学生的日常生活，既充分发挥了学校教育的优势地位，又构筑起了学校、家庭、社会三位一体的教育网络，促进学生的习惯养成。另一方面是学习、生活、做人全视角关注，对应设置相应目标。如：阅读章（一级）的目标内容就包括：有阅读的兴趣，养成良好的阅读习惯；每次能静心阅读10—30分钟；阅读结束后能将书籍放回指定位置。从这些内容可以看出：虽然阅读从逻辑上来说属于学习的范畴，但在阅读章的目标制定时，不仅要考虑学习层面的习惯，如静心阅读等，还要关注阅读作为提升生活品质、懂得如何做人做事层面的习惯，如把书放回指定位置等。这样的目标设置对特殊学生养成良好的行为习惯，有着明晰的指向性和操作性。

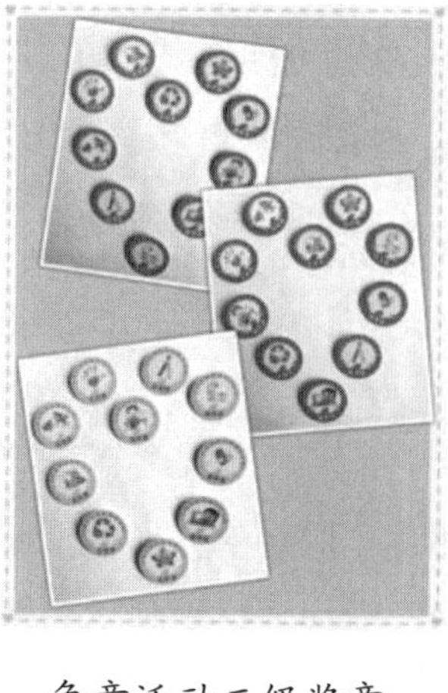
争章活动三级奖章

在“争章”活动中，学校给各科奖章分别设置了由易到难三个级别的争章目标，满足不同类别、不同层次的学生参与活动。活动分定章、争章、考章、颁章、护章五个环节。活动过程中，让每个学生自己制定争章目标，并给每个参与的学生发放“争章记录手册”，用印泥章“盖章”的形式在手册上记录他们各自的争章情况，每周一次班级小结，每月一次全校总结，全月获章多的学生可通过大队部的考核争得相应奖章。奖章的吸引，在学生中自然形成了争优创先的良好氛围，激励着孩子们在行为习惯方面不断进步。

开展“争章”活动，科学考章是关键。由于特殊学生的意志力不够坚强，行为持久性较差，容易出现坏习惯反弹、好习惯滑坡的现象，所以，要培养学生良好的行为习惯，还要有一个科学的考章制度，随时督促学生、提醒学生，常抓不懈。为此，紧紧依靠生活实践抓好争章活动的考章环节，做到时时是考章之时，处处是考章之所，人人是考章之人，确保习惯养成教育持续高效。其一，考章形式多元。注重对学生行为认知的考核和一日行规的考查，给与科学公正评价，及时反馈提醒，更多表扬激励。其二，考章方法多维。注重学生自评和他评相结合，学校评价和家庭评价相结合。各班主任（中队辅导员）根据上述情况汇总后，即上报大队部进行考核。考核合格者即可获得相应级别的奖章。

“争章”活动开展五年来，学生的不良行为习惯逐步消退，良好行为习惯逐渐养成，这有效地促进了学生各方面素质的提高和各项潜能的充分展现。2012—2016年，有5名学生获得省级荣誉称号、9名学生获得无锡市级荣誉称号、7名学生获得江阴市级荣誉称号，另有数十名学生在各级体育、文艺、书画、表演类比赛中获奖，6个班级被评为江阴市先进学生集体。“争章”活动以其特有的生活本质，促进了特殊学生文明行为的养成，为塑造特殊学生健全的人格、良好的素养，使其顺利融入社会打下良好的基础，灌注健康的人生底色。

第三节　促成心理自信

残障学生最大的心理障碍是自卑，帮助他们消除自卑心理，树立自信心、自强感，成了学校德育工作的核心部分。学校通过请优秀的残疾人作讲座谈体会、做示范和为学生提供展示舞台，使之享受成功喜悦等形式，达到了预期的目标。

一、持之以恒砺志

学校坚持请在社会上享有盛誉的残疾人到校，为学生树立“身残志坚，事业有成”的榜样，并通过他们的现身说法来感化学生，且做到了从不间断，持之以恒。其中比较典型的有：

为激励自信，学校聘请无锡市残疾人书画社四肢残疾的奚真，到校作苦练书法的经历报告，并用嘴衔笔作现场书法表演。他以坚强的毅力，通过刻苦钻研练就精湛书艺，深深地打动了聋哑学生的心，都表示一定向奚真学习，后来涌现出了诸如沈国强、黄永松、赵洪标、夏军、黄海鹰等一大批书法优秀的学生。

组织学生到马镇参观双手致残的胡金良用脚洗衣、刷牙、炒菜、煮饭，用脚割草养羊、喂兔、养鹅等日常生活。胡金良不但自食其力，还孝敬父母双亲。这一切使学生的内心受到了震动，振奋了自己自强自立、自力更生的决心。

无锡市聋哑学校原副校长、聋人杰出代表宋鹏程到学校，学生们聆听了他用手语作的《祖国的前途就是我们的前途》的报告后，被他与病魔作斗争、刻苦学习、自学成才、勤恳工作、从教师到校长的艰苦奋斗历程所感动，纷纷表示坚决以宋鹏程为榜样，树立远大理想，好好学习，天天向上，健康成长，做一个有益于社会的人。

之后，学校又请了全国十佳少年袁浩魏到校作身残志坚的讲座，对学生们的励志起了极大的促进作用；带学生走访了江阴本土残疾人标兵吕娟、吕营姐妹和周小菊等人，使学生们汲取到了与自卑心理作斗争的无穷力量；网络时代到来后，学校组织学生利用每天中午近一小时的时间与“双吕”姐妹进行网络热线聊天，解除自己的心理困惑，并借此提高社会交往能力。

为了多角度、全方位地引导学生不断励志，2008年5月4日，学校请南京师范大学副教授、中共十七大代表、全国自强模范、有“当代张海迪”之称的侯晶晶到校，为全校师生做了简短且精彩的励志报告。她用自己的经历，对人生的感悟以及一个个生动的事例，鼓励学生自强自立，面对困难，勇敢承受。同时，她还与听众进行了互动交流，将学生们努力追求理想的劲头鼓得足足的。

二、提供展示舞台

学校领导深刻地认识到，学生的自信心、自强劲，固然能通过榜样人物的鼓动树立起来，但要使之能长久地保持并提高，还得让他们享受到自己获取成功的喜悦，并从中体会到“我能行”。为此，总是千方百计地为学生提供展示自己能力的舞台。

江阴市助残日文艺汇演

从班级到年级，再到全校，每学期都要举办形式多样的各种比赛，诸如手语、写字、速算、画画、写话、小制作、劳技操作、趣味体育、乒乓球等竞赛，还有活力课堂上让学生进行健美操、手语舞表演，进行水果拼盘、书画作品现场比拼，以及每年的运动会、美食节、艺术节、各类作品展览等，都为学生提供了充分展示自己能力的舞台，尤其是老师们的每一句赞扬，每一个肯定，每一次授奖，都使学生认识到了“我真的能行”的自我，从而鼓起了勇气，克服了自卑，磨练出了追求更大成功的意志。

无锡市特殊教育学校庆“六一”主题活动

组织有关学生参加校际或行政区域举办的各类竞赛、体育运动会、残奥会、作品展览、文艺演出、乒乓球比赛、电脑绘画比赛、计算机信息技术应用素质竞赛等等，则给学生提供了更有档次的展示舞台。专家的评价、省市的奖状、社会的掌声，使那些生活在无声世界里的学生，看到了自己美好的未来，并将一次次的冲动凝成了稳定的欲望，于是在反复的参与中把这些稳定的欲望升华成了朴实的理想，自信置换了自卑，自强战胜了自卑。

章亚表演《千手观音》

2004年2月，由吴雅菊、薛鹏、章亚表演的小品《情满中秋》获全国盲、聋、培学校艺术汇演三等奖。

2005年8月7日，八年级的章亚、朱娜、庞宇玉3名听障学生，参与表演的江苏省参赛节目《心与心不再遥远》的舞蹈，在第六届全国残疾人艺术汇演湖北赛区的比赛中，获得了二等奖。章亚被中国残疾人艺术团选中，成为了22名集训的新队员之一，参加了为期3个月的封闭式训练后，有幸成为《千手观音》舞蹈中的一双手，一时震动了全国观众。

三、把握机遇搭台

2011年“六一”国际儿童节前夕，江阴市委、市政府承办了第11届中国国际儿童电影节，学校把握这一百年难遇的机遇，搭起了让全校学生展示风采的平台。

中国国际儿童电影节中外嘉宾到校活动

6月1日，来自20多个国家参加电影节的50多名嘉宾，观看了学生们精心排练的一首手语歌《感恩的心》，心情顿时为之振奋；当接到学生们亲手制作的具有中国特色的手工作品、书画作品等礼物时，脸上无不布满了惊讶的神色，于是他们纷纷与学生们亲切拥抱、拍照留念、签名题词……使整个校园洋溢着浓浓的中外友谊之情。

意大利教育家伊娃·舒瓦兹沃尔德女士到校采访

学生们的坚强、乐观、豁达、自信，深深地感动并强烈的震撼了每一位中外嘉宾：老艺术家于蓝、谢飞老师热情地给学生们送了节日的礼物；意大利教育家伊娃·舒瓦兹沃尔德女士也为江阴的特殊教育、中国的特殊教育感到欣慰，并于6月3日再次来校采访，表示要把江阴特殊教育的经验带回去，推动意大利的特殊教育与江阴及中国的特殊教育的国际交流。同年10月，学校的办学经验走进了意大利米兰的一家教育杂志。

第四节　提高适应能力

教育听障、智障学生提高社会适应能力，使其最终能适应生活、融入主流社会，是学校德育工作的重要目标之一。多年来，我们立足课程建设、拓宽实践基地、丰富体验活动，努力探索前行。

一、加强课程建设

智障部低年段课程中专门设置了“社会适应课”，选用配套教材，从认知日常生活到自理能力的培养与训练，比较系统地学习与社会适应相关的内容。除此，学校也十分注重其他年段社会适应课相关课程的设置，如：劳技、职训、常识等，老师们根据不同年龄段、不同残障类别的学生特点，选择适合他们的学习内容，有针对性地进行教学，提高学生的社会适应能力。

校本教材《可爱的家乡》

考虑到江阴地处苏南、山清水秀；历史悠久、人文荟萃；土质肥沃、物产丰富的地域特点，为了让听障、智障学生了解认识熟悉自己的家乡，更好地感知江阴，触摸社会，学校组织11名骨干教师进行了校本教材《可爱的家乡》的编撰工作，于2011年6月印刷使用。本书主要选编了具有江阴地方特色的内容，分别介绍江阴的风景名胜、物产名人、民俗风情、公共服务、文化教育等方面的有关知识。用它作为一本特殊学生生活常识的补充教材，旨在让学生在学习中熟悉自己生活的周边，学习生活的技能，不断积累，做生活的有心人，为他们更好地适应生活、融入社会打下扎实的基础。该书于2017年3月获无锡市中小学优秀传统文化校本教材评选一等奖。

二、设立实践基地

为了让听障、智障学生的社会适应能力从书本理论变为现实经验，学校历来注重学生实践基地的开发，让学生在实践中锻炼，在实践中提高。

1.种植基地

1995年，学校就引进了“蘑菇种植”技术，在学校空地上搭建了两亩多地的蘑菇棚，由教师王晓东带领高年级学生负责种植，种植的成品蘑菇拿到市场去卖。

随着人们物质生活的提高，生活品质也有所转变，园艺种植成为热门项目，学校及时抓住契机，于2013年引进专业园艺教师，在智障部职高班开始了“园艺种植”项目的教学，教给学生简单基础的园艺盆栽技术，为他们将来能融入社会、自食其力多提供一项技能。

2.爱心超市

多年来，学校常常得到社会爱心企业及个人的物资捐助，尤其得到了江阴见龙廖有章基金会每年定额一万元的物资捐助，为了合理有效地利用这些爱心物资，最大限度地发挥其功能，学校于2006年9月在校内开设了“爱心超市”，爱心超市的货物主要有学习用品、体育用品和生活用品，并以“廖有章”命名，与其基金会签订了长期合作运营协议。自此，所有社会团体所赠物品均归入爱心超市管理。

爱心超市购物

爱心超市学生义工在导购

爱心超市的开设，又增添了一个培养学生社会适应能力的有效基地。学校大队部广泛发动，在自愿报名的基础上，选拔了一批超市工作人员。每周三中午，超市开放半小时，每次由五六名学生义工到超市担任“收银员”“导购员”“保洁员”，负责超市的正常营业。其他学生则可以在这里学习超市购物的一切技能。超市购物一律使用跟人民币同等面值的“购物券”，由学生通过参与各级各类活动、比赛等获得荣誉后取得。这一举措很好地激励了学生通过自身努力获得相应的奖励，并在购物过程中提高语言表达、沟通交往、计算等各种社会适应能力。

3.汽车美容基地

汽车美容实训基地实践

为了进一步拓宽智障部职高班学生的职业技能，方便他们高中毕业后寻找工作，学校紧跟社会需求，又于2016年9月开辟了汽车美容基地，由王晓东、张晓军等任教，主要学习洗车美容技能，包括认识熟知各洗车工具的使用功能，简单的洗车操作流程，基本的洗车、擦车、打蜡等汽车美容技能。汽车美容实验车辆均由学校教师提供各自私家车，保证学生的实践时间。

三、走向社会体验

1.外出参观游览

从残障学生善观察而弱观赏的实际情况出发，学校职能部门除组织学生到近处春游外，还注重选择本土环境育人价值特别高的景区或景点，让他们在观察眼前景物的过程中，不断加深对社会的认识，从而感觉生活的美好和自身存在的责任，并由此精神上得到了鼓舞，心理上得到了抚慰，学习上得到了激励，成长上得到了动力。

学校在马镇北渚时，尽管因受当时条件的限制和所处地域的偏僻，无法迈开大步，去领略更多的新环境，但还是带学生走出校门，观察大自然的四季变化，走访专业户的致富场景，以及乡镇企业的蓬勃景象，使学生感受到了“我身边的社会主义”是那样的丰富多彩又触手可及。学校迁址繁华的市区后，有计划地组织全体学生观看市区绚丽悦目的夜景、游览名胜古迹、参观江阴长江大桥、欣赏江阴为庆祝撤县建市20周年所举办的“盛世欢歌，幸福江阴”大型巡游活动，走进华西村佳境和每年举办的祭扫江阴黄山革命烈士陵园等，使学生了解了江阴的人文历史，真切地看到了江阴社会发展的日新月异，找到了幸福就在我们身边的现实场景。

学校还通过组织学生游览为纪念徐霞客考察祖国大好河山的丰功伟绩，由市政府新建的徐霞客公园、仰圣园，以及重修的晴山堂、徐霞客故居，让他们感受徐霞客那不畏艰险，追求科学，写下游记，有功世界的精神，随之进一步激发了他们自强进取、学好本领、练就硬功、报效祖国的自信。而在复校20周年之际开展的老校寻根活动，经参观旧校园和听取了退休老教师用手语介绍的学校艰苦创

游览徐霞客公园

业史，无论是教师或是学生，都受到了光荣传统的教育。

为拓展视野，开阔胸襟，学校还在增强安全防范措施的前提下，组织学生走出江阴，去畅游外地的佳境，让异于本土的人文风情，使他们的思维得到优化，心灵得到净化，见识得到博化，心理得到强化，品质得到优化。

数十年间，学校每隔一二年总要组织全体或高年级学生进行一次相对的远游，所选择的目的地一般能当天往返，而且是富有新意、令学生豁然开朗的地方。苏州市是名胜古迹密集的历史名城，为此学校曾组织学生先后去那里游览了三次，从城内的有关公园、街道，到新开发的金鸡湖公园，让学生饱览了异域的优美景致、风土人情，享受了苏州园林的优雅与韵意和金鸡湖公园的热闹与趣味，释放了久居校园所堆积的单一与习见，从而活跃了身心，丰满了追求。

游览常州淹城动物园

学生们的两次上海游，见识了国际大都市的气派，大开了乡间少年的眼界。科技馆里展品的玲琅满目，加上各个历史时期的按顺序陈列，且运用现代科技将它们制作得栩栩如生，真令学生进入了一个神奇的世界；尤其是野生动物园里的各种飞禽走兽，将学生们的视觉带到了天南地北的江河湖泽、崇山峻岭，那野兽的凶悍与威猛和禽鸟的欢鸣与振翅的形象，也深深地烙进了学生们的脑海，渐次变成了永生难忘的印象。

无锡太湖的浩渺、鼋头渚的叠翠、锡惠公园的史蕴；宜兴善卷洞的奇幻；南京雨花台的肃穆、玄武湖公园的天趣；常州淹城遗址公园的传说，也都无不给学生以切肤入心的记忆，并转化成一种内在的气质，营养着良好社会适应能力的提高。

2.融入社会实践

为使学生开阔胸襟，拓展视野，增长见识，提高能力，学校经常组织他们走向社会，融入社会，在社会大熔炉中进行有关实践活动，在实践活动中提高社会适应能力。

一是适时带学生走进部队营房、农场，在看环境和解放军战士生活、学习、训练场面的同时，有时让低中年级学生给营房擦玻璃、扫场地，让高年级学生参加一些力所能及的体力劳动，使得学生不仅了解了部队的异样环境，而且在近距离接触解放军战士的过程中，感受并吸纳到了军人与众不同的品质和气质。

参观江阴市消防大队

二是带学生走上街头、商店、车站、敬老院、社区，或打扫卫生；或义务公演；或赠送亲手制作的祝福贺卡；或为老人洗衣晒被、梳头；或让高年级学生协助交警，在马路的交叉路口用手语宣传交通安全知识，边维护交通秩序；或参观市消防大队，在消防战士的介绍下，了解消防知识和消防战士临危不惧，保卫人民财产的事迹，使学生体验到了生活的真味；浸染到了优秀的传统美德；锻炼出了自己的能力和爱心；明白了只有把自己融入社会才能生活的有意义的道理。

三是让学生进工厂参加劳动。起初，学校利用校办厂，经常性地分期分批安排学生进厂学工，后来发展到进镇福利厂跟班劳动，再后来学校迁址入城后，学校能充分利用城里工厂多的优势，有计划、有目的安排学生到有关工厂体验生活。同时，做到了“职业技术训练与提高适应能力”相结合，使学生弄清了提高技术水平与创造美好生活、创造美好生活与回报社会之间的朴素关系，因此他们把工人对劳动的认真负责态度和自然而然流露出的神情举止，都一一看在眼里，记在心里，跟着做在手里，经过反复地潜移默化，劳动的品质也随之提高了。

第五节　增进法制观念

学校把对学生的法制教育，一贯列为品德教育的重要内容，积极配合社会上的“普法”步调，尽量让学生亲眼观察，现场感受，深入了解，认识社会，明辨是非，在增进法制观念的同时，不断提高品德水准，从而懂得了遵纪守法的重要性，规范了举止行为，使得毕业的学生从未出现过违法乱纪的人。

一、组织学法

学校乘着社会上开展的“普法”运动的东风，一开始就针对学生耳聋的缺陷，运用法制教育图片、电视录像、参加公判大会等形式，让学生通过用眼观察，用心记忆，了解法律知识的有关内容和对青少年成长的巨大作用。之后，学校坚持不定期地请公安司法人员来校，或作系统讲述，或予以案说法，或给劝勉训导。例如，江阴市人民法院庭长王东来校所作的法制讲座，就以青少年中出现的一个个违法的犯罪实例，给学生们打了“遵纪守法，长大当个好公民”的防疫针；江阴法制教育报告团到校所作的宣讲，就以正反两个方面，讲了“全民学法，以法治国”的重要性、迫切性，以及青少年学生健康成长的正确途径和自觉抵制社会种种不良行为影响的侵蚀的方法等。

二、现场感受

对学生进行法制教育，学校更注重让他们到现场去感受。例如，组织高年级学生到少年庭旁观庭审，犯罪青少年的忏悔，以及他们家长的满面泪水；对少年犯的刑期判决，都使到场学生的内心受到巨大的震动。到江阴市青山看守所开展的现场法制教育，让学生亲眼目睹了犯人在牢房里失去自由的生活场景，感受了看守所环境的触目惊心，聆听了管教人员对犯人思想动态的介绍和对青少年的教诲，起到了防患于未然的高效作用。江阴电视台《说新闻》栏目跟踪采访后，还作了专题播放。

三、实境体验

交通协勤活动

学校与江阴市交巡警大队机动中队合作（现称城西中队），在向学生多次进行交通法规宣传的基础上，带领高年级学生在西郊广场、通渡路与五星路交叉路口等地，当起义务协勤员。他们在交警的指导下，克服语言交流上的障碍，通过对路口红绿灯的观察，挥动手中的小红旗，认真指挥往来车辆，用笑脸和手语劝阻违反交通规则的行人，协助交警维持交通秩序，赢得了过往行人和交警的好评。更宝贵的是，协勤学生通过在实境中的体验，深刻了解了社会的复杂性和人性的百态，尤其是违规行驶的车辆或行人，给交通安全造成的危害，对他们的教育可谓是终身受益。

第六节　强化安全意识

学校从来都很重视对学生的安全教育，从学校复办初的防火、防盗、防溺亡、防破坏，到后来的防触电、防车祸、防毒品、防斗殴，坚持做到天天讲，日日导，就像是老和尚木鱼时时敲，脑子里警钟常常鸣，故而与意外事故绝了交。1989年，六似兰等3名同学荣获了“国家安全小卫士”称号。2008年9月，学校成立安监室后，更使安全教育走上了“传统+规范”的道路。

一、健全组织制度

（一）健全组织机构

校长室对学校创建平安校园工作有着清醒的认识，把创建平安校园工作列入学校工作议事日程，全面贯彻落实上级通知精神，加强安全管理。在统一认识的前提下，学校成立了以校长为组长的“平安校园”创建工作领导小组，健全消防安全工作网络，切实做到校长亲自抓，分管领导直接抓，全体教师共同抓，使创建工作有了强有力的组织保证。

（二）建立管理制度

有效的安全制度管理才能确保安全工作落到实处，并不断得以强化。我校在平安校园建设中，逐步完善了门卫值班管理制度，食品卫生管理制度，校园防盗、防火制度，用餐管理制度，节假日领导值班制度等38项安全管理制度和12项安全应急预案，同时加强了对学生的安全防范教育工作，每月定期召开安全工作领导小组、班主任、教职员工安全工作例会，传达上级有关精神，布置创建工作，了解、分析校园安全情况，排查安全隐患并及时采取措施整改，确保学校创建工作的有序高效开展。学校在校内网上开辟了安全日报系统，要求每个教师如果发现学生早上未到校、病事假、发生意外事件、发现安全隐患时，必须立即上报，并在校内网安全日报系统上留下痕迹，安监办每天两次进行查看统计，并立即采取措施进行处理，有效地防止了意外情况的升级，确保了校园安全。

（三）落实安全责任制

按照“谁主管，谁负责”的原则，校长与各部门签订安全目标责任状，德育处主任与班主任、教导处与各位科任老师、总务处与后勤人员层层签订安全目标责任状，建立了“安全目标任务”和“考核奖惩制”，把责、权、利相结合，还把各班级每学期各项安全工作进行检查打分，作为期末评选“文明班级”的重要依据。

二、建立三防体系

（一）加强硬件建设，采用物防、技防相结合

学校在上级部门的关心下，2008年10月投资69326元安装了11个红外线监控探头。2011年8月投资18万元安装了15个数字高清探头、22对红外探测器（周界报警）、16个无线CK，大门口安装了道闸，门卫室加装了外来人员身份识别系统。2015年又加装了5个红外高清探头，基本做到无盲区监控学生在校情况。特别是在篮球场和足球场活动场所安装了360度旋转的球机，便于清楚地观察学生在室外活动情况；所有的教室、宿舍走廊上均安装了枪机，可以清晰地了解学生在走廊上活动状况。在底楼教室和办公室均安装了无线红外线CK，以确保室内财物安全。在校门口安装了道闸，以控制机动车的进出。

在门卫室安装智能访客登记系统，四周围墙安装了22对周界报警入侵探测器，确保了校园安全。在重点防范部位财务室、校长室、微机室安装了红外线CK电子报警设置和防盗门、窗，财务室严格执行现金保管制度；校内共计配备干粉灭火器100个、灭火箱40个、室外消防栓4个、楼道和教室内消火栓24个；配备了对讲机8部等技防设备；门卫室配备了警用鱼叉、强光电筒、橡胶棒、辣椒水、防割手套、防刺背心、防暴钢盔、防护盾牌等门卫防护器具，使学校物防、技防措施不断完善。

（二）加强人防，确保安全

（1）门卫保安值班

学校制定了严格的门卫登记和值班制度，加强门卫管理工作，把好入门关，所有家长进出校园接送孩子一律凭接送卡。保安严格执行车辆出入制度、公私事出门登记制度、来客登记制度，确保了学校的安全。

（2）校园护校值班

学校实行24小时有人值班，只要有学生在校，就有教师，就有行政领导在校。特别是学校建立“两制一队”后，强化了校园巡查和有效处置突发事件，真正确保了校园一方平安。

一是定点值班制。重点时段是早上上学（7：30～8：30）、下午放学（3：30～4：50），由学校行政人员分四个区域进行值班包干负责。

二是日常巡查制。学校要求每小时均保证有1个行政人员在规定区域内巡查。

三是教师护查制。学校成立教师安保队，分布在各个楼幢检查巡视处理各种应急事件。

（三）加强校园安全检查

学校实行日查、周检、月查制度，每天由安监办进行常规检查，每周由行政领导对自己包干的楼幢进行检查，每月由校安全领导小组对全校进行一次大的安全检查，并作好总结履职报告汇报市教育局。重点是加强消防安全、配电房、微机房、食堂及各种设施进行检查，发现安全隐患立即整改处置。

（四）严格执行食品卫生管理条例。

后勤部门重视做好卫生监督工作和操作培训工作，加强食堂的卫生监督工作，严格把好食品采购、清洗、烹饪、消毒卫生关，坚持做好食物留样制度。后勤采购做好索证工作，食堂工作人员持证上岗规范操作，防止食物中毒事故的发生。

三、确保校园安全

（一）加强法制教育

学校深入开展各个时段的普法教育，有力推动了依法治校、依法治教工作。通过对《中华人民共和国刑法》《中华人民共和国教育法》《中华人民共和国教师法》《中华人民共和国未成年人保护法》《中华人民共和国青少年保护条例》《中华人民共和国残疾人保障法》等法律法规的学习，增强了教职工的法制观念，逐渐杜绝以教谋私和体罚、变相体罚学生的现象。同时经常性对师生进行安全教育、道路交通安全教育，还配合社区进行禁毒教育。每学期聘请法制副校长来校作专题讲座。

（二）强化演练培训

每学期学校都会举行紧急疏散逃生演练，特别是近几年举行的每年5月的防震疏散逃生演练及11月的消防逃生演练，都将以往预设好的定时定点演练，改为常态情况下的防灾疏散演练，甚至进行了住宿生夜间12点的防震及消防演练，真正反映了特校师生的应急反应能力，为完善应急演练预案提供了依据。

消防演练

每学期学校召开一次安全工作家长会，以提高家长的安全意识，强化家长的安全技能。通过这些活动，增强了学生的法制观念、道路交通安全知识、消防安全知识和自我保护的意识和技能。针对我校智障、听障学生的特点，每年我们都会对学生从生理心理进行特异体质情况调查作出汇总，并根据学生特点，制订出相应的看护措施，再对所有任课老师进行培训，来最大限度地保证学生的安全。

（三）认真上好安全教育课

学校把安全教育课纳入正常的教育教学之中，每星期四安排一节安全教育课，由安监办确定一周安全教育重点，班主任老师认真备好课进行上课，学生做好安全笔记，由安监办每月进行检查。根据上级布置，学校每学期还开展一次安全知识竞赛和一次安全知识演讲比赛活动，让学生了解安全知识，遵守安全法规。

（四）建立预案和汇报制度

学校每逢举行重大活动，都预先制定好活动计划和应急预案，并及时上报市教育局。建立了重大事件应急预案制度，规范了当出现诸如暴力事件、地震、食物中毒事件、火灾事故、校内意外伤害、校外集体活动事故等突发事件时，应当遵守的处理原则和处理、报告方式及途径，明确了对应急事件处理过程中的信息渠道传递和事故责任追究制度。

通过多年的努力，学校多次被评为“江阴市级文明单位”“市综合治理先进集体”，“江阴市安全文明学校”“江阴市内保先进集体”“无锡市平安校园”“江阴市安全工作先进单位”等荣誉。每年市教育局年终安全考评，学校获得等第均为优秀。

附：1.学校德育活动记事

聋哑学校时期的德育活动(1984—2008年)表

表10

活动时间	活动名称	活　动　简　录	活动负责人
1984年	在快乐中队活动中增长知识	1.写观察日记：青菜、花树的生长 2.养兔：观察兔子的生长、繁育过程 （获全国快乐中队奖）	卫幸福
1984年9月	向“英雄少年”韩玉娟学习活动	利用宣传阵地学习英雄事迹，开展“学英雄、见行动”主题活动，各中队开展“我与英雄比同龄”“我与英雄同成长”等活动	
1985年	少先队创造杯活动	1.调查村上专业户 2.邀请无锡市聋哑学校副校长、聋哑人宋鹏程演讲《祖国的前途就是我们的前途》 3.我们也有一双灵巧的手 （获全国少先队创造杯活动奖、省创造杯活动最佳奖、省创造杯活动奖）	
1986年5月	庆“六·一”活动	召开庆祝大会，同学们表演了文艺节目。江阴县教育局、民政局的领导专程赶来参加活动并向学校捐款，无锡市民政局、盲聋哑协会寄来了赠款；会上聘请了共建单位89960部队农场杨锡华为校外辅导员	
1987年	“我是文明好队员”活动	响应全国少工委号召，开展“我是文明好队员”活动 1.学雷锋做好事周活动 2.举行首届“读队报、长知识”竞赛活动，内容来自队报（包括《新芽报》等） 3.参加无锡市“百日红领巾梅花节”活动，开展“树理想、爱家乡、学创造、做主人”活动，学梅花风格，做文明队员	卫幸福 尤佳武
1986—1988年	“十有三杯——特色”活动	1.大队部创办《新芽报》 2.进行了一系列有关农业知识和农业技术、生产经验等方面的活动 3.参加了《辅导员》杂志社、《中国少年报社》等单位举办的“共产主义教育为中心的创造性活动”征文竞赛 4.与陆定一等革命长辈通信谈理想 5.中队主题活动观摩	

续表10

活动时间	活动名称	活　动　简　录	活动 负责人
1989 年	“三爱”主题 教育活动	利用共建单位解放军农场，重点开展“祖国在我心中，做祖国的好儿童”主题活动，引导学生树立爱党、爱社会主义祖国、爱人民解放军的信念	尤佳武
1990 年	“学雷锋、 学赖宁”活动	1. 宣传发动：布置橱窗，组织学生学习雷锋和赖宁的事迹 2. 实践体验：低年级打扫卫生（商店、街道、车站）；中年级到敬老院助人服务，为孤寡老人洗衣洗被、梳头发；高年级到共建单位 89960 部队后勤部阳歧农场参加义务劳动，挖坑种植、打扫营房和广场等 3. 总结表彰：评选了 20 名学雷锋积极分子	
1991 年	“我身边的社会主义”主题教育活动	开展“家乡在腾飞”“祖国在我心中”“我身边的社会主义”等活动，组织队员学习《我身边的社会主义》一书，高年级学生要求写心得体会	
1992 年	“家乡的变化” 感受活动	学校从偏僻的农村搬迁至繁华的市区，学校组织队员走出校园，走上社会，欣赏市区夜景，游玩名胜古迹，了解社会的变迁和家乡的日新月异	
1993 年	宣传特教系列活动	抓住助残日、“六·一”儿童节、世界红十字日等有利时机，开展文艺演出、公益服务等活动，广泛宣传特殊教育意义、办好聋校的重要性，向社会各界汇报办学情况，宣传办学成果，扩大学校知名度和社会影响	张伟明
1994 年 5 月	“五自”系列活动	围绕“五自”，在校园文化建设、学生劳动技能、体育艺术特长等方面开展活动，如：乒乓球赛、运动会、手工制作比赛等，丰富学生生活，强化能力培养，提高了聋生素质	刘　琪 张伟明
1994 年 10 月	“小主人颂祖国，懂国情，扬美德” 主题活动	分低、中、高年级段分别了解祖国名称、首都、版图、国旗、国徽等基本国情知识，了解祖国的建设成就和历史文化，开展中华民族优良传统教育，激发聋生的爱国情感	刘　琪 张蓉芬
1995 年 5 月	校园文化 艺术节活动	以“勤劳刻苦，练就本领”为主题，开展了劳技操作表演、主题班队活动观摩、成果作品优秀作业展览、手拉手联谊竞赛等活动，培养聋生爱好特长，提高各方面素质	
1996 年 11 月	“偶像”联系活动	针对聋生自制性差、意志薄弱、模仿性强等心理特点，确定以江阴残疾人标兵胡金良、吕娟、吕营、周小菊等为偶像，通过请进来，走出去等多形式的联系活动。共分采访偶像知艰难，诱发正确的行为动机；讲解事迹悟精神，培养良好的心理品质；学习偶像勤实践，内化聋生的良好行为三个阶段进行。活动使学生的认识得到了升华，意志品质得到了锻炼	

续表10

活动时间	活动名称	活　动　简　录	活动负责人
1997 年 5 月	第四届艺术节活动	以“爱劳动，练技能”为主题，开展艺术节活动，全面展示聋生素质。主要内容有特长表演、职业技能展示、讲故事比赛、体育单项竞赛、班队主题活动等	刘　琪 张蓉芬
1997 年 7 月	“迎七一，盼回归”主题教育活动	抓住香港回归契机，组织知识竞赛，举行班队主题活动观摩。在内地与香港特教互访的基础上，开展“我与香港小朋友心连心”通信活动。聋生在老师的辅导下，通过互联网与香港路德会启喑学校的小朋友通信	
1998 年 11 月	“寻根”活动	在复校 20 周年之际，组织全体师生赴马镇寻根，参观旧校校园，了解学校历史，并请退休老教师作讲座，激励全体师生继承光荣传统，发扬艰苦创业精神，用实际行动为校史增辉	
1999 年 10 月	“祖国颂”活动	围绕建国 50 周年，结合江阴长江大桥和锡澄高速公路通车，通过回顾祖国 50 周年的光荣历史，参观长江大桥和江阴的建设，唱响祖国颂、社会主义颂、改革开放颂，使学生感受建国以来的辉煌成就，激发聋生爱党爱国爱家乡的情感	
2000 年 5 月	警校共建活动	5 月 21 日，江阴市交巡警大队机动中队警员到学校，开展警校共建活动，资助一年级学生陈磊学习生活费用 1500 元，并对学生进行了交通法规教育。随后，警员带领高年级学生来到西郊市民广场，开展“以我所能，回报社会”活动，进行交通知识宣传，维护交通秩序等	
2001 年 11 月	“向科学献礼，做科学的小主人”活动	活动贯穿整个 11 月，主要开展了三个板块活动：举行科技知识讲座，让学生了解感受科技的动力；开展“和好书交朋友”活动，并进行读书摘抄展览，培养学生的阅读兴趣；举行电脑网络大赛，让学生体验科技给学习生活带来的便利。选送了 5 幅美工、美术作品参加无锡市青少年科技比赛	
2002 年 5 月	江阴电视台“活力课堂”活动	该活动由江阴电视台组织，全校学生到江阴电视台参加录制，并向全市公播。在活力课堂上，学生进行了健美操和手语舞表演，进行了水果拼盘、书法、美术作品的现场比拼。黄飞剑被王俭艺术学校看中，获得免费培训资格	张蓉芬 谈一宇
2002 年	江阴市慈善文艺晚会	手语歌《懂你》参加了“‘同在阳光下’ 2002 江阴市慈善文艺晚会”，精彩的演绎感动全场，掌声经久不息	
2003 年 3 月	“学雷锋、树新风、讲文明”系列活动	在组织学生看完《雷锋的故事》影片后，展开了“我们向雷锋学习哪些精神？怎样学？”的大讨论。学生既有了直观的感悟，又有了主观的认识，尔后开展的“学雷锋”系列活动中，可算是热情高涨	

续表10

活动时间	活动名称	活　动　简　录	活动负责人
2004 年 3 月	“同在蓝天下”手拉手活动暨结对签约仪式	江阴市特殊教育中心校与西郊实验小学（现晨光实验小学）开展“同在蓝天下”手拉手活动暨结对签约仪式。时任江阴市副市长倪颖伟和教育局局长屠湘如等出席了本次活动	张蓉芬 谈一宇
2004 年 10 月	“威风锣鼓”参演无锡市“九运会”闭幕式	应无锡市“九运会”组委会的邀请，江阴市特殊教育中心校“威风锣鼓”节目参加该会闭幕式演出。由于该节目的大部分演员已毕业，学校面临时间紧、新演员多等排练困难，演员们共同放弃休息时间，抓紧高质排练，并获得了巨大的成功	
2005 年 6 月 1 日	红磨坊全体演职人员来校和学生联谊，同庆“六一”。	叔叔阿姨们的精彩表演带给学生节日快乐；互动游戏，增进了彼此间的感情。江阴电视台《民生直通车》栏目做了现场报道	
2006 年 5 月	助残日领导慰问	助残日前夕，袁秋中副市长带民政局残联的领导到校慰问学生	
2006 年 5 月 30 日	与西郊实验小学开展手拉手汇报活动	市教育局、澄江镇领导给孩子们送来节日祝福。两校小伙伴们合作表演了手语舞、手语游戏、皮筋操、手语歌、时装表演等节目，真情的表演，感染了师生。活动中，两校还回顾了两年来“手拉手”活动点滴，观看了聋生平时学习与生活的录像，还讲述了两校师生交往中感人的故事	
2006 年 6 月 1 日	儿童节领导慰问、“红领巾大卖场”活动	上午，市委书记朱民阳等一行领导来校和孩子们共庆六一，观看了聋哑学校与西郊实验小学学生演出的两个节目《时装秀》《蝴蝶舞》。下午，学校举行了“红领巾大卖场”活动。通过活动，同学们学到了基本的商业经营知识，体验到了成功的快乐	
2006 年 10 月 10 日	“同在蓝天下，幸福你我他”关爱残疾儿童专场文艺演出	作为江阴市开展的“幸福进万家，文化欢乐行”系列活动的压轴大戏——“同在蓝天下，幸福你我他”关爱残疾儿童专场文艺演出在天华文化中心小剧场隆重举行。市领导朱民阳、徐冬青、计军、周平生、袁秋中兴致勃勃地观看了由市聋哑学校、培智学校和西郊实验小学小朋友联袂演出的精彩节目	
2006 年 10 月 13 日	与江阴高中实验学校启动“手拉手”志愿者活动	在这个隆重庆祝中国少年先锋队诞生 57 周年的欢乐时刻，江阴市特殊教育中心校全体师生和江阴高中实验学校 800 余名师生欢聚一堂，共同见证了“手拉手”志愿者服务队的诞生	
2006 年 12 月 12 日	参加江阴市“2006 慈善文艺晚会”	12 月 12 日，江阴市特殊教育中心校的全体学生参加了“2006 慈善文艺晚会”，并成功表演《感恩的心》歌舞剧。学生们的表演无声胜有声，真情感动人，每一个动作都催人泪下，每一段表演都掌声雷动，可谓是整台节目中的亮点	

续表10

活动时间	活动名称	活　动　简　录	活动负责人
2007年5月11日	与江阴高中实验学校开展手拉手活动——“交通协勤”	清晨，江阴高中实验学校和聋哑学校的学生志愿者身披红绶带、手拿小红旗，走出校门，到通渡路口和五星桥路口义务当起了交通协警员。学生克服了语言交流上的障碍，分工细致，配合默契。通过观察路口的红绿灯，挥动手中的小红旗认真指挥来往车辆，用笑脸和手语劝阻违反交通规则的行人，协助交警维持交通秩序，从而赢得了过往行人和交警的好评	张蓉芬 谈一宇
2007年6月1日	儿童节领导慰问	早晨，江阴市副市长赵国权等有关领导，冒着大雨到学校，向聋哑学生及全市残疾儿童表示节日的慰问。赵副市长首先听取了学校工作汇报，并向全校师生表示节日的敬意和慰问。随后，领导们到学生中间，亲切看望并和孩子们一起游戏，让残疾儿童同样感受到领导的关怀和节日的快乐	
2007年6月7日	与江阴高中实验学校开展手拉手活动——象棋、篮球联谊赛	下午，江阴市聋哑学校和江阴高中实验学校举行了一场别开生面的手拉手活动——象棋、篮球联谊赛。两校少先队员充分发挥了“友谊第一，比赛第二”的精神，相互交流，不仅使大家得到锻炼，学到很多东西，更使两校同学加深了友谊	
2007年10月30日	观看“盛世欢歌、幸福江阴”大型巡游活动	上午组织学生步行前往中山公园西入口处，观看江阴撤县建市20周年系列活动之“盛事欢歌、幸福江阴”大型巡游活动	
2008年5月4日	“当代张海迪”侯晶晶来我校作报告	南京师范大学副教授、中共十七大代表、“当代张海迪”侯晶晶来到学校，作了既简短又精彩的励志报告。她用自己的经历、对人生的感悟、一个个生动的事例来鼓励聋哑学生自强自立，面对困难，勇敢承受。侯晶晶还高兴地回答了师生们提出的问题，鼓励孩子们要不怕困难，克服自卑，努力学习，努力追求自己的理想	
2008年5月18日	第十八次全国助残日大型服务活动	由市残联主办的“第十八次全国助残日大型服务活动”在学院场举行。学生表演的两个节目充分展示了他们的自信，获得了一阵又一阵热烈的掌声	
2008年5月16日、5月19日	“心系灾区，我们懂得爱”系列活动	5月16日上午，在四川汶川发生8.0级重大地震不久，在第十四个全国助残日到来之际，学校举行了“向地震灾区人民献爱心”活动，从而培养学生爱心，从小学会感恩 5月19日早晨，师生们举行降半旗仪式，沉痛哀悼四川汶川大地震遇难的同胞。当天中午，很多同学不愿午睡，找来了白纸和细线，在老师们的辅导下，做成了一朵朵小白花。下午14:28分全校师生开始向遇难者默哀3分种。此项活动由江阴电视台《鲜闻一线》栏目作了跟踪拍摄报导	

杏春培智学校时期的德育活动(2005—2007年)表

表11

活动时间	活动名称	活 动 简 录	活动负责人
2005 年 10 月	"爱心助学捐款"活动	由学校大队部发出倡议，每位在职教师捐出自己一天的工资，每位学生捐出自己一天的零花钱，一起来帮助在校贫困学生解决实际困难。本次捐款活动得到了江阴红十字会的大力支持，特送来 500 元爱心助学金，也得到了部分退休教师的关注，他们纷纷慷慨解囊。活动中共收到捐款 2180 元，为在校贫困生购买学习、生活用品，帮助解决实际困难	刘小燕
2006 年 10 月	庆祝中国少年先锋队建队 57 周年暨新生入队仪式	在中国少年先锋队建队 57 周年之际，学校为一年级新生举行了俭朴而庄重的入队仪式。仪式上学校聘请文定社区主任担任"校外辅导员"，她为智障学生讲述了红领巾的来历，也对新队员提出了殷切的希望	
2007 年 3 月	"最美夕阳红"西郊敬老院慰问演出活动	慰问演出有大合唱、舞蹈、诗朗诵等 8 个节目，学生还为敬老院老人赠送了亲手制作的祝福贺卡。通过走进敬老院与老年人接触，培养智障学生尊老敬老的优良传统品德，让他们体验老年人身上勤俭、朴实的精神品质，感受夕阳红的美丽。同时，也让智障学生懂得给他人以快乐就是自己最大的幸福，学会用自己的爱去温暖他人，用自己的快乐去感染他人，积极乐观地生活	
2007 年 11 月	"我能行"劳动技能展示活动	为了进一步提高智障学生的生活劳动技能水平，激发劳动兴趣，培养他们独立生存的意识和对生活的积极态度，学校组织策划了本次劳动技能展示活动。同时也为了让学生家长深入了解孩子在生活适应方面的发展情况，以便更好地配合学校，在家对孩子进行相应的辅导和教育，本次活动邀请学生家长观摩。活动先以班级为单位，由班主任主持各班的劳动技能展示活动，最后汇总各班展示成果。通过活动，智障学生不仅感受到了成功的喜悦，也增强了自信心	

特殊教育中心校的德育活动(2008年9月起)表

表12

活动时间	活动名称	活动简录	活动负责人
2008年9月12日	“我与残奥同行”活动	在残奥会期间，举行了“我与残奥同行”活动。在组织学生了解残奥会有关知识、观看残奥会有关赛事的基础上，通过开展趣味体育比赛，让学生近一步感受残奥精神，懂得自强不息，做一个残而有为的人。江阴电视台对本次活动进行了新闻报道	刘燕飞 谈一宇 刘小燕
2008年10月30日、11月8日	手语歌舞《感恩的心》参与社会演出	本学期，学校手语歌舞《感恩的心》于10月30日参加了市总工会的帮困专场文艺演出，于11月8日参加了江阴电视台台庆文艺演出。出色的表演展示了残疾孩子的自信自强，也博得了热烈的掌声	
2009年5月16日、5月17日	第十九个助残日庆祝活动	5月17日是全国第十九个助残日，无锡、江阴举办了庆祝活动，学校选送了部分节目参加相关庆祝活动的演出 16日下午，市残联举办“特别的爱，给特别的你”——江阴市第十九个全国助残日主题活动。活动中表彰了一批自强模范和助残先进工作者等，我校听障教师孟惟淼获得了“江阴市十佳自强模范”的光荣称号 学校智障学生表演的舞蹈《五彩缤纷》、听障学生表演的伴舞《小草》、师生表演的小品《一堂生动的作文课》参加了演出，赢得了观众的阵阵掌声 5月17日晚上，小品《一堂生动的作文课》参加了由无锡市教育电视台举办的以“发展特殊教育，共享灿烂阳光”为主题的庆祝活动，师生们精彩的演出给台下的观众送去了心灵的感动与震撼	张蓉芬 谈一宇 刘小燕
2009年5月31日、6月1日	“六·一”庆祝活动	5月31日，市委朱民阳书记一行到校进行“六·一”慰问。6月1日，学生游艺活动	
2009年10月23日	江阴市“刘天华音乐作品进课堂”精品节目展演	学校手语歌舞节目《感恩的心》参加了江阴市教育系统在江阴大剧院举办的光明之歌——江阴市“刘天华音乐作品进课堂”精品节目展演。孩子们用整齐的手语唱出了他们心中对社会的感恩之情，也用他们大方的舞台表现呈现了他们面对残疾的永不放弃	
2009年12月3日	“手拉手，共成长”三校手拉手汇报活动	在庆祝第十八个国际残疾人日的特殊日子里，江阴市关工委、残联、教育局、团市委等部门领导莅临指导。江阴市特教中心校、晨光实小、实验中学再次欢聚一堂，隆重举行“手拉手，共成长”汇报活动。活动最后，三所学校的校长手拉手走上舞台，讲出了他们心中对三校联动的祝福和展望	
2010年5月14日	第20个助残日专场文艺演出	学校节目《欢庆锣鼓》和舞蹈《七色光》参加了江阴市庆祝第20个助残日专场文艺演出	
2010年6月1日	“六·一”庆祝活动	王锡南市长等一行市领导到校六一慰问并参与“校园文化艺术节闭幕式暨‘六一’文艺会演”活动	

续表12

活动时间	活动名称	活 动 简 录	活动负责人
2011 年 6 月 1 日、6 月 3 日	“国际儿童电影节”嘉宾来校互动	来自 20 多个国家的 50 多位第 11 届中国国际儿童电影节嘉宾走进了校园，和孩子们共度“六一”	张蓉芬 谈一宇 刘小燕
2011 年 12 月 11 日	江阴市慈善晚会演出	学校节目手语歌《感谢你》参加了江阴市“慈善十年、善行天下”演出	
2012 年 3 月 2 日	与江阴 63706 九五部队一站启动军校共建活动	与江阴九五 63706 部队一站启动共建活动，双方签订了共建协议书，开展了联谊活动，节目表演、游戏互动、共制贺卡	
2012 年 5 月 16 日	无锡市助残日文艺演出	手语歌《感谢你》前往无锡电视台录制了无锡市助残日文艺演出	
2012 年 5 月 21 日	江阴市庆祝第 22 个助残日文艺演出	学校节目音舞诗画《爱与我们同行》参加了市庆祝第 22 个助残日文艺演出	
2012 年 6 月 1 日	“六一”庆祝活动	学校以“欢乐嘉年华”为主题，在操场上设有三个活动区（欢乐卖场区、欢乐美食区、欢乐游戏区），学生在老师的带领下开展活动。活动当天，市委四套班子领导来校慰问	
2012 年 9 月 1—7 日	学生军训活动	邀请江阴 63706 九五部队官兵来我校对高年级学生进行了军训。9 月 1 日为开学典礼暨军训开营仪式，9 月 7 日为军训汇报活动	
2012 年 10 月 12 日	少先队建队日庆祝活动暨“我能行”争章活动启动仪式	为培养学生良好的行为习惯，学校推出了“我能行”争章活动，将学生行为习惯的养成融入到日常学习、生活的各个环节，科学设立了“勤学”“阅读”“清洁”“自理”“劳动”“自护”“环保”“文明”“诚信”“艺术”等 10 个章目，并给各章目分别提出由易到难三个级别的争章目标，适合不同类别、不同层次的学生参与争章活动	
2012 年 12 月 3 日	江阴市特殊儿童心理健康教育研讨会	第 21 个国际残疾人日下午，“江阴市特殊儿童心理健康教育研讨会”在学校成功召开。此次研讨会由江阴市教育局、江阴市心理健康协会主办，江阴市残联、江阴市妇联、江阴市团市委、教育关工委协办，由江阴市特殊教育中心校承办。活动由市教育局基教科副科长杨建兴主持，江阴市心理健康协会会长陈捷元、名誉会长徐海峰、江阴市教育关工委主任佘惠兴等参加了活动	

续表12

活动时间	活动名称	活 动 简 录	活动负责人
2013年3、4、5、6月	感恩教育系列活动	3月“感恩父母”——开展主题班会、“三八”节“环保职工贴心话”活动、“亲情分享”活动等 4月“感恩先烈”——组织学生到江阴革命烈士陵园扫墓，并赴63706部队营地开展“社会实践活动”，参观了解军营生活 5月“感恩社会”——收集学生手工、书画、花卉类作品，募集全校师生家中闲置物品，举行爱心义卖活动，款项定向资助给新疆霍城县特殊教育学校 6月“感恩老师”——开展“六一”庆祝活动、争创佳绩报师恩教育活动等	张蓉芬 谈一宇 刘小燕
2013年5月28日	与晨光实验小学开展手拉手活动	两校联合开展了“春天里，我们一起成长”手拉手十周年汇报活动	
2013年10月13日	建队日活动	开展庆祝建队日“红领巾相约中国梦”主题教育活动	
2014年3、4、5月	“五小”行动教育活动	根据市教育局五小行动文件精神，结合学校五小行动方案，于3、4、5月分别推出了“我节约，我光盘——爱惜粮食”“我参与，我整理——学会自理”“我明理，我尊长——懂得感恩”三个主题活动	
2014年6月6日	“风采展示家校互动”展示活动	6月6日，学校面向全体家长进行了“风采展示、家校互动”公开展示活动，活动中有孩子的兴趣特长展示，有家长的育儿经验交流，有学校领导的寄语期盼	
2014年9月	“五小”行动教育活动	本月推出了“五小”行动教育活动之“我行动，我遵守——恪守规则”主题活动，德育处制定了具体且操作性强的方案，班主任老师扎实推进，活动取得了良好成效	
2014年10月28日	江阴市残疾人小品比赛	两个参赛小品《情满中秋》《在候车室里》均获二等奖	
2015年3、4、5月	主题教育月活动	3月核心价值观学习月——学习了社会主义核心价值观24字内容，提炼了学校“和合文化核心价值观”、“和合文化行为准则” 4月心理健康教育月——专家讲座、心理健康教育研讨课 5月传统文化感受月——开展风筝节和唱响校歌活动	
2015年6月1日	美食节活动	旨在引导学生了解中华传统美食文化，在制作美食、介绍美食、推销美食的过程中，进一步培养学生的动手操作能力、语言表达能力和人际交往能力	

续表12

活动时间	活动名称	活 动 简 录	活动负责人
2015 年 9 月	“四爱”主题 教育月活动	围绕“爱祖国、爱家乡、爱学校、爱自己”主题： 1. 组织学生了解“纪念中国人民抗日战争暨世界反法西斯战争胜利 70 周年”相关知识，组织观看“阅兵式”和“开学第一课”，开展观后交流活动。2. 开展“感恩老师”主题教育活动。3. 进行“四爱”延伸教育，引导学生努力践行学校行为准则。4. 各班整合各类活动资料，制作电子小报	
2015 年 10 月	“四仪”主题 教育月活动	1. 组织学生学习“四仪”相关知识 2. 组织智九、职高一、职高三、听八学生进行军训，举行了“向上向善 · 幸福成长”主题队日活动，包括新生“入队入学仪式”、军训汇报“青春成长仪式”	
2015 年 11 月	家长学校 建设月活动	1. 精心策划、刊发了《家教苑》小报 2. 组织老师开展“家校携手，合作共赢”家庭教育专题学习 3. 开展家庭教育主题征文活动，共收到 25 篇家长来稿，评出了一等奖、二等奖、三等奖、参与奖、组织奖等奖项，举行了颁奖仪式 4. 组织全体班主任进行家校沟通主题研讨活动，由汤凤娟主讲，班主任作了专题交流 5. 组织开展了“教师访家长”活动，通过会面交流（班级家长会、家访等）、电话交流、书面交流三种形式，访问面达到 100% 6. 召开了家委会会议	张蓉芬 谈一宇 刘小燕
2015 年 12 月	行规教育 汇报月活动	做好无锡市教育科学“十二五”规划重点课题“生活德育理念下特殊学生行为习惯养成研究”的结题工作，呈现了学生行为习惯养成汇报活动及课题研究成果集《行为习惯养成教育内容和目标序列（修订版）》、《行为习惯养成教育内容资源库目录》、《让习惯养成走向生活》，得到了来自无锡、江阴专家们的高度赞誉	
2015 年 12 月 14 日	国际交流活动	韩国大邱的残疾人艺术团到校开展交流活动	
2016 年 4 月 15 日	第二届风筝节 活动	前往江阴芙蓉湖公园开展了第二届风筝节“心怀感恩 快乐成长”社会实践活动	
2016 年 5 月	节目参演 活动	5 月 10 日，情景剧《让世界因我而美丽》参加了江阴市助残日文化艺术精品节目展演，获二等奖。该节目于 5 月 25 日前往无锡教育电视台参加无锡市特殊教育学校迎“六一”主题活动的录制	
2016 年 6 月 1 日	市委领导 “六一”慰问活动	通过康复游戏、劳动技能、艺术才华的比拼，让学生感受“六一”欢快的节日气氛，展现学生微笑面对生活，努力学习、自强不息、茁壮成长的精神风貌	

续表12

活动时间	活动名称	活 动 简 录	活动负责人
2016 年 10 月 13 日	建队日活动	学校精心组织了“党团队手拉手，传承革命传统”少先队建队日活动	张蓉芬 谈一宇 刘小燕
2016 年 11 月 11 日	爱心超市揭牌	学校举行了“廖有章爱心超市揭牌仪式”，本次活动《江阴日报》和江阴电视新闻栏目都作了报道	
2017 年 3 月	“我们的节日”主题活动	1. 学雷锋日前：3 月 3 日组织听七、职高二年级学生及其妈妈们前往西门桥下公园开展了“携手文明 亲子护绿”公益活动 2. 妇女节：各班利用夕会课、少先队活动课等时间围绕“感恩妈妈”主题，自主开展适合学生的各类活动 3. 植树节：组织学生认识教室里的绿植，了解其生长习性，学习相关养护知识，鼓励学生认养绿植，进行“绿植养护小园丁”评选活动	
2017 年 4 月	“我们的节日”主题活动	1. 清明节：各班布置有关革命先烈的照片、事迹等，并利用夕会课等时间组织学生进行学习，组织了“网上祭英烈”主题班会活动 2. 风筝节：设计“传承文化诵风筝”、“传播文明放风筝”“传达情感写风筝”三个板块开展活动。各班班主任都能创新活动形式、认真编排节目；中狮联江苏暨阳服务队积极配合做好“放风筝”活动的组织和开展，非常尽心	
2017 年 5 月	“我们的节日”主题活动	1. 端午知识我知道：各班出好一期“端午节”知识专栏，利用夕会、活动课等，精选合适的“端午节”信息，采用看视频、读图书、讲故事等形式组织学生学习 2. 端午活动我参与：开展了师生共编网袋、亲子共融包粽子、伙伴分享撞蛋赛三个板块的活动	
2017 年 6 月 1 日	“我们当自强 · 六一展风采”庆祝活动	1. 市委领导陈金虎一行到校慰问，并为“校园小达人”颁了奖 2. 举行了第八届“校园文化艺术节”各板块颁奖仪式 3. 精彩的节目表演，展示了学生微笑面对生活，努力学习、自强不息、茁壮成长的风采	

学生历年获取荣誉汇总表

表13

1989 年	陈芳、刘洪、六似兰被评为“全国安全小卫士”
1995 年	王波被评为江阴市文明学生
2009 年	听障部六年级被评为江阴市先进学生集体（班主任：周晓花）
	赵媛媛被评为江阴市十佳少先队员
	朱婷、袁霞被评为江阴市美德少年
2010 年	智障部九年级被评为江阴市先进学生集体（班主任：朱丽娜）
	吕冰莲在无锡市“好少年（优秀少先队员）”展评活动中被评为品德优良、团结友爱的好少年，同时授予“无锡市优秀少先队员”称号。戚华鑫在无锡市“好少年（优秀少先队员）”展评活动中被评为勤奋学习、追求上进的好少年，同时授予“无锡市优秀少先队员”称号
	徐雨婷获江阴市移动杯游圣徐霞客之路知识竞赛二等奖 杨凯、吴晨获江阴市移动杯游圣徐霞客之路知识竞赛三等奖
	许桑尔家长陆冬妹获江阴市“家庭亲子阅读征文一等奖
2011 年	听障部七年级被评为江阴市先进学生集体（班主任：吴静新）
	智障部四年级被评为江阴市先进学生集体（班主任：杨芳丽）
	王科被评为无锡市优秀学生干部
	仰蓉被评为无锡市三好学生
	徐雨婷被评为江阴市三好学生
	潘依韵被评为江阴市优秀学生干部
	陈欣宇、程林海被评为无锡市万名好少年
	吴晨、郭丽钰被评为省四好少年
2012 年	智障部四年级被评为江阴市先进学生集体（班主任：罗建英）
	庄志鹏、张琪被评为无锡市四好少年
2013 年	听障部三年级被评为江阴市先进学生集体（班主任：沙志莲）
	李虎斌、陈凌婧被评为省四好少年
	谢程被评为江阴市“美德少年标兵”、无锡市“美德少年”
	陈欣宇被评为无锡市优秀少先队员
	陈凌婧、赵媛媛获江阴市中小学“光大环保杯”文明行规知识竞赛一等奖；卢永洁、陈杭、郭丽钰获江阴市中小学“光大环保杯”文明行规知识竞赛二等奖；陈欣宇、李虎斌、张琪、沈奕桦、程林海、陈宇航获江阴市中小学“光大环保杯”文明行规知识竞赛三等奖

续表13

2014 年	听障部二年级被评为江阴市先进学生集体（班主任：包菊萍）
	吴晨被评为江苏好少年
2014 年	李昀键被评为无锡市追梦好少年
2015 年	智障部职高三年级被评为江阴市先进学生集体（班主任：杜菊英）
	李万佳被评为江阴市美德少年标兵
	刘雨杰、轩萱被评为江阴市“追梦好少年”
	吴佳晨被评为无锡市“追梦好少年”
	张琪被评为江苏好少年
2016 年	智障部五年级被评为江阴市先进学生集体 智障部五年级（极速蜗牛中队）被评为江阴市少先队魅力中队（班主任：邵雯霞）
	吴佳晨被评为江苏好少年
	黄文轩被评为无锡市追梦好少年
	陈凌婧被评为无锡市优秀学生干部
	张琪被评为无锡市三好学生
	沈阳被评为江阴市三好学生
	周聪颖、胡新元被评为江阴市追梦好少年
2017 年 6 月止	智障部四年级被评为江阴市先进学生集体（班主任：陈蓓）
	智障部职高二年级被评为江阴市先进学生集体（班主任：李丽）
	听障部七年级被评为江阴市先进学生集体（班主任：沙志莲）
	贡宇杰家长潘殿平、沈梦丹家长沈刚、卞佳韦家长朱美兰等学生家长被评为江阴市优秀家长
	黄文轩被评为江苏好少年
	郭丽钰被评为江阴市三好学生
	汤沛、沈阳被评为江阴市优秀学生干部
	陆世杰、许逸晨被评为江阴市追梦好少年
	周雨杰被评为无锡市追梦好少年

第五章　教学工作

学校一贯视教学工作为将特殊儿童培养成为有社会主义觉悟，有文化，能自食其力，并为社会创造财富的劳动者的重中之重，向来都从严、从实、从活，用科学的特殊手段，在学生的生理、心理、认知、思维和反应等先天障碍上，进行至爱至善、至精至勤地开发，成功地收获了一批又一批的硕果，给特殊儿童家庭送去了希望和尊严。

第一节　学制和课程

一、学制变动

1978年10月至1980年7月，实行五年制。

1981年9月至1983年7月，实行六年制。

1984年9月至1986年7月，实行八年制。

1987年9月至1993年9月，聋校实行九年制，杏春培智学校实行六年制。

1993年10月至2011年7月，聋校实行十二年制（其中学前语言康复三年）；杏春培智学校实行九年制。

2011年9月起，实行十五年制。

二、课程和教材使用

（一）聋哑学校

1.课程设置：

(1) 1978年10月至1995年7月，设置的课程为。

一、二年级：思想品德（以下称“思品”）、语文、语文初步、语言技能（会话）、数学、图画、体育、律动（文艺）、劳动。

三、四年级：思品、语文、写字（毛笔描红）、叙述（会话）、数学、常识（四年级）、图画、体育、律动（三年级）、劳动。

五至八年级：思品、语文、写字（五笔临帖）、作文、自然、常识、图画、体育、职业技术训练。

(2) 1996年9月至2003年7月，设置的课程为。

一至三年级：思品、语训、阅读、写字、数学、自然常识（三年级）、律动、体育、美工、劳动、电脑、班队、体育活动、健康、兴趣。

四至六年级：思品、阅读、叙述、作文、数学、常识、体育、美工、劳技、电脑、班队、体育活动、健康、兴趣。

七至九年级：思想政治、阅读、作文、数学、常识、理科、体育、美术、电脑、体育活动、职业技术。

（3）2003年9月至2007年2月，对课程设置进行微调。

低年级段课程实施综合化改革，将原设置的15个科目综合为6个科目，即语文综合课、数学启蒙课、综合艺术课、基础美工课、生活常识课、综合活动课。

（4）课程设置的规范化。

2007年3月，教育部颁布了聋哑学校义务教育课程设置实验方案，学校根据方案意见，规范执行国家课程标准，调整课程设置，开齐开足各类课程，小学阶段以综合课程为主，初中阶段设置分科与综合相结合的课程，具体为：

一至三年级：思品与生活、语文、写字、数学、沟通与交往、体育与健康、艺术、生活指导、综合活动、信息技术。

四至六年级：品德与社会、科学、语文、数学、沟通与交往、体育与健康、美工、劳动技术、综合活动、信息技术。

七至九年级：思品、历史与社会、理科、语文、作文、数学、英语、体育与健康、美术、职业技术、信息技术、班队。

2.教材使用

复校初，学校使用的语文、会话、数学教材，为上海市聋哑教材编写组编写的聋哑学校课本，思品、图画、常识选用普小教材。1986年9月以后，政治、语文、数学、自然使用教育部编写的全国聋哑学校课本，思品、常识、图画、体育仍选用普小教材。

由于国家一直未出版相配套的教材，所以后来大部分课程继续延用人教版全日制聋哑学校、培智学校教材，并综合普小教材及校本教材，进行内容上的增删调整。为了有利于听障学生参加无锡市的统一中考，根据无锡市特殊教育学校的要求，自2007年9月起，听障九年级数学使用普通中学苏科版七年级教材。

（二）杏春培智学校

1.课程设置

（1）1988年4月至2007年2月，设置的课程为：语文、数学、常识、音乐、劳技、家政、体育、美工、康复、兴趣、电脑等。

（2）2007年3月至2008年7月，设置的课程为：生活语文、生活数学、生活适应、劳动技能、唱游与律动、绘画与手工、运动与保健、信息技术、康复训练、生活英语、综合实践等。

2.教材使用

（1）1988年4月至2007年2月，使用人教版全日制培智学校课本。

（2）2007年3月至2008年7月，部分教材沿用人教版全日制培智学校课本，生活语文、生活数学和生活适应等的教材，逐步采用沪教版辅读学校学生课本。

（三）特教中心

1.听障部

（1）课程设置：仍保持2007年3月以后的设置。

（2）教材使用：原则上同原聋哑学校时的教材；自2014年9月起，一年级数学和三年级语、数，启用普小苏教版教材。另外，2011年学校编写了以本地社会环境、文化、民风习俗为主要内容的一套《可爱的家乡》校本教材，供各年级段补充使用。

2.智障部

（1）课程设置：

一至三年级：生活语文、生活数学、康复、运动保健、音乐、绘画手工、生活适应、劳动技能、生活常识、班队。

四至九年级：生活语文、生活数学、运动保健、音乐、绘画手工、劳动技能、生活常识、英语、信息、班队。

2011年9月起，智障高中课程设置为：生活语文、生活数学、运动保健、音乐、美术、英语、信息、园艺、烹饪、家政、烘焙、班队。

2014年9月起，学校改革以往以学科课为主的单一课程模式，构建由学科课程与活动课程、生活课程与德育课程、文化课程与实践课程等多方面有机整合的、形式多样的校本课程体系。其中，活动课程以差异发展为原则，适当删减部分一般性课程的节数，每天增设一节活动课程，采用走班选课的方式，让学生各取所需，发展特长。其项目安排有：舞蹈、器乐、乒乓、电脑绘画、桌面游戏、体育游戏、手工、语言训练、说唱、生活、感统训练等11个项目。

2016年9月起，智障高中课程增设手工皂、洗车两门课程。

2017年9月起，学校又开设面塑、养殖两门课程。

（2）教材使用：

除沿用以往选定的教材外，补充使用2011年编写的《可爱的家乡》和2015年编写的《爱阅读　会生活》等两套校本教材。

第二节　教学管理

教学管理是提高学校整体教育质量的主体性工程，它的优劣直接影响到学校教育目标的能否实现。单就特殊教育学校而言，其教学管理便尤显重要，因为教学对象的特殊性，决定了教学管理的艰难性。学校无论是在单一从事聋哑教学时期，或是聋哑（听障）、智障教学并驾齐驱时期，都能把教学管理放在首位，并显示出其个性与特色。

一、机构沿革

1978年10月，聋哑学校复校初，设教导处，配负责人一人，1986年8月，配正主任一人，且连教育教学、德育、教科研一并抓。1993年，增设副主任一人。1995年8月，又增设副主任一人，主管学生生活，此项工作于1996年8月划归总务处。1996年8月，教科研工作从教导处分离，专门成立了教科室。1998年8月起，配正副主任各一人。而原杏春培智学校则一直配教导主任一人。两校合并成特殊教育中心校后，设置与配置沿袭原聋哑学校的模式。

原聋哑学校复办初，未设教研组，至1979年才设语文、数学两个教研组，分别由孟寒宝和顾士良任组长，1982年起分别由卫幸福、刘琪任组长，1986年后分别由尤佳武、周湘荣任组长。1990年9月起，增设术科教研组，由周湘荣任组长，语文、数学教研组分别由王建南、高秀英任组长。1995年后，由曾晓云、沈国军、朱巧云分别任语文、数学、术科教研组组长。2008年9月起，增设康复教研组，由彭芳任组长，殷莉任数学教研组组长。2013年9月，语文教研组由李静霞任组长，2015年9月至2017年由邵雯霞任组长。

二、目标导向

学校自复办起就一贯注重对教学目标的导向，让每个教师干得有方向，做得有名堂。更可贵的是尽管学校领导更迭数任，但这目标导向的层递性，始终保持着良好的态势，这便是学校质量能与时俱进的根本原因。翻开学校在这方面的记录，便一目了然。

1979年，学校提出“五认真”要求，即认真钻研教材、认真备课、认真上课、认真辅导学生自习及认真批改作业。

1982年，学校对教师提出课堂教学最优化的“明、实、活、省、严、精、巧、好”的八字要求。

1983年，提出了“一看二听三比”的常规管理方式，即看备课笔记；领导随堂听课、教师互相听课；一二年级速算比赛、默字比赛，三、四、五年级句子比赛，五年级珠算比赛。

1984年，学校对全校教师提出听课要求，校长平均每周至少深入课堂听课1节，教导主任每周至少3节，教研组长听本组教师的课2节以上。

1984年，学校又提出“学（学习教育改革精神和教育理论）”“改（勇于改革和创新）”“勤（勤勤恳恳工作）”“严（严格要求自己）”的“四字”要求。

1986年，学校提出作业统一规格，并定期检查听课记录、抽查备课本、不定期进行知识质量抽测、行政人员进教室听课等要求。对新招录的6名合同教师开展新老教师结对活动，以老带新，互帮互学，共同提高教学业务能力。

1987年，提出要在教学中纠正聋哑学生文化要求低的错误认识，要贯彻“实、严、广、活、新”的教学原则。实：基础要扎实；严：严密组织课堂教学、严格要求教师自己、严格要求学生；广：要让学生获得的知识广一些；活：要重视学生的思维训练，课堂气氛要活跃；新：更新教学思想、创新教学方法。

1988年，提出对各科的教学要求，语文教学着重于作文教学、叙述教学，五、六年级要写好日记，三、四年级要求天天写一句或几句连贯的话，完成叙述练习；数学教学继续着重于应用题教学，提高学生分析问题和解决问题的能力；体育、绘画、职训教学要认定每个年级的教学目标。

1989年，提出每个教师每个学期听课不少于15节，教研组长不少于25节，新教师每周不少于5节的要求。

1992年，学校要求教师按规定开齐、上足、教好学科课程，采用实物、图片、实地观察、影视、录像、投影等直观手段，提高课堂教学效率。

1994年，再次开展蓝青师徒结对活动，期初签订合同，平时思想上导向、生活上关心、教学上相长，期末评比优秀师徒对子。

1995年，学校提出业务理论学习的“读、记、写”三字要求，即“读”：教师每月至少看一本普教杂志，读一本特教杂志；“记”：记好学习笔记；“写”：写学习体会，写学科总结和论文。

1996年，提出教师人人要过教研关，务必做到“四个一”，即根据学校教研课题制定一份教研计划（从确定子课题入手），设计一份教研详案（逐步体现教改思想和方法），上一堂教研优质课（取得师生在教与学双向信息反馈），写一份与课题相对应的教研专题总结。

1996年，提出要强化三大课程建设，一是文化课程要全面抓“双基”落实。二是活动课程要体现“序”“乐”“知”。三是环境课程要充分发挥育人功能。

1996年，提出“三优化一提高”的教学要求，并请教学专家葛伯寅、裴丽生等名师分别作语文、数学方面的教改讲座。

1999年，提出实施素质教育的要求：“夯实双基、突出能力、加强平时、取消期中、淡化期末。”学生成绩评定采用等级制。

2002年3月，学校提出每双周读一本理论专著、写一篇2000字以上的心得体会，每次政治业务学习前集中学习20分钟中国手语、由青年教师轮流进行辅导的要求。

2002年6月，学校推出“学生个体档案跟踪式”评价机制，要求为每一个学生建立成长档案。2003年4月，制订《学生主体化课堂教学评价指标》。

2004年3月，学校推出“成长的足迹”学生档案评价袋，要求每学期收集每位学生各学科最得意的作品存入档案袋。

2005年，提出教师要确立新的学生观、教学观和质量观，尊重学生的个性差异，不仅重视学生的缺陷补偿，更重视对学生的潜能开发，做到两个相互、两个注重，即师生在人格上相互尊重、地位上相互平等，注重对残障学生的缺陷补偿，注重对残障学生的提优补差；实现“一零两无”，即师生接触零距离；沟通无障碍，交流无拘束。

2009年，提出要进一步完善教学常规督查制度。一是行政值日的巡查与记载；二是教师教学工作的学期考评制度；三是行政人员的随堂听课制度；四是教学过程监控、质量分析制度；五是教学工作月查制度；六是教研组活动管理制度。

2010年3月，提出要落实教学工作“九字”方针：即备课要“深”，作业要“精”，教学要“活”，手段要“新”，活动要“勤”，考核要“严”，辅导要“细”，负担要“轻”，质量要“高”。

2010年9月，提出多元化的、科学的课程评价方式，改变单一的以试卷来评价学生发展情况的模式，采用学校评价与家长评价有机结合，期初检测与期末评定相对照的方式进行。

2012年3月，提出教学常规工作“四个有效”的要求，即有效备课、有效上课、有效教研、有效评价。

2013年3月，提出要制定好“两份计划”，一是要根据所任学科的教学内容和学生的实际情况制定好学期教学计划；二是要根据特殊儿童的特点，制定个别化教育计划，适应多种残疾儿童学习发展的需求。教师上课要有“三种意识”，即强烈的目标意识、质量意识和效益意识。努力做到“三要”“三互”：即目标要明确、容量要饱满、重点要突出；师生互动、思维互举、课内外互延。

2013年8月，提出“绿色作业”的理念，教师要给学生布置可发展性的、个性化的作业。其包含两个层面的意思：第一，要尽可能地为每一个学生设计不同层次的作业，重视个别化的辅导；第二，布置的作业要体现个性化。

2014年2月，提出打造“幸福课堂”的要求。要让每个师生在课堂上获取积极成功的情感体验，尝试从制定个性化发展的分类教学目标、设计生动趣味的教学内容、采用激情互动的教学方式、开展耐心亲和的个别指导等几方面入手。

2014年9月，提出要构建“和合”课堂教学模式，以分科课程集体教学为主，选择性课程小组教学为辅，活动类课程走班制方式相结合的多样性教学形式。要规范课程实施流程，按照“入学评估→教育诊断测评→制定IEP和班级教学计划→教学活动设计→教学活动实施→课程评估”的流程规范组织课程的实施。

2015年3月，提出要对学校已有的软件资源建立目录，科学管理。每位教师要继续做好校本信息资源的积累者和开发者，主动上传自制课件、微课材料和教学积件。

2016年2月，提出了新一轮的课程改革方案。以新课程实施为契机，研究以国家课程与校本课程有机结合的课程体系。探索走班制，科学确定项目及对象，确立优势项目。多方结合，加大对特长学生的培养力度。加强职业教育探索，尽量让学生多练技能。

三、全程监控

学校教学工作的管理者们，在重视设定目标、要求的同时，更注重于其实施过程的管理，并注重实效。

（一）形成制度

经过多年的实践与探索，学校完善并规范了如下三方面的制度：一是听课制度，从校长到教师都有明确的规定，尤其是对最基层的教学工作管理者教研组长，作出了每学期听课不少于25节的刚性规定，这就为教研活动的开展，增强了底气和活力；二是教学常规制度，诸如备课、上课、作业布置与批改、课外辅导、考试等方面都有明确的成文规定，2003年4月，在以往制定的制度基础上，出台《学生主体化课堂教学评价指标》；三是督查制度，包括行政值日的日查与记载；教师教学工作的学期考评制度；行政人员的随堂听课制度；教学过程的监控、质量分析制度；教学工作月查制度；教研活动管理制度等。

（二）加强督查

（1）随机督查。为实施《特殊学校暂行规程》，贯彻执行《全日制聋哑学校课程计划实施方案》，落实“三表”，从校长到教导主任、教研组长，经常性地进行巡视、随堂听课、常规质量检查，促使教师上好每一堂课。如此日积月累，教师便养成了备课不敷衍，上课不懈怠的良好习惯。

（2）质量调研。为抓好教学质量的评价工作，经常性地进行语文单项检测、质量抽测、阅读面测和写作统测等四个方面的评价；数学口算、应用题分析能力、综合能力等三项评价。还开展阶段性的教学质量调研工作，教导处每次都对质量调研情况进行详细分析，并及时与任课教师沟通，共同探讨教学中的优点与不足，同时提出一些建设性的意见与建议，不仅帮助新教师加速了入门进程，而且润滑了老教师精益求精的教改之路。

（3）建档立案。为记录教师或学生发展、提高的过程，学校和教导部门采用建档立案的方式，录下全程的轨迹。建立的教师档案有：备课、上课、作业布置与批改、课外辅导、考试等常规的落实与检查的记录；备课教案；班主任手册；听课记录；教育博客；公开课详案等。建立的学生档案，历经了五个层次：一是，自1997年9月起，为有利于个别化辅导，建立了差生档案，并制订了补差计划；二是，2002年6月，学校推出“学生个体档案跟踪式”评价机制，为每一个学生建立了“成长档案”；三是，2004年3月，学校推出“成长足迹”学生档案评价袋，将每位学生在一个学期中各学科最得意的作品存入档案袋中；四是，2009年起，规范学生的学籍管理，将学生的各项信息输入网络管理平台，包括新生入学报名登记、病因病史调查、残疾证号码汇总、休学转学复学情况和毕业生信息等；五是，2010年9月起，改变对学生发展情况评价模式，完善了学生受教育个体档案。

（三）提供平台

为增强教师的质量意识，提高学生的学业、文化水平，自1983年起，与苏南几所聋哑学校一起搞期终统一出卷、统一考试、统一阅卷，给师生提供展示教与学各自成果的竞争平台，促成了学校教学质量一直保持着领先的状态。同时还组织学生参加各类竞赛，让他们享受到成功感，增强自信心。

学校给教研组也提供了平台，即鼓励组间创优争优，甚至将他们推出去，积极参与同行的比拼。数学组1997年被评为“江阴市十佳教师群体”后，2000年被评为“无锡市优秀教师群体”。2011年12月起，针对学校规模扩大后，教师数量的增多，教研组的活动也注入了新活力的情形，各教研组间开展视频相互观摩活动，评比出最佳教研组团队，有力地促进了教研组的建设。

第三节　教学研究

聋哑学校的教学研究，不同于普通学校。它所面对的学生，个体特点更明显，而且学生的接受能力受到诸多心理和生理缺陷的牵制，其授课的难度决定了教学研究的艰巨性。由于学校导向明、监控实、激励勤，教学研究的氛围也就浓。他们围绕某一阶段的总体要求，开展了相应的研究。其行进轨迹是：

自1978年学校建校之初，就提出要研究聋人手势，研究语文和算术课堂教学方法。1980年，学校提出要从实际出发、实行因材施教的教育理念；提出人人上一堂好课，重视打好基础，达到知识段段清；要按不同学科特点进行教学，并设立了语文教研组和数学教研组，由教师孟寒宝和顾士良分别担任组长，定期开展教研组活动，3月，数学组到常熟参加了苏州地区三所聋校（昆山、常熟、江阴）教研活动；4月，语文组参加了苏南片聋校语文教研活动。

从1981年起，为了发展聋生的语言能力，帮助学生克服手势表述和写句中存在的词序颠倒的问题，学校提出“手语、口语、书面语”三者结合的教学方法，收到了一定的效果。

从1983年起，学校进一步提出要提高学生的书面语表达能力，重视培养学生的阅读能力，四年级展开笔头对话训练，五年级每天写日记，四年级、五年级每学期写作文12篇；数学一、二年级要重视口算的训练，高年级要重视培养学生对应用题的分析、理解、计算能力，三、四、五年级还要重视珠算的教学。

1985年8月，提出各学科的研究方向：语文教学要重视语言训练，培养学生的语言能力；数学课应理解常用的数学术语，促进思维能力的发展，低年级重视口算训练，培养看图能力。并确定语文组的教研专题是“认字教学”“三语（口语、手势语、书面语）训练”“句子训练”，数学组的教研专题是口算教学的“识数记忆三步法”。

1986年8月，提出语文教学要提高学生发音、说话、看话（听话）、写句、作文能力，二、三年级坚持一日一句训练，四、五年级写好周记，六年级写好作文；数学教学要求学生能正确迅速地进行四则运算，掌握简单的几何图形基础知识，加强口算练习。

1989年8月，提出低年级语文教师要通过口语、手语和直观教具多种形式，引导学生学习字词和说话，中高年级教师主要通过口语、同时辅以手指语、手势语和书面语进行教学，看话作为一项补偿措施，帮助学生掌握语言，提高阅读写作能力。

1990年5月23日，江阴市特教“思品”课研讨会在学校召开。

1991年5月，贯彻落实江阴市《特教教学五项常规》《备课组工作规范》《特教劳技训练课教学常规》《特教教学规范化补充要求十五条》。

1992年8月，提出各科教学都要重视聋童语言的形成和发展，多为聋童创设一些语言环境和交往机会，数学教学要提倡应用尝试教学法，提高学生的自学能力和独立解决问题的能力，增强踏上社会的适应性。并开始了对电化教学的研究。

1991—1992学年度，学校组织全校教师学习市教委《关于加强特殊教育工作的意见》《中华人民共和国残疾人保护法》《聋校教育学》和聋校各科教学大纲。

1995年3月，提出改革课堂教学结构，通过“分类教学、分层指导、精选内容、精讲多练、精心辅导”的方法和途径，并以四年级为语训试点班，进行分类教学实验。

自1996年起，启动微机辅助教学，由此开始了微机辅助教学、多媒体课件制作、网上沟通交流等一系列现代教育技术的研究。

1997年9月，对新招收的一年级1班确定为口语实验班，八年级为自主实验班。重视了个别化辅导，建立了后进生档案，实施补差计划。

1998年3月起，在教室黑板报上开辟“语训栏”，每周由学生书写语训内容，并更换2～3次，一月一佳作展览。

1999年3月，确定各教研组的研究主题为“优化课堂教学主阵地，向40分钟要质量”，通过采取优化教学目标、优化教学过程、优化教学手段、加强学法指导等措施提高教学效益。

1999年9月起，聋校开展“创新教育”研究，组织全校教师学习创新教育的相关理论，安排蒋勤楠、卫幸福、张蓉芬、居张洪、高秀英作专题讲座，进行“创新教育”课型展示活动，与培智学校开展联谊教研活动，就如何在课堂教学中培养学生创新意识和能力展开讨论和研究。

2001年11月，对学生的课外阅读数量提出新的要求。语文教研组编制《聋生课外读物》。

2002年9月，校长蒋勤楠被教育部选定为中国聋教育课程标准编制人员。在蒋勤楠的指导下，全体语文组成员认真学习课改理念，深入进行情况调查，完成《聋校语文新课标》中写话、习作、语言交往、综合性学习各学段目标与内容。

2002—2003年，学校开展“教学沙龙”系列活动，每次评选两名沙龙明星，并策划主持下一次的活动，活动主题为“课程综合改革”“学生教育策略”“聋生潜能开发”“聋校课程资源”等。

2004年9月，学校加强教育的开放性研究，教师把聋生带到菜场、工厂等地学习知识，带学生到网上去寻找知识。在教学中结合教学内容开展综合实践活动，为学生营造学习、体验的实际情境。

2005年3月18日，学校承办无锡市教研中心主办的首届特殊教育论坛活动，以“特殊学校教学资源的开发利用”为主题，分“生活资源”“人文资源”“信息资源”三个板块，以情景演示、画信息树、问题抢答、构建工作坊等形式展示，互动气氛热烈；9月起，语文学科在上课前3分钟进行师生语言交际，从日常生活用语开始，展开师生交流，帮助学生掌握语法和语言技巧。

2006年9月，提出教研组活动要营造浓厚的教研气氛，要确立一个方面的内容，实实在在地研究课堂教学微观领域的实际操作问题；内容要形成专题化、系列化。各教研组要保证每周两节课的教研活动时间，开展“学—研—讲—评—改”系列活动。

2008年9月，提出听障部要把语言训练贯彻于各科教学的始终。语文课要精简讲授的课时数，增加学生的阅读量，利用早读课时间，组织学生进行古诗文的诵读；智障部要以提高学生适应能力和生活能力为主线，让智障儿童在快乐的情绪中学会认识，体验、享受社会提供给他们的文明生存条件。

2009年，学校添置了两台互动式电子白板，在对教师分层进行了互动电子白板的使用培训后，开展运用电子白板与课堂教学整合的研讨活动。

2010年9月，重视营造书香校园的氛围，落实周一、四中午为学生课外阅读时间；加强班级图书角建设；开展读书漂流、绘本故事演一演、手语故事等活动。2010年10月，出版校刊《作文报》，2013年9月起，更名为《阅读报》，主编蒋勤楠，责任编辑杨芳丽、陈蓓。

2011年8月，出版了校本教材《可爱的家乡》和“十一五”规划优秀教科研成果集《日出江花》。

2011年9—12月，各教研组研究主题为“阅读指导在各科教学中的渗透”，语文组重点研究如何上好课外阅读指导课，并承担了对无锡市兄弟学校课外阅读指导公开课的任务；数学组进行了在数学教学课堂中如何对学生进行数学阅读指导的研究做法。教师分低、中、高三个年级段，对生活化阅读的做法进行了专题探讨。

2012年9月，组织全校教师学习《国家义务教育课程标准（2011版）》，围绕新课程标准开展课程解读、典型案例剖析和教学设计比赛等活动。

2013年3月，提出教研组要抓好五项工程：确立一个研究主题，抓好两种形式的课堂教学研讨活动（研究课、汇报课），落实好三个层次的教学研究活动，组织不少于四次的专题学习，研究五个方面的内容（备课、说课、上课、作业设计、个别化辅导），并开展了运用移动智慧平台开展网络互动教学研究；8月，提出要充分利用好网络研讨平台，分教研组对新课程、教师专业发展等进行研修；发挥网络交往的优势，每位教师每月上传教育博客，在学习实践的基础上写出有针对性的教学后记、教学故事、教学随笔、教育教学案例等。

2013年2月，全市随班就读工作与送教上门工作步入运作轨道，学校专门成立了工作小组，并承担了市特殊教育指导中心的科研和指导任务。2014年11月，江阴市特殊教育工作推进会在长寿实验小学举行，学校教师刘小燕作了专题讲座，殷莉作了个训课现场指导。2016年9月，全市72名送教上门学生录入学籍。

2014年10月至2017年12月，学校先后接待12批“特殊教育学校校长能力提升培训班”学员到校学习，每次安排两位老师进行优质课展示，得到了来自全国各地学校校长的好评。

杏春培智学校的教学研究，从学校成立起学校领导就很重视，积极倡导教师积极参与，形成良好氛围，并在市教研室特教教研员张梅华的指导下，从1987年始就以“分类教学”作为学校科研课题，尝试探索培智学校的课堂教学改革，先后在文化课程、劳动技艺、体育锻炼诸方面进行了实验。经过三年多的实践研究，就取得了阶段性的研究成果。学校“分类教学”的做法经验多次在全国、省、市各级特教研讨会上作了介绍，如：1991年8月，袁银娣教导参加在辽宁省召开的全国盲、聋、哑、弱智教育“分类教学”研讨会，并首次作了经验介绍；1992年10月，在本校召开的十省市弱智教育研讨会上作了介绍，袁银娣和钱文亚上了公开课；1995年6月，在江阴召开的江苏省残疾儿童分类教学研讨会上作了介绍，孙经建和夏红新上了公开课，得到了与会领导、专家和同行们的一致好评，使“分类教学”的研究成果很快推广到市、省乃至全国的特教学校，具有一定的影响力。

在施行分类教学改革的进程中，学校重点加强师资业务培训，进行了教学分类目的的理论学习、研讨和课堂教学的实践应用。不仅编制了《弱智学校语文、数学分类目的序列（1—6 年级）》，还改进了对学生学习质量检测的方法，采用A／B／C分卷的难易梯度测试，使各类学生都能发挥出最佳智力程度，尽力做到学有所得、各得其长，真正激发了教师教和学生学的积极性。学校分类教学的做法经验还对本市各乡镇的辅读班、随班就读起到了辐射辅导作用。

第四节　课堂教学

给聋哑学生的授课，绝不像普通学校那样顺畅。他们不仅失聪失音，而且理解能力弱，记忆力差，还有自卑感。教师们面对这样的特殊学生，从忠诚党的聋哑教育事业的高度出发，想方设法，攻坚克难，应用现代教育技术，将课上得生动活泼而又扎实有效，使学生看到了光明，从而鼓起勇气，为自己的人生起点创造了一个又一个的奇迹，给自己的家长送去了福音。

一、运用直观教学唤起学生灵性

为了唤起学生的灵性，学校除了购买一些教学图片外，教师们自己动手制作教具，或是寻找适合教学的教具，做到课本上的每一个字、每一个词语、每一步计算，都有启人心智、触动灵性、增进理解、便于记忆的相应教具，让学生通过反复观察，加深印象，感知理解。如“碗”“筷”这两个字，对于聋哑人来说，脑子里的实物从来没有与文字，甚至是与语音联系起来。通过文字与实物的对照，让学生在大脑皮层上产生印象，从而形成清晰的记忆，最终转化为知识。教师在备课时，除了钻研教材，谋划教法，写好教案外，还要花大量的时间去采集实物的标本、收集资料制作教具，无实物标本时就动手画图，甚至处处留心，抓住短暂瞬间的气候、天象变化，让学生联系课文去观察、品赏，以弥补他们没有听力，无法进行语言交流的缺陷。后来，添置了幻灯、电影放映机、黑白电视机、投影仪、录放机等设备，丰富了直观教学的形式，同时也减轻了教师的负担。

聋哑教育界历来存在手语派和口语派的争论，手语派认为：“看手势是聋人的强项，教学时能理解，懂得快。”口语派认为：“聋人看手势学语，困难虽大，但坚持学语能说简单的话，写通顺的句。”学校在刚开办时，一切都心中无数，于是带着不同的观点，以及在教学实践中所碰到的学生写句颠三倒四的弊病，走访名校名师，形成了自己“吸双方之长，去双方之短，注重口语，辅以手语，提升书面语”的特色。同时，强调了教师普通话的标准化，而且还要求既要发音准确，更要口型正确。让学生看手语、辨口型、学说话，经过几十遍、几百遍，甚至上千遍的训练，付出千百倍的艰辛，有些学生尽管说话口齿仍然不清楚，但口语的反复无厌训练，逐渐形成了心语，写出来的话也就变得通顺有序了。

二、采取因材施教点燃学生热情

聋哑生之间的差异，不仅表现在智力的强弱上，还表现在生理缺陷的程度上。学校从复办起便重视对学生的因材施教，故而点燃了学生“尽己所能，学有所成”的热情。

（一）按残余听力实行分类教学

对一部分稍有听力的学生，让他们戴上助听器，发展听力优势，同时在看手语、仿口型、听微音的过程中，坚持平时多说话，上课发言用嘴说，久而久之便习惯成自然，将他们培养成能与健全人口语交流，写句也很通顺的聋而不哑的学生，其中典型学生有王文红、孙洪、徐英红、沈国强等人。对全聋学生的教学，则是借助手语，加强口语训练；为让他们读准字音，老师口对口、手摸喉，让他们看清口型，感受喉管发音部位的震动情形，模仿教师讲话，尽量读准音，逐步学说话，在日积月累的训练之中，由小成功转化成的热情，再转化成了较大的成功，并经无数次的往复循环，最终提高了口语表达能力，会说简单的话，又促进了他们大脑语言系统的发展，掌握把心中要说的话写出来的方法。

（二）按智力水平实行分类教学

聋哑学生由于听力损失程度不同造成了认知上的显著差异，这就为实行分类教学提供了迫切性，所以教师在日常的课堂教学中，始终抓住因材施教这个突破，把学生按接受能力分组进行分类教学，犹如是普通小学里的多复式，迎合了学生的各取所需。对还不能达到教学目的的学生，教师则对他们进行课外的个别辅导。对智障程度特别重的学生，则采用吃“小灶”的方式，让他们“吃好”“吃饱”。例如对1997年9月入学的多重残疾学生邱亚南和芮春良，学校便指派教师徐耀单独为他们执教语文和数学两门学科。

指导“随班就读”工作

坚持实行“送教上门”和对“随班就读学生”的巡回辅导。自2013年3月起，学校启动了对极重度残障学籍挂靠儿童的“送教上门”教学服务，还对在普通中、小学“随班就读”的智障学生进行巡回辅导。并做到“三送”、“三定”，即送知识、送技能、送关爱；定师资、定内容、定时间。

三、借助电化教学增强学生后劲

20世纪90年代初，电化教学的加入，给聋哑教育带来了新的生机。教师们充分利用现代化的教学设备，对学生进行全新的直观教学。他们从学电脑到独立制作多媒体课件，用自己的辛勤劳作，激发了学生的学习兴趣，并获得了市内外同行以及专家们的称赞。

1997年3—5月间，由学校电化教学的领军人物徐军成功制作的语文、数学、美术三门学科的课件，在对苏南10所聋哑学校80名老师、领导的教学公开课上，引起了南京、苏州、镇江等地级市聋哑学校的极大兴趣和高度肯定。

1998年3月，学校成立现代教育技术办公室，对全校教师开展电脑多媒体课件制作的辅导，并对优秀课件实行存档，对课堂教学实行电教手段登记制度。时隔半年之后，学校在江阴市课件制作比赛中获二等奖。一个月后，在无锡市举行的电化教学评优课活动中，又分别获得一、三等奖。

学生制作电脑小报

与此同时，学校为每个教室配备投影仪、视频仪、电视机和幕布，组成了新的“三机一幕”。自此后，经常开展多媒体教学评优课活动，还通过举办现代教育技术培训班的形式，提高教师应用现代教育技术的整体水平。2000年3—5月，学校教师自己动手，构建了校园局域网，配置了电子网络教室。同年9月，从二年级起把电脑课列入课表，高年级学生开始学习设计网页、建立网站、学习收发电子邮件、通过网络学习与人交往，还提出了学习电脑的要求：打字速度达到每分钟50字，能独立进行电脑绘画和制作电子小报、贺卡；会网上聊天等。

2001年，学校建立对外网站和学校校园网网站，加强信息资源库的建设。2002年，完成校园内部资源网的栏目构架，开设了教案文章管理系统、课件上传系统、Flash作品欣赏、专用教室使用在线登记、视频点播等栏目。同年6月，在原电化教育实验学校的基础上，又高标准通过了无锡市现代化教育技术实验学校的验收。

网络教学公开课

现代教育技术在课堂教学中的广泛使用，增强了学生对教学内容的直观性和感知的兴趣，从而提高了教与学的效果。为了使学生深入体验网络教学的微妙之处，经常结合教学内容，让学生走进网络开展沟通交流活动，例如2003年12月，在江阴市素质教育星级学校评优验收中，学校通过电脑平台设计了虚拟社区（医院、商店、银行等），让教师与学生扮演角色，在网络上进行互动交流。自2004年年初起，学校利用每天中午近一小时时间，与江阴市残疾人自强模范“双吕”姐妹进行网络热线聊天，帮助聋哑学生解除心理困惑，既提高了聋生社会交往能力，更鼓起了他们读好书、学好本领的勇气，促进了课堂教学师生互动的良性循环。杏春培智学校并入后，学校发挥原有的现代教育技术功能，让智障学生的课堂教学变得更生动活泼，不仅使杏春培智学校来的教师很快就融入了“开拓创新，忠诚特教”的教师群体，更使两翼教学并驾齐驱。2011年5月，在全国第三届特殊教育教师信息技术综合应用能力大赛中，李佳佳获综合一等奖，华孝明获单项一等奖。2014年5月，在无锡市小学生电脑作品制作比赛中，教师华志明获优秀辅导奖；同年6月，5名青年教师参加江苏省首届培智教育微课大赛，杜菊英、邵雯霞获一等奖，周凌艳、朱春霞获二等奖，宋雨玲获三等奖。2015年11月，教师朱丽娜执教的微课荣获江苏省第二届智障教育微课项目评比一等奖。2016年7月，李丽、宋雨玲在全国特殊教育学校职业教育教学微课作品赛中分别获二、三等奖。2016年11月，沈燕获得了江苏省第三届智障教育微课大赛三等奖。

学生走进网络开展沟通交流

第五节 体艺教学及活动

为了让学生全面发展，学校十分注重增强体质，挖掘潜力，培养特长的体艺教学及其活动，以使学生更好地适应社会，自食其力，甚至能为社会创造财富，做出贡献。也正是这样，学生的身心得到了活跃，兴趣得到了持久，知识得到了拓展，能力得到了提高，自尊得到了养护，毕业的质量得到了保证。

一、体育训练

学校刚复办时，尽管师资配备不齐，活动实施缺乏，但体育课和课外活动课，仍按教学大纲安排在课表之内。兼职的体育教师，像对文化课一样认真上好每一堂体育课，课外活动课则由班主任具体负责。1980年秋季开学，学校配备了体育专职教师，按国家《中小学体育工作暂行规定（试行草案）》和体育教学大纲，开始进行有序的体育教学。同时，学校成立了学生乒乓球队，由孙君熙具体负责训练，后由陈祖龙接任。次年，学校成立篮球队，由郁骁负责训练。这两支队伍经常利用课余时间进行训练或自由练习，大大地丰富了学生的课外生活，为当时简陋的办学条件和单调的学习生活，输送了长盛不衰的活力。

与此同时，学校在认真上好每周两节体育课的前提下，强调做好“两操”（眼保健操和课间操），搞好课外活动，保证学生每天有一小时的体育活动时间。

自1982年9月起，根据县文教局和县体委的指令，全面施行《国家体育锻炼标准》，在学生中进行体育达标检测。学校以体育课为主阵地，在按大纲完成教学任务的同时，狠抓了学生的达标训练。1983年，达标率为92.6%，优秀率为21.5%，被评为县体育达标工作先进单位。随后学校体育达标工作逐年提高。1984年，达标率为94.8%，优秀率为28.2%。1995年，达标率为96.5%，优秀率为34.5%。1986年，达标率为98.5%，优秀率为38.4%。1987年，达标率为100%，优秀率为68.4%，受到了无锡市和江阴市主管部门的表彰。由于持之以恒的努力，学校荣获了“江阴市1982—1989年施行体育锻炼达标先进集体”的称号。

学校在北渚时的聋哑学生运动会

其间，1984年9月，学校正式建成体育运动队，加强了对体育运动骨干的训练和培养。随着学校运动场地的改善、体育师资力量的增强，学生运动水平的提高，1987年12月12日，学校举行首届田径运动会，还设计了运动会会徽，共有75名运动员参加了35个项目的竞赛，将学校的体育运动推向了一个新的阶段。1990年11月18日，选拔出优秀运动员参加了无锡市聋生首届田径运动会，获得了可喜的成绩。之后，学生田径运动员在体育教师的带领和指导下，坚持平时锻炼。1994年9月，正式成立了校田径运动队，并实行课外活动制度化，即每周一、三、六下午第三节课开始为课外活动时间，谁也不允许随意更改。同年9月，学校进行体育与卫生结合的体卫教学试验。1998年2月起，更是将体卫工作为抓手，切实重视了学生的防近工作，纠正学生读、写的坐相，还把学生的近视率作为考核班主任工作的一项重要指标，同时更改早操为课间操，其程序由列队出操、跳迪斯科、做广播操三部曲组成。

学校对体卫工作的重视，增进了学生的运动意识。2001年4月21日，校田径运动队在校承办的无锡市三市一县聋生田径运动会上，获得了团体总分第一名的好成绩。次年10月8日，学生又在江阴市中小学田径运动会上夺得了一个第一名和两个第三名的可喜成绩，大大地鼓舞了全体运动员的训练热情。在此基础上，为将体卫工作引向深入，学校启动了“阳光体育活动”工程，确保了学生每天户外体育活动不少于一小时。通过开展“爱我家乡跑步看江阴”冬季长跑比赛、全面落实《学校健康教育评价方案》，举办“迎奥运，我运动，我阳光”主题活动、改课间操韵律操为流行的《小苹果》街舞、每年举行春季田径运动会，强化了学生的健康意识，确保了健康知晓率达90%以上，成绩合格率达100%，健康行为形成率达80%以上。同时学生自觉养成了卫生习惯，严控了近视的发病率。自2008年起参加无锡市历届特奥会，每届参赛学生获多项奖项，并捧得了体育道德风尚奖的奖杯。

二、艺术教学

充分挖掘并利用学生的优势智能进行教育教学，是学校始终抓住不放的一条准则。教师通过培养学生的运动智能、空间智能、音乐智能和观察智能，将学生的生活信念带进了一个充满希望的新天地，促进了艺术教育教学的有效实施。学生从动作上的生硬模仿到能流畅地手舞足蹈，从一笔一画搭起字的框架到流利的用毛笔书法，从依样画瓢到能在电脑上熟悉地进行创作，都充满了老师们的循循善诱和父母般情怀。自1984年9月起，学校正式开设了书法、美术、种植兴趣小组。1985年3月，在原有的3个兴趣小组的基础上，又增建了军乐队、饲养组。1995年3月，利用第二课堂开展了刺绣、编织、雕刻、花卉种植等四个项目的活动。至1994年9月，学校活动课程实现制度化后，学校除体育项目上的田径队和乒乓队外，还专门成立了书法、美术、舞蹈3个校级兴趣队，如今增设了钢琴、古筝、扬琴、声乐等多项兴趣小组。加强了训练的领导、制度和规格。学校的兴趣组活动或培训，在普及的同时，又有了长足的提高，并在逐渐完善的过程中形成了学校的特色之一。

三、艺术节

学校复办初，因规模及学生数有限，在兴趣活动上还属于小敲小打的“履行公事”。在开发学生智力的同时，还丰富学生的业余生活。经14年的探索和实践，学校的办学理念逐渐凝聚。1990年5月17日至6月19日，学校举办了首届校园文化体育艺术节，安排了文艺表演、手工展示、美术书法展、劳技操作、第四届田径运动会、班级小报、象棋比赛、讲故事比赛等活动内容，最后还举办了富有声势的闭幕式并颁了奖。逐步由兴趣培养递进到了特长培养的高度，并把培养目标拓展到了小发明、小创造的能力上。为检阅成果，2010年5—6月，江阴市特殊教育中心校举办了“特教中心首届校园文化艺术节”。该艺术节为一次集体育、艺术、社会实践活动于一体的盛会，此后将这一时段定为每年的艺术节。

聋哑学校首届艺术节

历届的艺术节

表14

届次	时间	活动主题	活动口号	活动项目
1	2010年5月5日 — 2010年6月1日	享受艺术，放飞梦想，快乐成长	我参与我快乐	1. 运动技能周：开幕式暨第二届春季田径运动会、三球活动（乒乓球、篮球、羽毛球） 2. 生活技能周：家乡美食艺术、各式拼盘艺术 3. 作品展示周：书法、绘画、电脑作品、手工作品、其他作品照片 4. 节目展演周：闭幕式暨“六一”文艺演出
2	2011年5月3日 — 2011年6月1日	享受读书，快乐成长	天天读好书，好书天天读	1. 开幕式暨运动会，学生武术团体操表演，教师太极操表演，学生广播操比赛 2. 师生读书系列活动：教师读书、智障部学生诗文吟诵会、大家讲故事活动 3. 作品创作活动：学生电脑绘画作品展、班级优秀书签作品展、班级特色文化作品展 4. 书香校园环境深度开发活动。闭幕式暨迎“六一”课本剧表演
3	2012年5月2日 — 2012年6月1日	活力校园，展现自我	活力校园活力无限	1. 体育活动周、趣味体育比赛 2. 书画手工作品创作周：教师书画摄影作品比赛、学生创意画作品展 3. 文娱表演周：智障部学生“小小歌唱家”赛、听障部学生“哑剧模仿秀”赛、青年教师讲故事比赛 4. 游艺活动周：快乐卖场、快乐美食、快乐游艺
4	2013年4月28日 — 2013年6月1日	学会感恩，快乐成长	感谢有你伴我成长	1. “感恩生命”第五届春季田径运动会 2. “感恩”影视展播 3. 艺术作品征集活动 4. 爱心义卖活动 5. “感恩·融合”主题中队活动
5	2014年5月4日 — 2014年6月6日	全员参与，展示自我，秀出个性，共享快乐	我行我秀	1. 第六届春季田径运动会 2. 备赛“无锡市第四届特奥会” 3. 故事大王评选 4. 庆祝第六十五个儿童节 5. 学校素质教育汇报演出

续表14

届次	时间	活动主题	活动口号	活动项目
6	2015 年 4 月 30 日 — 2015 年 6 月 1 日	弘扬传统文化，共创和合校园	我参与 我自信 我快乐	1. 第七届春季田径运动会 2. 体育运动周 3. 校园风筝节 4. 曲艺活动周 5. 传统美食嘉年华
7	2016 年 4 月 15 日 — 2016 年 6 月 1 日	心怀感恩，快乐成长	我参与 我快乐 我进步	1. 第二届风筝节 2. 运动节 3. 最美笑脸评选活动 4. 快乐“六一”
8	2017 年 4 月 14 日 — 2017 年 6 月 1 日	携手文明 快乐成长	文明让 校园更 美好	1. 第三届风筝节 2. 快乐运动，健康成长 3. “文明小天使”评选活动 4. 艺术展演，欢庆“六一”

第六节　职业技术教育

基于把聋哑学生培养成自食其力的劳动者这一初级的办学目标，学校自复办之日起便在重视文化课教学的同时，把职业技术列为第二主科，切实加强对学生的劳动观念和职业技术的教育，并于1985年12月承办了无锡市一市三县重点研究职业技术教育规划的特教工作会议。此后，遵照省教育厅、民政厅〔1985〕34号《关于加强盲聋哑学校职业技术教育的意见》的文件精神，经过6年实践，形成《聋哑学校劳技教学序列》，确立一、二、三年级开设手工劳动，四、五、六年级开设园地种植，七、八、九年级开设职业技术课的教学序列。学校与杏春培智学校合并为江阴市特殊教育中心校后，于2011年9月正式开办职高班，进一步完善了职业技术教育的运转机制，从而走出了一条适合本校特点，迎合社会需求，切合学生特点的新路，迈向了职业技术教育的较高层次，不仅使学生真正成为自食其力的劳动者，而且其中的优秀者还为社会作出了贡献。

一、起始阶段

职业技术教育的起始，源于校办厂的开办。学校复办后，为改善办学条件，改善师生福利，相继同无锡市第三纺机厂挂钩办了抛光厂，同江阴车辆厂挂钩办了冲压件厂，独立办了服装厂。1981年，当首批学生经过手工劳动的锻炼，学校借助校办厂优势，安排学生进车间学缝纫、零件抛光技术，由陆岐山负责组织安排，金仙美具体负责技术指导。

学生上缝纫课

经过半年的实践探索，学校得到了极大启发，于同年9月，购买了16台缝纫机、2台拷边机、2只电熨斗、8套理发工具、5套自行车修理工具、2套配钥匙工具，专门用于学校的职业技术教育，相应开设了缝纫、理发、修理自行车、配钥匙等专业，其中以缝纫、理发为主。专业由学生自选，学校做适当调整。

缝纫专业选用省编《聋哑学校缝纫教材》，由经过省级培训的专业教师周湘荣任课，每周学习两个半天，共授课660课时。经培训的65名学生基本上能掌握男女长裤、衬衫的剪裁和缝制技术，其中33名技术熟练的学生，在毕业典礼上作了操作表演和产品展示，获得了外地来宾和家长们的一致赞赏。

理发专业选用的教材为《理发技艺》，由掌握理发技术的张才良任课，经过两至三年每周两个半天的培训，绝大多数学生掌握了理发技艺，其中有9名学生能单独为别人理发，他们经常到附近小学为学生免费理发，深受欢迎。

学生参加农业劳动

另设的自行车修理和配钥匙两个小专业，有专业教师指导，参学同学也各有所得。另外学校还通过县文教局领导与马镇公社党委商议后，调拨到两亩多土地，由学校教务处统一规划，分班管理，学生全员参与，在熟悉种地的年轻老师带领下，种各种蔬菜和豆类、小麦，做到了学习农业生产技术与改善生活、减轻学生家长经济负担相结合，使学生不仅在意志上得到磨练，习惯上得到培养，品质上得到提升，而且在技能上得到增强。

20世纪80年代末，手工机械打字成为新兴工种。学校在江阴市红十字会的资助下，新添了2台机械中文打字机，随之开设打字专业课，让学生抢先掌握打字技术，以适应社会的急需。

由于学校的职业技术教育注重了学以致用，便于就业，并抓得细致、扎实、应时，至1992年暑假，所有毕业生百分之百解决了就业问题，其中绝大多数安排在乡镇、村的福利工厂，像夏港内衣厂一次就招了该校9名学缝纫的聋哑毕业生，学生石小才还担任了车间主任，柳才兴、戴国琴还多次被评为先进生产者。1994年前后，学理发的赵洪标在江阴城里开了间福利理发店，为聋哑同学免费培训理发技术，还发生活费。还有10名学生在乡村各地办起了理发店，由于聋哑人理发专心，技术熟练，服务热心，收费公道，所以很受顾客欢迎，人们美称他们的理发店是“无言理发店”。《江阴日报》登载了《赵洪标和他的理发店》《自强不息奔小康，返哺社会做贡献》《给残疾人送技术》《此地无声胜有声》等文章，宣传了赵洪标和他的徒弟们。赵洪标由此成了社会名人，3次被选为残疾人代表出席省残疾人代表大会，两次被选为“江阴市十佳青年”和“十佳杰出青年”。

开展职业技术教育，曾遇到很多困难，比如设备简陋，资金不足，缺乏专业师资及产供销等，尤其是新设专业困难更大，但学校抱定宗旨，锐意进取；走向社会，争取支持；坚持设课；不懈改革，提高质量，确保了职业技术教育的稳步前进，使得这方面的成功经验，在省特教会上做过介绍，还上了全国权威的《特殊教育》杂志。

二、完善阶段

学校迁址城区后，不仅外部环境得到了极大的改观，内部条件也发生了翻天覆地的变化，为学校完善职业技术教育提供了强有力的保障。

一是缝纫、理发、自行车修理这三个传统专业，尤其是前两个专业，无论是在培训模式，或是在深入行业的内涵上，都产生了质的飞跃。缝纫专业得到江阴市职业高中服饰专业和市时装厂的紧密配合，不仅使专业师资提高了档次，也使培训机构的效果更趋向了专业的正统，而市时装厂的加入，又使该专业的学生扩大了眼界，拓展了知识面。他们在专业氛围极浓的环境中学习并实习，巩固了专业思想，加快了熟练速度，提高了成才质量。

理发、自行车修理专业也是如此，学校通过请进来，即先后聘请同专业的校友和学校附近的理发店师傅、美容院美容师、自行车修理师傅等专业技术人员到学校兼任职训课，例如：1993年，聘请了时在中医院开理发店的人员。1995年聘请了时在海关担任理发师的人员。1997年聘请了国霞理发店的人员到校教授理发课，使之教学更为贴近生活、贴近社会。

二是增加了走出去的机会。城里企事业单位的密集，为学校劳技教育联系社会，走向社会提供了便利。1992年9月，学校迁城后，八年级学生到西郊红星塑料厂（福利厂）、江阴开关厂、天江制药厂进行了跟班学习，使学生原本的农村视野，一下子摄入了城市气息。之后，学校经常性不定期地将学生带进有关企业，去感受经济社会在转型升级发展中的变化和繁荣景象。

1999年9月，学校与江阴市职业高中挂钩后，八年级学生到该校学习了半个月的电脑打字和烹饪。七年级学生到时装厂学习缝纫技术，工厂流水线的生产方式，将学生的专业思想带进了一个新天地。

三是新专业不断开发。为迎合形势学校先后开发了电脑打字、烹饪、编织、刺绣、菌种栽培、花卉栽培等专业，并建成了烹饪室、电脑室、食用菌培植大棚等设施。到1996年9月，学校在对专业设置逐年完善的基础上，对职业技术培训的安排，作了如下调整：六、七年级以电脑打字、菌种培植、编织为主；八、九年级以电脑制作、理发（包括美容美发）、烹饪为主；八、九年级安排两周到一个月的时间到有关工厂参加社会实践；九年级毕业前进行技术级别考评。经过前后三年的努力，张晓军执教的烹饪专业，11名参学学生全部领到四级厨师证书；徐军老师执教的电脑专业，有5名学生获得考工证书；其余参学学生100%考工合格。同年下半年，学校在长期实践的基础上，步入了对聋哑学生进行职业技术教育的科研层次，立项了省级“九五”计划课题：《农村聋校职业技术教育模式研究》，参研人员有学校领导和专业教师等14人。

食用菌栽培大棚

除此之外，学校为了与无锡市聋哑职高班的执教项目接轨，1999年3月起，又在八、九年级开设了以素描为主的绘画专业，重点培训无锡市聋哑学校中招的应考生。

四是完成了“九五”省级立项课题的结题。2000年后，学校领导在对职业技术教育的研究中，获得了新的灵感和深化改革的路子，进一步修订了执教教材和目标计划，并整理了职教教案，对学生实践前后的技能掌握状况进行了对比，完善了执教网络建设，还对社会的就业需求作了深入分析，以及对毕业生就业情况的跟踪调查。由此形成的书面材料和成果，促成了“九五”省级立项课题《农村聋校职业技术教育模式研究》，于2000年12月30日的顺利结题。

从此，学校的职业技术教育走上了条理化、制度化、规范化的轨道，真正实现了“应社会之需，扬学生之长，排家长之忧”的办学初衷。

三、成熟阶段

“九五”省级规划课题的圆满结题，标志着学校的职业技术教育正在趋向成熟。学校在巩固已有成果的同时，又注重了对职业技术的深层次发掘。

2004年5月13日，学校与江阴市新华美容城进行了结对签约仪式，自此该美容城作为聋哑学校学生美容美发职业技术的培训基地，义务为学校培训师资和学生，使学生的培训学习接近了市场行情。两年后，该城又给学校捐赠了“爱心美容美发室”，不仅夯实了学校在这个专业上的培训根底，而且使原有的理发这一传统专业，又延伸出了美容专业。

杏春培智学校的并入，给学校的职业技术教育拓展了范围。作为对智障学生进行职业技术教育这一新课题，学校领导很快就进入了角色。他们在对社会就业需求情况作了周密的调查研究后，为智障生职高班开设了园林艺术专业，设置的课程有绿化养护、花卉栽培、插花艺术、烹饪技法、食品烘培、家政服务等，学制三年。多年来，学校一贯重视抓了学生的毕业实习，校长亲自联系实习单位，新华美容城、国霞理发店、新颖理发店先后作为了理发专业学生的实习基地；职业高中、新扬子大酒店作为烹饪专业学生实习基地；诸如天江制药厂、开关厂、花木园也成为了学生学习、实习基地。应办学之需，于2012年8月，即职高班开办后的一年，又成功地与江阴市华姿职校建立了联合办学模式，学生具有特教中心和华姿职校双重学籍，大大地有利了师资培训和学生的实习。

2014年4月14日，学校举行了首届职高班学生毕业成果汇报活动。江阴市残联领导和学生所在乡镇残联理事长现场观摩后，对展示的成果，表示了极大的赞赏。6月，在读的职高三年级学生，在教师的带领下，走进了华姿职校的园艺农场，结合所学专业知识，进行了理论联系实际的实习，增进了学生的领会与掌握。由此，学校的职业技术教育显示出了成熟的机制和活力。2016年9月，增设了手工皂、洗车两门职业技术课程。

第七节　送教上门

2013年，国务院办公厅颁发了《特殊教育提升计划（2014—2016年）》，其中指出：全面推进全纳教育，使每一个残疾孩子都能接受合适的教育。县（市、区）教育行政部门要统筹安排特殊教育学校和普通学校教育资源，为确实不能到校就读的重度残疾儿童少年提供送教上门或远程教育等服务，并将其纳入学籍管理。

江阴市积极贯彻落实这一政策，于2014年成立了特殊教育指导中心，作为江阴市唯一的综合性特殊教育学校，其中“送教上门”无疑是最重要的一项工作。学校充分发挥了指导中心的职能，为做好这项工作竭尽了全力，为义务教育阶段未入学残障儿童提供了康复、教学等相关服务。首先在学校成立了送教上门工作小组，即由指导中心的核心组成员居张洪、钱文亚、刘小燕、殷莉4名教师组成，由校长室负责协调，具体由刘小燕负责。其次是确定送教上门的对象，原则上为丧失了行动能力的重度残障儿童。再次是讨论确定了上门教学服务的目标。重在培养送教对象的大小肌肉运动、言语表达、生活自理及与人交往等能力，不断为他们挖掘潜能、为改善他们的残缺功能提供帮助。同时开展家长辅导培训、医教咨询、贫困家庭资助等服务，为其家庭提供指导和帮助。努力保障每一位重度残疾儿童少年的受教育权，让江阴市重残儿童和其他儿童一样享受优质教育。

自2015年起，在指导中心4名核心组成员及学校部分教师义工的共同努力下，做好了送教上门前期各项工作：

首先，排查核对了江阴市义务教育阶段未入学残障儿童信息，确定送教对象。接到省教育厅下发的江阴市义务教育阶段未入学儿童名单后，江阴市特殊教育中心校主动与市残联对接确认名单，再通过电话联系家长及所在地的普通中小学负责人，了解这类儿童的安置情况，然后跟各社区、村委工作人员一同逐一上门走访调查，近距离了解这类儿童未入学原因及其现状，并与家长签订了送教服务家长同意书，最终确定70名送教上门服务对象。同时，将其学籍录入江阴市特殊教育中心校，明确身份，保障这类儿童同样能享受优质教育资源。考虑到大部分送教对象的家庭经济负担较重，需要相应的补助，江阴市特殊教育中心校还帮他们申请了“江阴市家庭经济困难学生生活补助经费”，并及时发放到每户送教对象家庭。

其次，江阴市特殊教育中心校设计编印了《送教上门工作手册》，为每名送教对象建立成长档案。以便更好地跟踪记录送教对象的学习成长历程，也便于适时调整送教内容及方式方法，从而有效地提升送教质量。

在此基础上，江阴市特殊教育中心校尝试开展了送教活动。由于送教对象的残障类别及程度各不相同，学校就根据学生各自的情况分别制定个别教育计划，使用不同的教学内容，采取不同的教学形式。例如：为视力障碍学生安排分享阅读内容，通过听赏、沟通交流帮助其获得丰富的课外知识，以此激发学生学习动力，建立学习信心，培养良好品质。为中度智力障碍学生安排绘画等内容，让他们在绘画中感知色彩，锻炼小肌肉群，提升认知、观察、手眼协调等能力。

由于这些送教对象涉及到全市所有乡镇，分布区域广、路线长，而且其残障类型也较复杂，仅靠指导中心4名教师开展送教，与残疾儿童及家长的迫切需求相比还有很大的差距。

2017年5月17日，全国第28个助残日时，由江阴市残联和市教育工会共同组织的“助残圆梦”爱心联盟启动仪式在江阴市特殊教育中心校举行，首批招募了14所普小25名教师义工，江阴市特殊教育中心校在职教师义工48名参与爱心联盟。

2017年9月，教师汤凤娟、朱丽娜开始专职送教，送教对象为16名有一定学习能力的中重度、多重残障学生，主要送教内容为：简单的语文、数学等学科知识；音乐、美术等艺术兴趣活动；生活技能训练；粗大、精细动作训练；心理健康教育等。

为了确保每一个学生每一次送教活动的效果，教师根据学生身体和接受能力，依据“动静交替、由易到难、粗大动作到精细动作”等原则，运用“直观形象、游戏教学、情景教学、操作体验、综合教学”的手段，给予量身定做，精心设计活动方案，包括内容的选择、教具学具的使用、形式的呈现、游戏的创编等等，寓教于乐，帮助学生一点一点得到进步和发展。

至此，学校送教上门工作初步形成：以特教学校专业送教团队为主体，以普校教师义工为辅助，以康复医院为补充的江阴模式。从而整合多方资源、合力送教，使每一个残障学生充分享有受教育的权利，得到一定程度的补救性康复，感受到社会大家庭的温暖。

第八节　教学效果

学校领导身先士卒的管理和深入一线的指导，凝聚了教师们把毕生精力献给聋哑教育，乃至后来的特殊教育专业的赤诚之心，从而形成了“至爱、至善、至精、至勤”的教风，由此开启了学生的心智，营造了“自尊自信，自立自强”的学风，在全面发展的道路上，培养出了“合格+特长”的特殊人才。

表15

1981 年	苏州地区 3 所聋校举行低年级数学竞赛，2 名学生获得第 1 名，1 名学生获得第 2 名，1 名学生获得第 3 名
1982 年 5 月和 11 月	学校乒乓球队两次参加苏南地区三所聋校乒乓球比赛获团体亚军
1983 年 7 月	聋哑学校首届 31 名学生毕业，其中 29 名学生进了工厂，1 名学生成为个体户，从事理发行业
1984 年 10—12 月	无锡市 3 所聋校举行一年级口算比赛，参赛的 3 名学生分别获一、二、三等奖；学校与无锡市聋哑学校举行跳绳比赛，沈国兴获男子组第 3 名，陆良娣获女子组第 2 名；学校乒乓球队到无锡市聋哑学校参加比赛，朱金洪获男子组第 2 名，沈国兴获男子组第 3 名，王文红获女子组第 3 名
1985 年 1 月 8 日和 6 月 8 日	4 名学生到常熟聋哑学校参加跳绳、乒乓球比赛，陆良娣获女子跳绳第 1 名，张晓云获男子跳绳第 2 名，王文红获女子组乒乓球第 3 名；无锡市举行伤残人乒乓球比赛，王文红获聋哑女子组单打第三名，吴芝芳获第 6 名
1986 年	无锡市教育局对三市一县聋校进行知识质量检测，抽考了二年级的语文、数学、我校语文平均 86 分，数学 83 分，均名列第一。在三市一县一年级数学口算比赛中，黄品芬 7 分钟准确答完 150 道口算题，以满分成绩荣获第一

续表15

1989 年 9 月 26 日	10 名运动员参加江阴市中小学生田径运动会，获得小学男子甲组三个第 2 名，一个第 4 名，两个第 5 名，一个第 6 名。学校获纪念奖镜框一只
1990 年 10 月 15 日	学生参加江阴市小学生田径运动会，获得小学男子甲组铅球、200 米、跳远、800 米四项第 1 名，800 米、200 米、铅球三项第 2 名
1990 年 11 月 18 日	学生参加无锡市聋生首届田径运动会，获团体总分第 3 名，其中女子跳高获第 2 名，女子 800 米获第 3 名，女子铅球获第 3 名，女子 4×100 米接力获第 1 名
1991 年 10 月	在无锡市首届校园文化艺术节书画作品联展活动中，黄海鹰、黄品芬、司益民等的书法作品获二等奖，黄海鹰的绘画作品获三等奖
1991 年 6 月 13 日	学生参加无锡市聋校二年级口算比赛，张文娥获第 1 名，黄旦获第 2 名
1993 年 6 月	在无锡三市一县聋校语、数期末统一考试中，多数年级、学科名列第一，一、三、七年级的语数平均成绩达 90 分以上，有 6 个班级双及格率达 100%
1994 年 5 月和 7 月	在江阴市小学生劳技表演赛上，刘丽的理发吹风技术获得二等奖，吴英的缝纫技术也获二等奖；7 月，钱云芳顺利考入高中，三年后又考入南京金陵大学，成为江阴市第一位聋人大学生
1996 年 4 月 9 日	香港聋教育考察团到校访问，随后的 4 月 11 日的《中国教育报》头版刊登了《徐霞客故乡聋哑童》的活动特写，文中写道："……香港聋教育专家一行 24 人为江阴有这么一所现代化的聋校而赞叹不已，代表参观后无不感慨，他们说内地的特教发展速度太惊人了……"
1996 年 5 月和 12 月	学校四五年级 6 名学生参加无锡市聋哑学校看图写话比赛，取得一个第 1 名、三个第 2 名、一个第 3 名的成绩；12 月学校选拔 10 多名学生参加江阴市中小学生绳毽比赛，获团体第 6 名
1998 年 4 月和 6 月	八年级的李婷、郁晴在无锡市聋生作文比赛中分别获一、二等奖；连续两年在四、八年级的作文比赛中获得一等奖。6 月，学校田径队在无锡市残疾人运动会上获取 1 块金牌、3 块银牌和 6 块铜牌
2000 年	学校选送李婷、黄旦的电脑绘画作品参加无锡市首届青少年计算机系列赛分别获得二、三等奖；选送李建平、沈莉莉的作品与普通学生一起，参加江苏省青少年奥林匹克计算机信息技术应用素质竞赛，获得三等奖
2001 年 4 月 21 日	无锡市三市一县聋生田径运动会在江阴市特殊教育中心校举行，我校运动员奋力拼搏，最终获得团体总分第 1 名，创历史最好成绩
2002 年 10 月 18 日	学校田径队 3 名运动员参加了市中小学生田径运动会。取得了 2 个第 3 名，1 个第 6 名
2002 年 11 月	学生制作的网页在江阴市中小学生网页比赛中获得一等奖，又代表江阴市参加无锡市级比赛获三等奖
2003 年 6 月	小品《情满中秋》选送参加由教育部、文化部、广电总局、残联等四部门组织的全国第四届盲、聋、弱智学校文艺会演获三等奖
2003 年 6 月和 12 月	范仲兰考入南京特殊教育职业技术学校五年制大专班，在全国的 80 多名参加招生考试成绩中名列第 8，她也是学校第一个直接考入大学的学生；12 月，学校设计的网站和教育技术在线，参加江阴市教育技术学校网站制作比赛分别获一、二等奖
2004 年 8 月和 10 月	原学校毕业生孟惟淼从南京金陵科技学院毕业分配进入江阴市特殊教育中心校，成为江阴第一位聋人教师；10 月 31 日，在无锡市体育馆举行的第九届运动会闭幕式暨文艺演出活动上，学校的威风锣鼓《欢乐时刻》作为第一个节目登台演出，取得了很好的反响

续表15

2005 年 7 月到 9 月	毕业生李浩军被南京金陵科技学院信息技术运用专业录取，成为江阴市第一个聋人本科大学生；8 月 7 日，章亚、朱娜、庞宇玉等 3 名同学，参与表演的江苏参赛节目舞蹈《心与心不再遥远》，在第 6 届全国残疾人艺术汇演湖北赛区的比赛中，获得了二等奖。其中，章亚担任领舞；9 月 7 日，学校收到中国残疾人艺术团发来的商函，九年级章亚成为中国残疾人艺术团 22 名集训队员之一，此后章亚成为“千手观音”中的一双新手，和艺术团一起出访 20 多个国家和地区，多次受到国家领导人的亲切接见
2006 年 6 月和 7 月	黄飞剑在无锡市聋校职高班招生考试中，语、数、外、绘画、电脑五门科目获总分第一名；7 月，胡辰的电脑绘画作品《乐园》，获得 2006 年江苏省电脑制作应用竞赛小学组一等奖
2009 年 11 月	在全国第十届中小学生绘画作品比赛中，吴晨的绘画作品获得一等奖，胡鹏升、陈欣宇、王科的绘画作品获三等奖
2010 年 5 月和 6 月	智障生杨周成、戚华鑫和聋生陈凌婧参加江阴市中小学生“三独”（独唱、独舞、独奏）比赛，分获一、二、三等奖；同月，在参加无锡市第二届特殊奥林匹克运动会上，学校运动员获得五项第 1 名、三项第 2 名、四项第 3 名的好成绩，名列同类学校前茅；6 月，朱婷参加无锡市聋校职高班招生考试总成绩名列第一，孔超同学名列第三
2011 年 10 月	在第十六届全国中小学生绘画书法比赛中，谢程获绘画类一等奖、夏涛和戈雨彤获三等奖
2012 年 5 月	在无锡市第三届特奥会上获三项第 1 名、四项第 2 名、四项第 3 名、三项第 5 名、一项第 9 名，总成绩列无锡市 8 所特教学校前茅，同时获体育道德风尚奖
2013 年 6 月	在江阴市庆“六·一”少儿绘画比赛中，张琪同学的作品获一等奖，杨浩、翟志远的作品获二等奖，朱士朴、叶涛、缪晓吉的作品获三等奖
2013 年 9 月	赵媛媛的电脑绘画作品《星空下的人类阶梯》，获“领航杯”2013 年江苏省学生电脑作品比赛电脑绘画小学组一等奖
2014 年 5 月、 7 月和 11 月	在无锡市中小学生电脑作品制作比赛中，程宇航、汤沛两位同学的作品获一等奖，其他同学 3 件作品获二等奖，4 件作品获三等奖；7 月，黄文轩的美术作品《心路日月光华》，参加了全国特殊教育学校学生作品邀请赛；11 月，李昀键参加 2014 年江阴市中小学生“三独”比赛获二等奖
2014 年 5 月	在无锡市第四届特奥会上，江阴市特殊教育中心校获得了 1 金 10 银 8 铜的成绩
2015 年 5 月	在无锡市首届特殊教育学生文艺会演中，李昀健表演的架子鼓、吴佳晨的钢琴独奏均获得三等奖。学校获得了无锡市残疾人联合会和无锡市教育局联合颁发的“特殊教育文艺汇演”特别奖
2016 年 5 月	无锡市听障运动会上，江阴市特殊教育中心校夺得了 6 金 9 银 10 铜；在无锡市第五届智障特奥会上，夺得了 3 金 1 银 6 铜的好成绩
2016 年 10 月	在“全国特殊教育学校学生优秀美术、书法大赛”中，朱士朴、吴佳晨、陈宇航、汤沛、程林海等 5 名学生共获得了 2 个二等奖、2 个三等奖、1 个优秀奖
2016 年底	吴佳晨的钢琴独奏获全国比赛银奖
2017 年初	李昀建在第十四届中国国际青少年艺术节中获爵士鼓金奖
2017 年 5 月	学生汤沛参加获无锡市中小学幼儿园学生环保绘画大赛获小学组二等奖

第六章　科研工作

学校始终将教育、教学的科研工作，视为提高教育质量、实现办学目标的先行工程。其目的是为解决在完成教育、教学主体任务中所遇到的主要矛盾，确保正常教育、教学秩序的尽快建立，从一定程度上讲，起初不乏应急性、零碎性和笼统性，后来在实践中摸索出了聋哑教学的浅层规律，形成了适合该校学生和地域特点的风格和品质。

随着教育改革形势的发展，外部教育大环境的改观，1996年8月起，学校的教育、教学科研工作也逐步发生了质的变化，首先是由教导处兼管转为由教科室主管，其次是由专题研究发展为课题研究，再次是走上了规范化、专业化轨道，这就为学校教育内涵的增进和教育文化的建设，提供了全新的科学营养和再生后劲的造血机能。

审视学校教育、教学科研的成长与发展历程，不难发现其本质特征为：校长领队，全员参与；注重现实，着眼未来；源自实践，服务一线；升为理论，指导攻坚；良性循环，成果累累。

第一节　全员科研

所谓全员科研，即是学校承担的科研活动，其参与人员为全校教师。学校承担的科研活动，经历了自定专题，与江阴市教研室合作共研及省、大市立项课题三大阶段。从每个阶段的特色看，其张力随着研究对象的转换而增强，其内涵的外延也跟着扩大。

一、自定专题

1983年，在学校的工作安排中就出现了“开展课题研究”的说法，指出要重点研究“思想品德课在聋哑学校如何进行教学”和“怎样培养聋哑学生的语言理解和运用能力”两大专题。这里之所以同时出现“课题”与“专题”两个不同概念，源于当时教育界理论阐述的影响，在认识上还存在应时性。不过，两者之间毕竟有着紧密的联系，即专题寓于课题之间，可称谓是从属关系，也可视为是起步阶段。

1985年8月，学校确定语文组的教研专题是“认字教学”“三语（口语、手势语、书面语）训练”“句子训练”；数学组的教研专题是口算教学的“识数记忆三步法”。

1987年9月，学校要求人人制定科研专题，并将专题落实到课堂教学之中。

1993年，教研组研究重点是“如何提高课堂教学效果”，开展“人人上一堂好课活动”。

1994年9月，各教研组抓了校级研究专题，语文学科一至四年级为“重视三语结合教学，提高学生的会话能力”，五至八年级是“加强阅读指导，提高学生书面语能力”；数学学科一至四年级是“加强心算练习，提高计算能力”，五至八年级是“加强应用题教学，培养逻辑思维能力”；劳技学科为“增强劳动观念，培养动手能力”；艺体教学为“传授技能技巧，增强审美能力”。

二、合作共研

1994年起，学校承担了江阴市教研室“分类教学”省级科研课题的子课题研究。为将课题研究深入到各门学科中去，学校组织各教研组制订二级子课题，教师制订个人研究小课题，并邀请时为市教研室主任倪颖伟、教研员张梅华进行了“分类教学”方面的讲座。

1995年12月，学校总结提炼“分类教学”课题研究的做法，简要概括为16个字：“二维分类、依教定类、教而有类、动态变类”。“二维分类”是指按照聋生不同的听力、语言水平与智力、能力情况来分类；“依教定类”是指在教学过程中按照教学学科的不同，分出主类与辅类，实行“主辅类”结合的教学方法；“教而有类”是指教师在教学过程中，对不同类别的学生，提出不同的要求，区别对待，心中有数；“动态分类”是指充分优化教学过程，使不同类的学生能在心智方面得到适合其发展的教学，从而有效地提高学习效率，获得较好的学习效果。为体现学校特色，学校领导还组织教师编写了校本教材、各年级的分类教学练习册、单元练习分类试卷；制定了各年级段的语文、数学教学分类目标。

1998年4月，学校参加了江阴市教研室“分类教学”课题的结题鉴定工作，提供了课题研究资料和5节课堂教学现场展示。通过课题研究，进一步提高了教师对课题研究的认识和主动参与课题研究的自觉性，特别是深入了解和掌握了课题研究的方法。通过本课题的研究，对全校教师进行了一次课题研究的系统培训。

三、立项课题

1996年8月，学校成立教科室，并确定了“分类教学”“农村聋校职业教育6+3模式”“学龄前儿童语言康复”三个研究课题。此后全员课题研究走向规范化、专业化、序列化，自“九五”计划以来，先后开展了十多项省、大市级科研课题的研究。

（一）“九五”课题

课题名称：农村聋校职业技术教育模式研究

课题类别：江苏省教育科学“九五”立项课题

立项时间：1997年8月28日

课题主持人：沈余 蒋勤楠

主要研究成员：沈余、蒋勤楠、刘琪、卫幸福、尤佳武、张凤珍、徐耀、居张洪、陶忠懋、朱巧云、卫琴华、张晓军、徐军、王晓东、沙泰峰

开题时间：1997年4月

中期论证时间：1998年3月11日

结题时间：2000年12月30日

研究的主要内容、研究价值：根据农村经济发达地区学校的特点，开设相关的职业课程，

新华美容师现场指导

教学模式为“三分六合”，即在教学组织形式上进行“三分”：技能分块；教学分类；实训分流。在运行机制上实行“六合”：办学机制上产教结合；专业设置上社会需要与学职优势结合；授课形式上校内校外结合；师资队伍建设上专兼结合；考核方法上实行平时考核与集中考级相结合；就业导向与实行下厂实训推荐就业、自谋职业结合。激励学生树立了“四有”信心，养成了职业道德，懂得了职业纪律，提高了职业技能，为今后走上社会奠定基础。

研究的主要成果：建设和健全了一批职教基地及教学设施；培养和训练了一批校内教师，发掘和聘用了一批校外教师，建设了一支能够胜任相关专业教学的教师队伍；学生在学校学到了一技之长，取得了劳动局颁发的证书，为就业广开了门路，学生的就业率比以往提高了。更主要的是为农村发达地区聋校职业技术教育探索出了一条可行性道路，在江苏省教育厅在徐州举办的特教学校劳动技术教学研讨会上，蒋勤楠校长作了经验介绍，受到了与会者的一致好评。

课题名称：培智学校分类教学研究

课题类别：无锡市教育科学“九五”立项课题

立项时间：1997年8月28日

课题主持人：袁银娣

主要研究成员：袁银娣、孙经建、刘燕飞、钱文亚、夏红新、徐清芬、曾晓丰、戴娅萍、蔡雪霞等

开题时间：1992年10月

中期汇报时间：1995年6月

结题时间：1998年6月

研究的主要内容、研究价值：该课题从智障学生的类别、层次特点出发，区别对待，开展分类教学，通过课题研究，加强弱智学校教学过程的管理，克服因学生的类别多样，而带来的教学目标的随意性和教学任务不明确等弊端。通过课题的研究，使课堂教学更科学、更合理，各类学生的文化素质得到了落实和提高。

研究的主要成果：

1.改革了智障学生学习质量的检测工作，采用了梯度测试方式。

2.制定了一套《弱智语文、数学分类目标序列（1—6）年级》。

杏春培智学校承办江苏省残疾儿童分类教学研讨会

（二）“十五”课题

课题名称：聋校低年级课程综合化研究

课题类别：江苏省教育学会“十五”立项课题

立项时间：2002年8月28日

课题主持人：蒋勤楠 张蓉芬

主要研究成员：蒋勤楠、张蓉芬、刘琪、徐建文、杨芳丽、杜菊英、沙志莲、张梅华（市教研室特教教研员）

开题时间：2003年6月12日

中期论证时间：2004年4月4日

结题时间：2005年12月7日

研究的主要内容、研究价值：聋校低年级段课题综合化研究，推进聋哑教育在新课改理念指引下的课程改革。本课题研究，探索在教育常态下有效的、可行的聋教课程改革操作实施的研究模式和工作流程，初步形成符合聋校低年级段学生学习特点和校本特色的综合课程结构体系、教学模式体系和教学评价体系。

在本课题的实施中显示出了学生主动地、自主地参与学习过程的积极性。与非实验班学生的同期相比，实验班学生的综合素质有相应的提高。教师在本课题研究实践中，教学创新的潜能得到了极大的发挥，教学的综合水平明显提高，一大批骨干教师在探索研究中锻炼成长。本课题的研究提升了学校整体的教育教学水平。

研究的主要成果：首先，学生的学习素质提高了，加强了相互之间的合作交流，提高了自己的学习能力。其次，为学生们开辟了一个前所未有的广阔学习空间，使之改变了学习方式，扩展了学生视野，培养了学生的学习目的意识，激活并训练了学生探索研究的能力，促进了学生素质的全面发展。

课题结题汇报活动

课题名称：信息技术促进聋生交往能力的培养

课题类别：无锡市教育科学“十五”重点课题

立项时间：2002年2月

课题主持人：蒋勤楠

主要研究成员：蒋勤楠、刘琪、卫幸福、居张洪、张蓉芬、徐建文、吴静新、张凤珍、蔡小虎、谈一宇、沈国军、朱巧云、王晓东、徐耀、曾晓云、华恩南

开题时间：2002年11月7日

中期论证时间：2004年5月27日

结题时间：2005年6月8日

研究的主要内容、研究价值：“信息技术教育与聋生交往能力的培养”是因果相切的关系，前者为因，后者为果。信息技术教育能调动学生学习的积极性，变被动学习为主动学习，自主地去获取知识，采集处理信息。在这种自主活动的过程中，通过信息的传递、交流，有效地促进智力的发展和交往能力的提高，以及健康心理的形成；依托网络平台，构建聋生交往的支持体系。立足课堂教学，丰富课外活动，拓展聋生交往的途径；借助网络环境，强化聋生交往技能的训练，发挥信息技术优势，确立聋生交往质量的评价模块。

研究的主要成果：

1.学生的整体素质得到全面提高。首先，通过信息交流平台，为学生接触社会、了解社会搭了一座桥，为他们融入社会作了必要的技术准备；其次，真正达到了缺陷补偿的良好效果，耳聋口哑带给他们交流的困难，通过信息技术，借助网络平台，把他们的心声通过键盘的敲击而传播；再次，因语言能力的提高，提高了文化课的教学质量，特别是语文作文。

2.教师的教学观念得到了更新，教学能力和科研能力得到了提高。首先，通过课题研究，老师们看到了聋生在受到信息技术教育后产生的正向变化的现实，改变了对聋生的习惯看法，从而也改变了他们传统的教育教学方法，对学生的思想教育、文化教育多了一条网络沟通的渠道；其次，老师们看到了教科研在教育教学中的重要作用，进一步提高了投入教科研活动的自觉性。他们的踊跃参与，形成了教育科研万马奔腾的大好局面。

3.信息技术教育带动了学校的特色建设，扩大了学校知名度。随着课题的深入开展，学校应用信息技术，多次向无锡市、苏南片的聋校开课，所展示的研究成果，获得了听课者的赞誉，从而进一步打响了学校品牌。

课题名称：培智班个别化教育

课题类别：无锡市教育科学“十五”立项课题

立项时间：2003年1月7日

课题主持人：孙经建

主要研究成员：刘燕飞、钱文亚、夏红新、曾晓丰、戴娅萍、蔡雪霞、罗建英、殷莉、刘小燕、华志明

《培智班个别化教育》开题会

开题时间：2003年3月

中期论证时间：2004年9月

结题时间：2005年12月28日

研究的主要内容、研究价值：该课题根据残障儿童的个体差异和特殊需要，因材施教，以需定教，以学定教，积极探索个别化教育的目标定位、教学结构、学习方式和评价机制。充分满足智障学生的个体发展需要，提高学生的综合素质，促进学生健康

的心理和情感的形成。同时，提升教师的业务水平，以个别化促进素质化，以信息化带动现代化。

研究的主要成果：

1.有关课题研究论文、个案获奖、并结集出版了教案集——《探航集》。

2.成型了5种教学模式：主讲教师与资源教师协同教学模式；轮流个别教学模式；分组教学模式；课外的个别辅导模式；一对一的提优补差辅导模式。

3.录制课题研究精品课光盘两张。

（三）“十一五”课题

课题名称：促进聋生回归主流社会的融合教育研究

课题类别：无锡市教育科学“十一五”立项课题

立项时间：2006年10月

课题主持人：蒋勤楠

主要研究成员：蒋勤楠、张蓉芬、居张洪、卫幸福、谈一宇、朱巧云、杨芳丽、刘琪、彭芳、陈丽萍、徐建文、吴静新、徐耀、沙志莲

开题时间：2006年12月

结题时间：2011年12月

研究的主要内容、研究的价值：立足特殊教育学校本身，为不同年龄段的聋生顺利回归主流社会设计培养发展目标，制订个别化教育方案，有计划地开展融合教育活动，形成一套比较规范的实践模式。在研究过程中，开展聋生回归主流社会现状调查和存在问题的研究，进行构建实施融合教育支持系统的研究，融合教育阶段式实施策略的研究和构建融合教育环境的研究。

研究成果：1.促进了教师专业技能的发展，出版了校本教材《可爱的家乡》。

2.为聋生顺利回归主流社会夯实了基础。

3.使学校办学质量得到进一步提高。

课题名称：智障生社会适应能力培养的研究

课题类别：无锡市教育科学“十一五”立项课题

立项时间：2006年11月

课题主持人：张蓉芬、钱文亚

主要研究成员：张蓉芬、钱文亚、夏红新、刘小燕、戴娅萍、殷莉、蔡雪霞、邵雯霞、李静霞、李海涯

开题时间：2006年12月

结题时间：2011年12月

研究的主要内容、研究价值：采用“康复先行，为学生适应生活奠定基础；课程改革，为学生适应生活架构桥梁；语言训练，为学生走向社会提供纽带；劳技教育，为学生适应社会建

立保障”等教育教学策略，以学校为主阵地，以教师为主体，借助家庭和社会两方面的教育力量，补偿学生的缺陷，开发其潜能，使他们掌握生活中实用的知识，形成基本的实用技能和必要的良好习惯，具备自立于社会的生存意识和生存能力，为他们将来融入社会参加力所能及的劳动，成为社会平等的公民打下基础。

研究成果：教师钱文亚的《牵手语文，走向生活》在全省特殊教育年会上作了大会交流，并发表在《现代特殊教育》杂志上。

（四）“十二五”课题

课题名称：智障生“生活化”阅读的校本实践研究

课题类别：江苏省教育学会“十二五”教育科研规划课题

立项时间：2011年10月18日

课题主持人：蒋勤楠、夏红新

主要研究成员：蒋勤楠、夏红新、钱文亚、居张洪、杨芳丽、刘小燕、刘晓华、戴娅萍、李佳佳、邵雯霞、陈蓓、杜菊英、沈燕、李海涯、朱春霞

开题时间：2011年12月12日

中期论证时间：2014年1月7日

结题时间：2015年6月16日

研究的主要内容、研究价值：借助《分享阅读》系列教材，培养智障生的阅读兴趣，激发他们热爱生活的情感；精选生活中的阅读教材，巩固智障生的阅读技能，培养他们关注生活的习惯；开发“生活化阅读”校本教材，增强阅读的针对性和实用性，培养智障生的基本生活能力；开展亲子阅读、伙伴共读、义工共读等多种形式的阅读活动，培养智障学生良好的阅读习惯，最大程度地促进他们多种能力的发展，提升他们的生活质量和生命质量。

课题研究成果汇报活动

研究的成果：

1.形成低中高年级的阅读系列教材。

2.钱文亚、夏红新各有一篇课题论文在《现代特殊教育》上发表。

课题名称：生活德育理念下特殊学生行为习惯养成研究

课题类别：无锡市教育科学“十二五”规划重点自筹课题

立项时间：2011年12月31日

课题主持人：张蓉芬

主要研究成员：张蓉芬、蒋勤楠、谈一宇、刘小燕、沙志莲、杨芳丽、吴静新、朱巧云、

沈燕、李佳佳、殷莉

开题时间：2011年9月28日

中期论证时间：2014年1月7日

结题时间：2015年12月23日

课题结题鉴定会

课题研究的主要内容：以特殊学生的学习、认知特点为基础，选择贴近特殊学生生活实际的德育内容，通过人文关怀、环境创设、情景体验、活动创新、个案跟踪等一系列生活化的德育方式，对特殊学生进行良好行为习惯的养成教育研究。该研究将改变传统的德育理念，充分遵循特殊学生的身心发展规律，让他们在生活化的德育环境中养成良好的行为习惯，逐步形成健康向上的人生观、价值观，以便他们更好地融入社会。

研究的成果：

1.丰富了学生行为习惯养成教育内容和形成了养成教育目标序列。

2.建立了学生行为习惯养成教育内容资源库。

3.完善了争章活动章目、达标要求及家庭教育指导要点。

（五）“十三五”课题

课题名称：多元智能理论下基于RTI模式的个别化课程研究

课题类别：江苏省教育科学“十三五”规划重点自筹课题

立项时间：2017年1月

课题主持人：蒋勤楠、居张洪

主要研究成员：蒋勤楠、居张洪、张蓉芬、刘晓华、钱文亚、谈一宇、朱巧云、杨芳丽、邵雯霞、李海涯、孙香娟、李佳佳

开题时间：2017年4月12日

课题研究的主要内容：调整和改革现有的课程结构和内容，构建符合现代特殊教育要求的，具有多元化、人本化、个别化特征的校本课程，摸索出基于RTI实施模式的个别化课程开发的一套操作流程、方法与要点；开发以扬长补短为目的的个别化课程，提高个别化教育的有效性，为特殊需要儿童提供更适合的教育，使残障儿童的潜能得到更加充分的发挥，缺陷得到更加有效的补偿，为他们的生存、发展以及幸福人生打下基础。

第二节　个体科研

学校自2007年起组织教师申报无锡市、江阴市级教师个人专项课题研究以来，至2017年6月已有49项课题通过立项，46项课题通过结题，其中6项课题获得结题成果评比一等奖，12项课题获得二等奖。2013年2月，学校被评为江阴市教师专项课题优秀组织学校。

一、江阴市级教师专项课题

表16

序号	教师姓名	课题名称	立项时间	结题时间	结题情况
1	张蓉芬	在聋校数学课堂教学中加强人文关怀的研究	2007.12	2008.10	结题
2	朱巧云	提高聋校班主任在学生中的信任度的策略研究	2007.12	2008.10	
3	杨芳丽	聋生回归主流社会的障碍及其对策研究	2007.12	2008.10	
4	刘　琪	聋校低年级生活化语言训练的实践研究	2007.12	2008.10	二等奖
5	张晓军	在职训教学中提高聋生交往能力的策略研究	2007.12	2008.10	结题
6	居张洪	数学教学中培养聋生人文素养的策略研究	2007.12	2008.10	
7	徐建文	聋校中年段作文开放性教学策略研究	2007.12	2008.10	
8	谈一宇	培养低年级聋生朗读能力的研究	2007.12	2008.10	
9	杨芳丽	影响聋儿心理健康的因素及其对策	2008.12	2009.10	二等奖
10	李海涯	智障生生活英语学习与应用的研究	2008.12	2010.10	结题
11	包菊萍	让聋校数学课堂走向生活化的研究	2008.12	2009.10	
12	蔡建英	快乐体育在聋校教学中的运用探究	2008.12	2009.10	
13	刘小燕	《特殊教育语文课程套件》在培智语文教学中的运用研究	2008.12	2010.10	
14	钱文亚	智障生个别化语言训练有效途径的研究	2008.12	2010.10	
15	朱巧云	聋童命题中角色的生活化研究	2008.12	2009.10	二等奖
16	曾晓云	早期识字阅读，促进低年级听障儿童语言发展的策略研究	2009.12	2010.12	结题
17	沙志莲	中年级聋生有效阅读教学的研究	2009.12	2010.12	
18	夏红新	多动症智障生青春期行为问题的个案研究	2009.12	2010.12	
19	殷　莉	培智数学课堂小组合作学习有效性的研究	2009.12	2010.12	
20	吴静新	在语文课堂上激发听障孩子创新思维的策略研究	2009.12	2010.12	
21	陈丽萍	律动课堂听唱教学与聋生语言康复训练的融合研究	2009.12	2010.12	
22	李静霞	智障幼儿语言交往能力早期康复训练的探索与研究	2010.12	2011.12	
23	华孝明	聋低年级数学课堂追问的实效性研究	2010.12	2011.12	
24	李佳佳	智障学生趣味化英语教学的研究	2010.12	2011.12	
25	陈　蓓	培养学生对语文课本的朗读情趣的研究	2010.12	2011.12	
26	孙香娟	运用情绪疏导培养听障学生健康心理的研究	2011.12	2012.12	

续表16

序号	教师姓名	课题名称	立项时间	结题时间	结题情况
27	杨芳丽	“生活化”阅读促进智障生和谐发展的研究	2011.12	2012.12	二等奖
28	鲍明芳	运用环境布置提高听障儿童语言能力的研究	2011.12	2012.12	一等奖
29	邹　蕾	智障学生英语课堂分层次教学的实践研究	2011.12	2012.12	二等奖
30	周凌艳	聋生舞蹈表演中表情培养的研究	2011.12	2012.12	一等奖
31	彭　芳	情景区域活动与聋儿语言交往能力发展问题的研究	2011.12	2012.12	二等奖
32	浦志萍	康复班数学教学趣味化研究	2011.12	2012.12	
33	邵雯霞	“生活化”阅读促进低年级智障儿童行为习惯养成的研究	2011.12	2012.12	一等奖
34	沈　燕	低年段智障学生数学阅读习惯的培养研究	2011.12	2012.12	二等奖
35	朱巧云	听障学生亲社会行为的培养研究	2011.12	2012.12	
36	朱春霞	智障学生英语口语能力培养的策略研究	2012.12	2013.12	一等奖
37	杜菊英	趣味美工促进智障生能力康复的实践研究	2012.12	2013.12	二等奖
38	吴静新	生活德育理念下听障学生行为习惯养成的教育方式的实践研究	2012.12	2013.12	
39	方红霞	智障儿童体育游戏中生活场景的有效运用的策略研究	2012.12	2013.12	结题
40	朱丽娜	智障生感统训练中积极情感的培养研究	2012.12	2013.12	
41	华志明	美术治疗在智障生美术课堂中的实践研究	2012.12	研究中	待结题
42	殷　莉	家校共育促进生活德育理念下智障生良好行为习惯养成的实践研究	2013.12	2014.12	二等奖
43	罗建英	“生活化阅读”中培养智障生交往能力的研究	2013.12	2014.12	结题
44	孙香娟	运用心理康复拓新智障生思品教育的研究	2013.12	2014.12	一等奖
45	李佳佳	利用微课进行智障儿童家校联合教育的研究	2015.12	2016.12	结题
46	浦志萍	融合班轻度智力障碍儿童社会适应的个案研究	2017.1	研究中	待结题
47	朱春霞	挖掘艺术潜能改善高功能自闭症情绪行为的个案研究	2017.1	研究中	
48	邹　蕾	运用蒙氏生活教育改善智障学生生活习惯的个案研究	2017.1	研究中	

二、无锡市级教师专项课题

表17

序号	教师姓名	课题名称	立项时间	结题时间	结题情况
1	计丽英	基于儿童早期阅读兴趣的生活化阅读材料的开发研究	2009.12	2010.12	已结题

第三节　科研附识

为了配合学校科研工作的扎实有序开展，校级相应创办了有关刊物，为学生和教师展示各自的风采，提供了既实惠又便利的平台。而教师又将自己在亲履科研过程中积累的实践感知和成功体会连成文字，用论文的形式如实地反应了科研工作的许多细节和亮点，可谓在给科研工作存史的同时，又从中获得了无价的反馈。也正是这些宝贵的经验，推进了学校教与学的良性循环，促进了科研工作的不断深化，从而使学校的社会影响力与日俱增，长盛不衰。

一、校刊

1986年6月，创办《新芽报》。2010年10月，创办校刊《作文报》，2013年，更名为《阅读报》，编辑人员为全体语文组老师；主编先后为杨芳丽、陈蓓。创办的宗旨：倡导多种形式的读写方式，提高特殊学生的写作兴趣，提升阅读能力。其效果有：全体学生积极参与，极大的提高学生的阅读、写作热情。

二、校本教材

1.《可爱的家乡》分低年级、中年级、高年级三册。每册分为：风景名胜、物产名人、民风民俗、公共服务四个单元。编辑人员：蒋勤楠、张蓉芬、朱巧云、刘小燕、沙志莲、居张洪、谈一宇、钱文亚、夏红新、殷莉。

2.《爱阅读　会生活》分低年级、中年级、高年级三册。每册分为：自我服务、一日行规、传统节日三个部分。编辑人员：蒋勤楠、居张洪、刘晓华、夏红新、钱文亚、李佳佳、陈蓓、朱春霞、李海涯、戴娅萍、刘小燕、杨芳丽、杜菊英、邵雯霞、沈燕、华志明、朱巧云。

三、教师发表、获奖论文

1995年起教师论文发表一览表

表18

编号	作者姓名	论文标题	发表报刊	发表日期
1	沈　余 卫幸福	聋校分类教学的研究与实践	《现代特殊教育》第9期	1995.9
2	沈国军	面向全体与分类教学浅谈	《特殊教育》第5期	1996.5
3	沈　余	结合聋生特点，开展国防教育	《中国教育报》	1996.11
4	刘　琪	聋校职业教育新路初探	《南京特师学报》第3期	1996.5
5	沈国军	加强个别教学的策略	《特殊教育》第2期	1997.4
6	卫幸福 杨芳丽 龚向华	掌握学话规律，有效进行语言康复训练	《现代特殊教育》第5期	1998.5
7	尤佳武	多媒体电脑辅助教学课件的设计和运用	《特殊教育》第5期	1998.10
8	沈　余	找准聋校职教坐标	《江苏教育研究》第1期	1998.1
9	沈　余 刘　琪	在“三个带动”中孕育“三个学会”	《江苏教育现代化实践》	1998
10	沈　余	强化目标管理，推进聋生素质教育	《教育现代化》第5期	1998.5
11	刘　琪	聋校随班就读的现状分析与策略建议	《现代特殊教育》第1期	1999.1
12	徐建文	用五合十字法，育聋童爱国情	《特殊教育》第1期	1999.1
13	刘　琪	深入改革做到“三个带动”和“三个学会”	《现代特殊教育》第6期	1999.6
14	周浩忠	浅谈多媒体教学在数学中的作用	《特殊教育》第4期	1999.11
15	孙经建 钱文亚	积极开展综合教学，有效促进素质提高	《江阴教研》创刊号	2000.1
16	张蓉芬	加拿大特殊学校职业教育给我的启示	《特殊教育》第4期	2000.9
17	蒋勤楠 徐建文	志存高远绘新天	《特殊教育》第3期	2001.5
18	陶宗懋	聋校劳技课与情感教育	《南京特师学报》第3期	2002.11
19	蒋勤楠	在“新”字上做文章，在“实”字上下功夫	《现代特殊教育》第10期	2002.11
20	徐建文	借现代教育技术理论，谋聋校教育改革新路	《南京特师学报》第4期	2003.1
21	徐建文	聋童常见心理偏差及纠正	《南京特师学报》第3期	2003.9
22	徐建文	童话教学三字经	《现代特殊教育》第9期	2003.9
23	蒋勤楠 张蓉芬 徐建文	聋校课程改革新探索	《江南教育》第3期	2003.3

续表18

编号	作者姓名	论文标题	发表报刊	发表日期
24	徐　军	谈谈“长方体认识”的课件制作	《中华教育文萃选》	2003. 10
25	陈丽萍	实施个别化教育，让所有聋生都获得成功	《特殊教育》第 5 期	2003. 11
26	张蓉芬	如何帮助教师适应课程改革的要求	《南京特师学报》第 4 期	2003. 4
27	刘　琪	浅谈孔子的“因材施教”思想与聋校的“个别化教学”	《特殊教育》第 6 期	2003. 11
28	徐建文	整合：语文课改新策略	《现代特殊教育》第 2 期	2004. 3
29	周晓花	借助生活经验，思考数学问题	《无锡日报. 教育周刊》	2004. 6
30	居张洪	让网络成为聋生交往的舞台	《特殊教育》第 2 期	2005. 3
31	徐　耀	小学信息技术教学参考资料（上册）	江苏省中小学教学研究室	2005. 9
32	居张洪	运用信息技术促进聋校数学课堂的开放	《特殊教育》第 5 期	2005. 9
33	徐建文 张蓉芬	聋校低年段课程综合研究	《教改与科研》第 5 期	2005. 12
34	曾晓云	浅谈柔性管理在聋校德育中的应用	《现代特殊教育》第 10 期	2006. 12
35	居张洪	博客平台促进教师专业化成长	《现代特殊教育》第 10 期	2006. 12
36	张蓉芬	扬课改新理念，还聋生主动权	《现代特殊教育》第 10 期	2006. 12
37	蒋勤楠 居张洪	荣辱观教育与聋生道德践行的有效结合	《特殊教育》第 4 期	2007. 7
38	谈一宇	感恩的心——浅谈聋校语文教学中的感恩教育	《特殊教育》第 5 期	2008. 12
39	钱文亚	牵手语文，走向生活	《现代特殊教育》	2009. 9
40	徐建文	“幸福江阴”的特殊人文关怀	《现代特殊教育》	2009. 12
41	包菊萍	融情感教育于聋校数学教学	《现代特殊教育》	2010. 12
42	卫幸福 居张洪	借助信息技术培养聋生的交往能力	《探索 • 实践 • 发展 —— 江苏省特殊教育论文集》	2010. 12
43	陈丽萍	音乐随笔论文《这里一样阳光灿烂》	《特殊教育》第 2 期	2011. 2
44	张蓉芬	坚持以人为本，构建和谐校园	《现代特殊教育》第 2 期	2011. 2
45	钱文亚	教育随笔：《走近智障儿童》	《现代特殊教育》第 5 期	2011. 5
46	张蓉芬	注重特教原生态，提高教学有效性	《现代特殊教育》第 5 期	2011. 5
47	蒋勤楠	知差距而求新，知缺失而求道	《江南教育》	2011. 3
48	蔡雪霞	立足学生实际，创建和谐、灵动的语文课堂	《现代特殊教育》第 7—8 期	2011. 7
49	蒋勤楠	网络突破障碍，交往改变人生	《无锡教育》第 8 期	2011. 8
50	杨芳丽	一次手拉手活动后的决定	编入《基于教育现场的教师研究手记》	2011. 12

续表18

编号	作者姓名	论文标题	发表报刊	发表日期
51	钱文亚	智障孩子秩序感的认识与培养	《现代特殊教育》第 3 期	2012. 3
52	鲍明芳	巧借环境创设提高听障幼儿语言能力	《江阴教研》第 1 期	2013. 1
53	朱巧云	听障生亲社会行为培养的策略	《南京特师学报》	2013. 1
54	钱文亚	智障学生阅读习惯的培养	《现代特殊教育》第 6 期	2013. 6
55	蒋勤楠	特教学校十五年免费教学模式初探	《现代特殊教育》第 7-8 期	2013. 7
56	钱文亚	医护航，教促优，身心共成长	《江苏教育报》	2014. 7
57	杨芳丽	智障生微密码的解读	《江阴教育》	2015. 1
58	孙香娟	思品教育的另一种途径	《江阴教育》	2015. 2
59	张蓉芬	组建教师社团，打造幸福校园	《江苏教工》第 2 期	2015. 2
60	夏红新	浅谈低年级段智障学生阅读能力的培养	《现代特殊教育》第 6 期	2015. 6
61	张蓉芬	争章活动彰显生活本色，习惯养成灌注人生底色	《现代班集体研究》第 4 期	2016. 12
62	孙香娟	自信相伴，丰满成长的羽翼	《现代班集体研究》第 4 期	2016. 12

1997年起省级以上获奖论文一览表

表19

<table>
<tr><th>序号</th><th>姓　名</th><th>论文标题</th><th>奖级</th><th>发奖单位</th><th>时间</th></tr>
<tr><td>1</td><td>刘　琪</td><td>加强聋校德育工作，培育聋生全面发展</td><td>二</td><td rowspan="2">江苏省特教研究会</td><td rowspan="2">1997. 3</td></tr>
<tr><td>2</td><td>卫幸福</td><td>创设优良环境，进行口语随机训练</td><td>三</td></tr>
<tr><td>3</td><td>张晓军</td><td>在烹饪教学中实施素质教育</td><td>一</td><td rowspan="8">《特殊教育》编辑部</td><td rowspan="4">1998. 5</td></tr>
<tr><td>4</td><td>徐建文
沙泰峰</td><td>在交往中适应社会，在实践中提高素质</td><td>二</td></tr>
<tr><td>5</td><td>沈国军</td><td>激发兴趣，迁移求知，有利于提高聋生素质</td><td>三</td></tr>
<tr><td>6</td><td>朱巧云</td><td>论聋校美术素质教育</td><td>三</td></tr>
<tr><td>7</td><td>方红霞</td><td>重视拓展聋生思维空间，提高体育教学质量</td><td>三</td><td>1998. 11</td></tr>
<tr><td>8</td><td>卫幸福</td><td>关于九年制聋校劳技项目开设的几点意见</td><td>一</td><td rowspan="3">1999. 12</td></tr>
<tr><td>9</td><td>刘　琪</td><td>适应聋校职教背景，深化职教模式研究</td><td>一</td></tr>
<tr><td>10</td><td>张晓军</td><td>如何教聋生做热菜</td><td>二</td></tr>
<tr><td>11</td><td>周晓花</td><td>发挥聋生视觉优势，调动学习积极性</td><td>一</td><td>《全国教育科研论文暨教案选萃丛书》编委会</td><td>2002. 7</td></tr>
</table>

续表19

序号	姓　名	论文标题	奖级	发奖单位	时间
12	陶宗懋	重视实践，培养学生综合能力	一	《中国现代探索新论文库》	2003.4
13	陈丽萍	综合艺体课程微探	三	《特殊教育》编辑部	2004.4
14	方红霞	新形势下体育课上的师生互动关系	三		
15	王晓东	利用多媒体技术帮助聋生学习语言	三		
16	徐　军	信息技术与数学教学整合探微	三		
17	居张洪	充分利用网络资源，发掘数学知识的应用价值	三		
18	杨芳丽	聋校低年级“五化”教学	三		
19	周晓花	发挥聋生主体性，促进聋生语言发展	三		
20	吴静新	引导学生进行质疑	三		
21	卫幸福	在作文教学中开发学生思维，必须重视指导的多角度性	三		
22	朱巧云	环境环节细节	三		
23	蔡小虎	聋生解应用题更应重视审题能力的培养	三		
24	张蓉芬	尽快转变教学观念，主动适应课程改革	三		
25	刘　琪 张凤珍	《应用信息技术，培养交往能力》----主题展示活动片段实录与评析	三	江苏省师陶杯	2004.5
26	蒋勤楠 卫幸福	在课堂补偿教学中，培养聋生的自主学习能力	二	江苏省教育学会	2004.6
27	徐建文 刘　琪 张蓉芬	让课程走向综合化	二		2004.12
28	徐建文	采用“五化”教学，激活语文课堂	二		
29	龚向华	浅谈现代化教育手段在聋童康复教学中的运用	二		
30	张蓉芬	健残融合	三		2005.1
31	居张洪	信息技术促进课堂开放	三		
32	刘　琪 张凤珍	“你准备好了吗”	三		
33	彭　芳	正确把握“课堂整合”促进聋儿康复训练	二	江苏省教育科学研究院	2005.11
34	张蓉芬	新课程呼唤充满活力的数学课堂	三		
35	张晓军	在聋校社会常识教学中培养聋生的环保意识	三		
36	徐建文	润物细无声，随风潜入夜——浅谈聋校德育教育	一	江西省教育学会特殊教育专业委员会	2005.11
37	龚向华	在“两会一课”中对聋生进行思想教育的有效尝试	三		
38	张蓉芬	让学生在数学课堂中享受	一	《特殊教育》编辑部	2006.2

续表19

序号	姓　名	论文标题	奖级	发奖单位	时间
39	徐建文	让阅读成为聋生的乐趣	一	《特殊教育》编辑部	2006.2
40	卫幸福	教育科研是推进学校建设的巨大动力	一		
41	居张洪	聋校实施网络教学的思考	一		
42	宋雨玲	特殊教育的英语教学	二		
43	龚向华	谈谈聋儿康复训练中词句的教法	二		
44	居张洪	充分运用信息技术，培养聋生的交往能力	二	江苏省电教馆	2006.4
45	蒋勤楠 卫幸福	浅谈信息技术教育与聋儿交往能力的培养	二	《特殊教育》编辑部	2006.6
46	徐建文	构建聋生口语交际的“训练场”	二		
47	杨芳丽	对话——让聋生走进精彩课文	二		
48	蒋勤楠	让课程走向综合化	一		
49	蒋勤楠	依托网络平台，铺就聋生交往之路	二		
50	陈丽萍	我们的课堂因综合而精彩	二		
51	谈一宇	聋校语文课堂教学模式初探	二		
52	王晓东	利用博客技术，丰富聋校课堂中的交互	二		
53	卫幸福	重视教育科研，推进学校建设	二		
54	徐　耀	手语是特殊的语言	二		
55	徐　耀	现代信息技术对聋生的影响	二		
56	刘　琪	应用信息技术，培养交往能力	二		
57	张蓉芬	特教新课堂呼唤对学生生命的尊重	二		
58	徐建文	让语文课堂教学成为师生的享受	二		
59	陈丽萍	让学生动起来——晨舞的启示	三		
60	杨芳丽	让聋儿在多种机会中提高语言能力	三		
61	龚向华	让自信助聋儿迈向康复成功之路	三		
62	蔡小虎	聋校应用题教学点滴	三		
63	沙志莲	浅谈低年级语文课堂教学的评价	三		
64	吴静新	从词句入手，培养聋生的创新思维	三		
65	张凤珍	用活课程资源，培养学生的说话能力	三		
66	朱巧云	你准备好了吗？——给特殊教育课程中美术老师的几点建议	三		

续表19

序号	姓　名	论文标题	奖级	发奖单位	时间
67	居张洪	发挥博客功能，架构聋校教师成长新平台	一	中央教育科学研究所	2006.8
68	王晓东	合理利用博客技术，丰富课堂交互	三		
69	张蓉芬	谈谈聋校数学课堂教学的综合化	二	江苏省教育学会	2006.10
70	蒋勤楠 居张洪	荣辱观教育与聋生道德践行的有效经验	一	《特殊教育》编辑部	2006.12
71	居张洪	在数学教学中培养聋生的人文素养	一		
72	杨芳丽	让聋校语文因动而活	一		
73	张蓉芬	让学生在“做”中学	一		
74	徐建文	让语文课堂在“对话”中充满活力	一		
75	龚向华	关注聋儿的分享意识和行为	一		
76	卫幸福	在聋校劳技教育中渗透荣辱观教育之点滴	一		
77	陈　蓓	如何培养聋生的朗读情趣	二		
78	沙志莲	如何培养低年级聋童的写话能力	二		
79	彭　芳	因为爱，所以爱	三	江苏省教育科学研究院	2007.12
80	孙香娟	细致入微，为随班就读聋童提供“四星级”保障	三		
81	朱巧云	聋生美术专业新变三步曲	三		
82	居张洪	聋校数学教学中人文精神的挖掘培养	三		
83	刘　琪	育残成才的主旋律——融合教育	二	江苏省中小学研究室	2008.1
84	杨芳丽	把握瞬间的教育契机，引导聋生健康成长	二		
85	鲍明芳	评价创新：让聋校美术课堂充满活力	三		
86	居张洪	在小小银行里	二	江苏省教师现代教育技术应用作品大赛	2008.5
87	谈一宇	聋校语文教与学	二		
88	王晓东	时分的认识	二		
89	朱巧云	聋校美术教育空间	二		
90	张蓉芬	用人文关怀绿色聋校数学课堂	二	《现代特殊教育》编辑部	2008.6
91	吴静新	浅谈听障孩子的感恩意识和感恩教育	二		
92	钱文亚	创设情境，激发智障学生朗读情趣	二		
93	刘　琪	育残成才的主旋律——融合教育	三		
94	鲍明芳	个性、多元、互动、巧妙——浅谈聋校低年级美术教学中评价的创新性	三		

续表19

序号	姓　名	论文标题	奖级	发奖单位	时间
95	居张洪	小故事、大智慧——运用数学典故培养聋生的数学精神	三	《现代特殊教育》编辑部	2008.6
96	沙志莲	让书香充盈聋生的心灵	三		
97	谈一宇	让朗读真正融入聋校语文课堂	三		
98	徐建文	放飞课堂，享受语文	三		
99	杨芳丽	共情沟通，助聋生成长的良方	三		
100	周晓花	聋生行为偏差的特点及教育对策的研究	三		
101	朱巧云	手语对聋生汉语词语学习的影响	三		
102	蔡雪霞	如何培养弱智儿童的朗读能力	三		
103	李静霞	一个语言障碍儿童的个案研究	三		
104	杨芳丽	情动而发——《火烧云》的教学案例	二	江苏省中小学教研室	2009.1
105	刘小燕	让情感在培智语文课堂中流淌——《桂林山水》教学案例	三		
106	钱文亚	牵手语文，走向生活	一	江苏省特教专业委员会	2009.5
107	刘小燕	培智学校生活化语文教学初探	三		
108	蔡雪霞	扎根生活，让培智学校的语文教学情趣盎然	三		
109	钱文亚	培智学校教学目标管理的初探	二	江苏省教育科学研究院	2009.11
110	徐　耀	构建特教信息技术课堂教学新模式	三		
111	彭　芳	在快乐阅读中习得语言——浅谈早期阅读在聋儿康复训练中的运用	三		
112	曾晓云	提前识字早期阅读对听障儿童学习语言的启示	三		
113	刘小燕	浅谈智障儿童言语及语言的发展和训练	三		
114	陈丽萍	“奥尔夫音乐教学法”在聋校律动课堂中的运用	三		
115	杨芳丽	影响聋儿心理健康的因素及其对策	二	江苏省中小学教研室	2010.1
116	谈一宇	善用表演手段，优化阅读教学	三		
117	包菊萍	融情感教育于聋校数学教学	三		
118	蔡建英	体验，课堂因我而精彩	三		
119	彭　芳	谈聋儿随班就读衔接的问题与指导策略	一	《现代特殊教育》编辑部	2010.6
120	张蓉芬	注重特教教学原生态，提高教学有效性	二		
121	殷　莉	“小组合作学习”让培智数学课堂更有效	二		
122	沙志莲	依托教材，链接生活，让聋生亲近生活	一		

续表19

序号	姓　名	论文标题	奖级	发奖单位	时间
123	方红霞	运用体育游戏，促进智障儿童健康发展	二	《现代特殊教育》编辑部	2010.6
124	罗建英	学会交往：给智障生融入社会的金钥匙	二		
125	张晓军	让口算放飞聋生的思维	二		
126	谈一宇	让课堂灵动起来	二		
127	蔡建英	让聋校体育课堂焕发创新思维的生命力	三		
128	张凤珍	让聋生情感在日记中自然流淌	三		
129	刘小燕	游戏教学在培智低年级语文课堂中的运用	三		
130	蔡雪霞	立足学生实际，创设和谐、灵动的语文课堂	三		
131	戴娅萍	数学课堂有效性提问初探	三		
132	居张洪	“活用教材”教，用“活教材”学	三		
133	徐建文	特校新课堂：多少的期待	三		
134	包菊萍	重视应用题教学，培养学生解决实际问题的能力	三		
135	朱巧云	对话，让聋校的美术教学也精彩	三		
136	曾晓云	集体阅读，分享快乐	三		
137	陈　蓓	发展聋儿语言，提高社会交往能力的实践探究	三		
138	夏红新	由一份作业引发的思考	三		
139	吴静新	语文教学中激发听障学生创新思维的策略	三		
140	钱文亚	从习惯到责任——特殊学校班级管理	三		
141	周晓花	提高聋儿融入主流社会的自信心的研究	三		
142	杨芳丽	展儿歌魅力，促聋儿语言发展	三		
143	刘　琪 杨芳丽	听障儿童家庭康复指导的实践与思考	三		
144	邵雯霞	热闹的夏天，热闹的游戏	三	江苏省学前教育学会	2010.8
145	杨芳丽	浅谈信息技术与语文教学的有效整合	一	江苏省教育学会	2010.10
146	徐　耀	以任务驱动促进聋哑学生信息技术课自主探究	三		
147	刘小燕	浅谈培智学校少先队德育工作特点与对策	三	江苏省教育科学研究院	2010.11
148	华孝明	培养聋生的数学语言以及思维发展	三		
149	杨芳丽	区域融合活动初探	一	江苏省残联康复室	2010.12
150	沙志莲	打开多种链接，发展聋儿语言	三		
151	周晓花	浅谈聋儿语言康复中的数学教育	三		

续表19

序号	姓　名	论文标题	奖级	发奖单位	时间
152	陈丽萍	运用律动听唱教学，丰富聋生语言康复途径	一	江苏省陶行知研究会	2011.9
153	华孝明	交互式白板与培智课堂有效整合	一	江苏省教育学会特教专业委员会	2011.11
154	李佳佳	灵活运用多媒体，提高智障生学习英语兴趣	二		
155	李海涯	丰富多媒体，快乐英语课	三		
156	李佳佳	提高智障生英语学习兴趣三步曲教学	二	江苏省教育学会	2011.12
157	朱巧云	浅谈班主任如何提高听障学生幸福感	二		
158	张晓军	依托劳技教学培养智障生社会适应能力	三		
159	李静霞	智障教育从娃娃抓起	三		
160	计丽英	享受亲子共读的快乐，养成良好阅读习惯	三		
161	沈　燕	低年级智障生良好行为习惯养成四部曲	一	江苏省陶行知研究会	2012.9
162	夏红新	智障学生生活教育的探索	二		
163	邵雯霞	“生活化阅读”促进智障孩子行为习惯的养成	二		
164	朱巧云	“我要做大海里的一滴水”	三		
165	朱春霞	智障儿童的学习进步	三		
166	戴娅萍	特殊孩子的特殊进步	三		
167	李佳佳	心有千千结，有心就能解	三		
168	李海涯	取生活之泉，浇灌课堂生命之花	三		
169	杜菊英	“特别的爱，给特别的他”	三		
170	陈　蓓	儿歌，让生活更精彩	三		
171	居张洪	发挥特教学校资源优势，丰富聋生融合教育新内涵	一	江苏省教育科学研究院	2012.11
172	邵雯霞	“生活化”阅读促低年级智障孩子行为习惯的养成	二		
173	陈　蓓	从广告中读生活	三		
174	夏红新	分享阅读，开启智障学生阅读的新航程	三		
175	杜菊英	玩游戏，学美术	三		
176	朱巧云	在美术教学中培养听障学生的观察力	三		
177	朱丽娜	智障学生动作协调性的训练与研究	二	江苏省教育学会	2012.11
178	孟惟淼	应用微博平台，改变听障者未来	一	江苏省电化教育馆	2012.12
179	杜菊英	电子白板在智障美术课堂中的运用	二		
180	蔡雪霞	赏识，让迟开的花儿更美丽	一	江苏省陶行知研究会	2013.9

续表19

序号	姓　名	论文标题	奖级	发奖单位	时间
181	宋雨玲	实心实事打造聋校实效英语课堂	二	江苏省陶行知研究会	2013.9
182	沈　燕	生活让数学更有效	三		
183	朱春霞	智障学生英语口语能力激发的个案研究	三		
184	邹　蕾	分层教学——智障学生英语课堂的实践研究	三		
185	李佳佳	集体活动促智障生行为习惯的养成	三		
186	谈一宇	小小日记，大大舞台——谈指导聋生写日记的几点思考	三		
187	孙香娟	链接生活，触动心灵——智障生思想品德课教材创新的尝试	三		
188	杨芳丽	让幸福来敲门——浅谈智障生心理疗育策略	三		
189	张蓉芬	简约——培智数学课堂新追求	一	江苏省中小学教学研究室	2013.12
190	邹　蕾	注重口语培养，提升教学效果	二		
191	杨芳丽	好雨润物细无声	三		
192	张蓉芬	“微教育”：特殊学生行为习惯养成新探索	一	《现代特殊教育》编辑部	2014.4
193	夏红新	浅谈低年级段智障学生阅读能力的培养	二		
194	朱巧云	听障学生美术观察力培养刍议	二		
195	朱春霞	智障学生英语口语能力培养策略初探	三		
196	杨芳丽	读懂智障孩子的“潜台词”	一	江苏省陶行知研究会	2014.9
197	孙香娟	自信相伴，丰满成长的羽翼	二		
198	邵雯霞	从“去超市”主题活动看智障学生生活化教育的实施	三		
199	杜菊英	智障低年级美工课堂行为习惯的培养	三		
200	朱丽娜	智障生口语训练策略点滴	二	江苏省教育科学研究院	2014.11
202	孙香娟	“团体心理辅导”在智障思品教学中的有效运用	三		
203	杜菊英	从小抓常规，收获好习惯	三		
204	戴娅萍	分享从这里开始——智障孩子合作阅读的实践	三		
205	朱丽娜	在感统训练中培养智障生积极情感	一	江苏省教育学会	2014.12
206	张蓉芬	浅谈校长如何引领学校教育价值观的转变	二		
207	孟惟淼	合理利用网络资源，丰富听障生学习方式	二		
208	钱文亚	浅谈特殊学校体育训练	三		
209	张蓉芬	教学无止“境”，增效有依托——谈情境教学在特校数学教学中的运用	二	《现代特殊教育》编辑部	2015.6

续表19

序号	姓　名	论文标题	奖级	发奖单位	时间
210	朱丽娜	浅谈指导智障生阅读三步曲	二	江苏省陶行知研究会	2015.9
211	杨芳丽	让爱行走在风雨中——生活德育理念下智障生行为习惯养成的实例研究	三		
212	浦志萍	教学做合一促成长——浅谈听障一年级学生数学阅读能力的培养	三		
213	李佳佳	易兴奋自闭症儿童指令训练	三		
214	刘小燕	好习惯，越读越畅快——低年级段智障生阅读习惯的培养	三		
215	孙香娟	另辟蹊径，向智障生思品要品质——运用心理康复拓新智障思品教育的举措	三	江苏省教育科学研究院	2015.12
216	周凌艳	识音乐茶香——浅谈音乐课对聋儿康复的作用	三		
217	孙香娟	打好班级管理前三拍，领跑听障德育起跑线	二	《现代特殊教育》编辑部	2016.4
218	方红霞	智障走班生乒乓教学中选择视动协调练习的研究	三		
219	华孝明	聋校低年级数学作业错误成因及有效利用的研究策略	三		
220	钱文亚	“白痴天才”钢琴学习个案研究	三		
221	周凌艳	谈如何培养聋生的舞蹈表情	三		
222	刘晓华	在音乐活动中矫正智障生课堂退缩行为的个案研究	二	江苏省教育科学研究院	2016.12
223	刘晓华	例谈培智音乐教学参与式情境的创设	一	江苏省中小学教学研究室	2017.5
224	计丽英	智障手工活动“三个趣”——以手工活动《礼品袋的制作》为例	二		
225	朱巧云	去粗存精　锤炼线条——听障学生线描画指导个案研究	二		
226	华志明	Paper53在智力障碍儿童美术教学中的应用	三		
227	李海涯	巧用刻板行为　促进潜能提升	三		
228	李海涯	小游戏在自闭症儿童个训中的运用	三		

1996年4月至2017年6月，学校共有589篇论文在各级各类教科研论文评比中获奖。在2000年《江阴教研》（特殊教育专辑）上，刊登了聋哑学校和培智学校教师论文19篇。

第七章　康复工作

残障康复是特殊学校的特色课程。就先行的语言康复而言，从摸索尝试到开康复班，再由开班到成立康复中心，每闯过一道难关，每进入一个理想领地，都彰显了教师无私无畏的精神和与残障儿童息息相通的情感。乃至成立特教中心校后，同时为听障、智障两类特殊儿童消除生理或心理障碍的巨大付出。因此，学校的办学品位，也在康复工作的不断深化中日显提高。

康复班课堂教学场景

第一节　语言康复

语言康复是学校随复办之时便开始的。为了满足听障学生融入社会，与家长和他人能进行无障碍交流的需要，学校领导和教师一步一个脚印地为圆梦而不懈地努力着，听障儿童语言康复质量日益提升，交出了一份令社会赞赏、家长满意的答卷。

一、三段经历

（一）自觉尝试

复校初因受办学条件限制，虽不能开班进行语言康复训练，但还是先后请无锡市第二人民医院、江阴市远望医院的医生对低年级听障学生进行听力测试，并根据不同的听力结合教学或在课外，对他们进行语言训练。通过教师自觉的投入、潜心的尝试，使不少的听障学生能叫“爸爸”、“妈妈”，少数听障学生还会说极简单的话。

（二）开班实验

这种自觉尝试所积累的经验，逐步拓展了学校的教育思路，也催化了语言康复的起码条件。1993年6月，学校选派教师龚向华参加了由江苏省残联举办的语言康复师资培训班和手语提高班的学习，为开听障儿童语言康复训练实验班做好了师资准备。同年10月，首批招收了8名5—7岁的听障儿童，该月18日正式开班上课。1993年12月25日，市政府、市残联和市教育局在学校举行了语训实验班开办典礼。自此，学校的康复工作正式走上了规范化的轨道。但是，仍如龚向华当年在《我们正年轻　美丽的工作》一文中所说：“1993年，我开始接触聋儿听力语言康复训练，那时候听力语言训练在全国也是刚刚起步，在一无教材二无资料三无设备的情况下，我是摸着石头过河。”也正是这样，教师们在力求让“哑巴说话”的过程中，“一遍又一遍地纠正学生的口型，一次又一次地引导发音，让他们的小手放在我的喉部来感觉声带的振

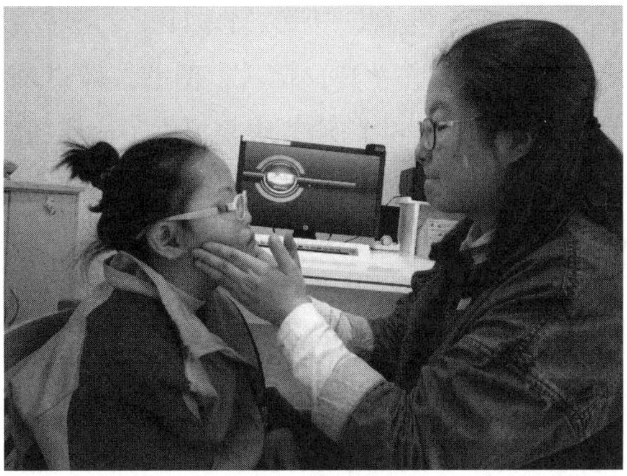

个别语训

动，让他们吹动我的头发来练习气息的控制，让他们照着镜子模仿我的口型来练习发音。喉咙嘶哑了，发炎了，嘴巴说干了，说破了，只是为了能听到学生比较清楚地说‘1、2、3；a、o、e’。”为的是实现“我的梦想”（鲍明芳《我们正年轻　爱在无声中延续》）。

一年后，学校添置了助听设备，但是语言训练的难度依然存在，正如副校长张蓉芬当年在《我们正年轻·站在特教讲台上》一文所写的：“我采取各种特殊手段引导他们用视觉观察老师的口型，并模仿老师的口型进行发音，有时，我甚至用手轻轻搭着聋哑孩子的颈部，使孩子从声带振动的比较上找出发音部位，发出声音。同时，我还运用现代化助听设备对他们进行说话训练，每教会他们一个音、一个字，都要反复教上几遍、几十遍，还要拼命地夸大口型。一节课下来，往往口干舌燥，两颊发酸”；经几年努力，“班上的章亚、王洁等同学基本上能和正常人进行语言交流……连平时很少说话的胡敏锋也抢着和我说话，让我真的好感动。”

经过数年探索，学校将语训实验班更名为语言康复班，并每班配备两名兼任正副班主任的语言康复教师、1名医师、一名保育员，开设的课程有语训、数学、科学、音乐、美工、健康、个训、游戏等。

（三）成立中心

为了更好地将语言康复工作推向深入，在江阴市残联、江阴市教育局的关心和支持下，学校决定成立听障儿童语言康复中心，由江阴市残联和江阴市教育局共同主办，隶属于江阴市聋哑学校，由学校教导主任兼任康复中心主任。2007年8月，经江苏省残联康复办公室、全国残联听障儿童协调办公室批准注册，面向江阴全市招收学龄前听障儿童入学，受训能力达3个教学班、20名以上学生，中心地点设在聋哑学校内，并划出独立用房面积达420平方米，活动场地面积达3000平方米。

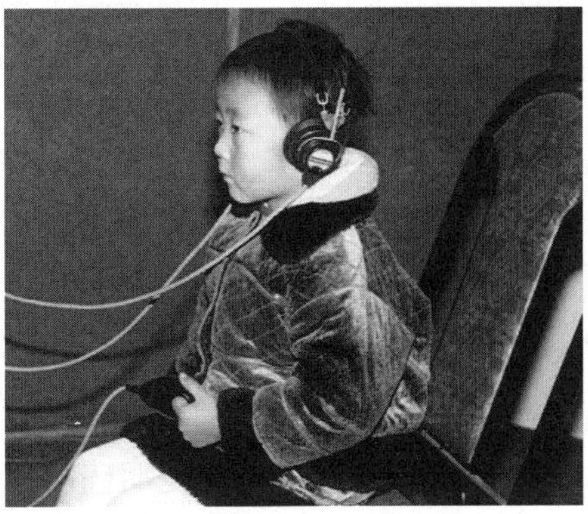

听力检测

语言康复中心成立后，根据学校工作的统一安排，坚持“以聋儿语言训练为主，以聋儿全面发展为本”的理念为引导，注重配套建设，力求内涵增进，聚焦课堂教学，凸现特色教育，充分地发挥了给听障儿童家长送福音的作用。

同时，随着语言康复事业的发展，中心设有教学、生活两大区域，建有集体语训室、个训室、听力检测室、活动室、休息室等专用功能室，配有纯音听力检测仪、声级计、FM调频系统、启音博士早期语言干预与评估仪；教室内配有电脑、电视、投影、DVD机、录音机、电子钢琴等电化教学设备，还有适合聋哑儿童年龄特点的教具、学具、玩具、图书、体育及游戏活动器材，以及感觉统合训练器材、蒙台梭利教学具等，为学生的语言康复提供了一流的语训环境和条件。

由于任课教师能充分利用这些现代化设施设备在语训教学中的功能，加之教师自身的不懈努力，经语训的听障儿童进入普幼、普小的比率基本达到40%以上的水平，年龄最大的已大学毕业并找到了工作。由此，家长送听障子女到接受语训康复的积极性日益高涨，而常年在训数保持在12—15名。后随优生优育率的提高，听障儿童人数逐年减少，现常年在训听障儿童数6—8名。

2008年9月，学校与杏春培智学校合并为江阴市特殊教育中心校后，康复中心将智障儿童的缺陷补偿也列入了康复项目，其训练内容涉及体能、人际沟通、认知、生活技能、感觉统合等，重点是对自闭症、运动技能障碍、情绪障碍的残障儿童少年，进行个别化训练和辅导。

听力语言康复中心汇报活动

2009年9月，省教育厅给中心赠送了运动康复器材、蒙氏训练器材和“启智博士”各一套，价值50余万元。2010年6月，在学校的统一安排下，中心向江阴市残联领导、在训学生家长举行了听力残疾语言康复成果汇报活动。同年11月，通过了江苏省残联对语言康复中心的达标验收。此后，每学年一次的家长开放及康复成果汇报工作形成惯例。

二、四个举措

（一）增强师资

听力语言康复工作走出的每一步都体现了教师内功的过硬。学校能在重视对全校教师队伍的思想、道德、业务建设的同时，着重对这支专业师资队伍进行精心打造，坚持用现代的教育理念武装，用教育科研引领，用教学实践锤炼，用教育成果鼓舞，使之形成了一支素质高、业务精的优秀教师队伍。所有教师和从事听力工作的人员，除持有合格学历外，都参加过全国残联系统听力语言康复专业的培训，并获取相应的结业证书。任职的5名教师中，有1人代表江苏省参加首届全国听力语言康复教师职业技能团体赛获三等奖，2名教师在江苏省听力语言康复教师职业技能大赛中分获二、三等奖，1名教师在无锡市特殊学校青年教师基本功大赛中获二等奖，1名教师获江阴市教学新秀称号。其中有1名教师还取得了教师和医生的双证。

（二）扎实教学

听障儿童入学后或是每当新学期开学，学校先做好两个方面的准备工作，一是对他们进行能力评估，即听觉能力评估、言语能力评估和言语听觉反应能力评估；二是给他们检测配器，即检测听力程度，提出验配助听器、有针对性地植入和维护人工耳蜗的建议。接着制订集体教学计划和个体教学计划，并将计划落实到每周、每月、每学期，然后按计划要求教师，进行有目标、有层次的教学。再由教师按中心下达的教学任务，为每个听障儿童量身定制更明确的教学目标和更详尽的教学计划，甚至细化到每天。

教学时，尽力使康复对象在良好的语言习得环境和尽可能多的实践机会中得到有效的训练。针对每个听障儿童的实际情况，采取不同的教学方法，遇到教学进展困难的对象，教师发挥集体智慧，一起讨论，共同献策，直至彻底解决难题。在教学的形式上，除上集体大课外，还有每人每天不少于半小时的个别训练。类似这样的训练，平均每个康复对象的康复时间都要在一年以上。

对智障儿童中的语言缺陷或失能者，学校总是通过临床诊断评估后，针对康复对象因构音器官先天性发育不完整，再加上错失了早期言语矫治和训练的机会，导致接近学龄时仍出现言语极不流畅，甚至发音不清等状况。指导任课教师运用“医教结合”“游戏施教”“人文情怀”等特殊教育现代化理念，不断优化教学的方式方法。

任课教师依据医学原理，从提高康复对象构音肌群的高级精细动作，促进构音器官运动的灵活性和协调性入手，运用口部运动训练器和多种生活材料，协助康复对象进行口部运动训练，分别是下颌训练、嘴唇的强化和运动；舌的刺激、强化和五种运动，即吮吸运动、伸展运动、舌尖运动、交替运动，向后运动。例如教师汤凤娟对有位叫周××的康复对象的训练过程，就是遵循了这一医学原理。她在一篇论文中写道：“周××的下颌非常紧张，打不开，发a音时似乎发ou或e，我借助辅助器蝴蝶上的圆圈塞在她上下牙齿间，使她下颌能够充分打开，再引导她发出a的声音，并鼓励她大声的发a，然后循序渐进，延长发a—e—i的音，最后要求稍快地将a、e、i进行转换。”经过较长一段时间的训练，终于使“周××发音时间由原来的3秒到现在的17、18秒了，难得还能21秒呢。”接着，针对她嘴唇肌力弱，双唇音、送气音不能发挥嘴唇力量的缺陷，汤凤娟让他“用嘴唇将压舌板夹住，拉纽扣，模仿大笑，感觉酸的表情；亲吻、微笑、皱眉、吹哨子等神态，进行唇部的强化和运动训练。”经过两个多月的训练，周××的“b、m和p能比较清楚，有力地爆竹似地发出来了。‘吃葡萄’原来只会说成‘butao’（不会送气），‘背包’原来只会说成‘背背’或‘包包’（双唇不会转换）等，现在都能比较正确地说出来了”。汤凤娟还运用如情景游戏、图文读写、人文关怀、热情鼓励等手段调动类似于周××的康复对象的说话兴趣和主动性。不仅使16岁的周××“越来越乐于表达了”，连重度智障的孔××也回归了正常人行列。

（三）巧法辅教

无论是对听障生还是对智障生的语言康复，学校都十分注重运用巧妙的方法辅助教学，从而取得学校与家长“双赢”的效果。

一是与普幼挂钩。自1993年开办语言康复实验班起，便与西郊中心幼儿园挂上了钩。每周利用三个半天时间，让康复班听障幼儿到西郊中心幼儿园进行随班就读的适应性学习。两年后，发展到在每周三个半天的时间里，让康复班的听障幼儿与西郊中心幼儿园的幼儿一起上课，一起开展游戏活动，从而受到正常幼儿各方面的感化。自1997年9月起，学校调整康复教学的工作思路：（1）尝试先上学前班再上一年级，让低年级有残余听力的学生逐步佩戴助听器，强化语言训练。（2）期初制定康复训练计划和目标，分聋和重听实行分类教学。（3）对听力较好的学生进行个别语训。随之，开设听障儿童随班就读点，教师进行巡回听课辅导，并建立听障儿童回校日，加强对他们进行个别的强化辅导和训练。此法，较好地辅助了语言康复课堂教学的按需开展，同时促进了康复对象语言表达能力的相应提升。

二是引导家长参与。为取得家长的密切配合，1997年10月起开办了家长学校，有计划地给家长传授听障儿童家庭康复的知识；帮助家长克服在指导自己子女语言康复过程中所产生的急躁、冲动、灰心的情绪；激发家长多进行换位思考，体谅自己子女的心情；倾听家长对学校康复工作的意见和建议。家长学校每年开班5次，另有两次向家长的汇报演出。除此之外，教师还通过电话家访、问卷调查、家长作业等形式，让家长了解他们的子女在校一日的情况。在家长们的积极配合下，听障儿童的语言康复工作始终保持着顺利进行的势头，其教学目标也就如愿达成了。

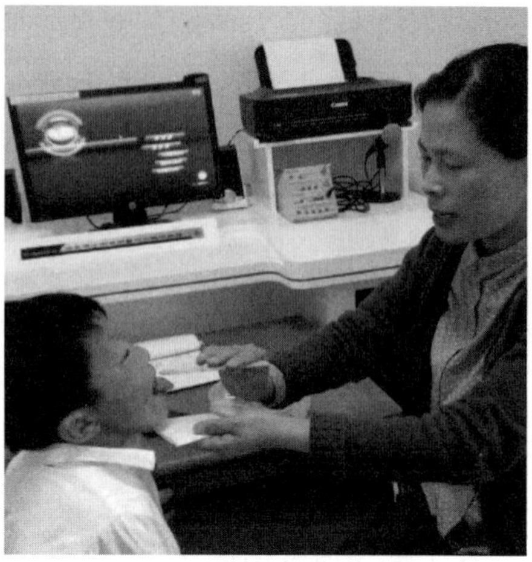

个别教学

对智障儿童的语言康复，也能如对听障儿童一样，积极寻求家长的配合。

三是寓教育于活动之中。配合教学，教师还经常性地组织康复对象开展多种活动，诸如对智障生开展故事棋牌游戏“过木桥”“藏宝图”“上云天”“爬长藤”等时，首先引导学生用猜拳游戏决定谁先走棋，然后带领学生一边听童话故事，一边投掷骰子，按骰子上的点数，将棋子向前移动数格，并根据棋面提示完成舌的刺激训练，包括用压舌板刺激舌尖、舌面、舌两侧等训练活动，待棋子走到终点谁获胜就给谁奖励或鼓励。还有读写游戏，即根据既定的词，在布袋卡片上写上同声母的单音节或多音节的词，让学生辨别练习。游戏中，学生兴趣十足，快乐异常，完成后很有成就感，康复的进步也就大了。

（四）建好档案

不管康复对象的流动性多大，教师始终做好他们的康复档案，并做到一人一档，包括各类计划、教学过程、个训详情、效果评估、案例分析、语训总结以及相关教学资料，也包括对家长有针对性地进行指导的记录。这些档案的建立，大大地推进了科研工作的相应开展，使得语言康复工作，越来越个性化、科学化、优质化。

第二节　智力康复

智力康复工作在杏春培智学校办学期间便已启动，其并入聋哑学校而成立特教中心校后，这项工作便由初级阶段迈向了中、高级阶段，获得了社会及家长的赞誉。

起初，由于没有专业的康复教师和康复器材，没有专门的康复课程设置和专用教室，教师们只能在日常的课堂教学中利用一些简单的教学具进行矫正性训练，在体育课和课外活动课上利用体育组合器械进行运动康复训练，从而培养并促进智障儿童的智能发展。

2005年和2006年，学校分别购置了感觉统合器材和蒙台梭利器具，设立了康复训练的专用教室，由刚毕业于南京特殊教育师范康复专业的教师朱丽娜担任专职康复教师。自此，培智学校的智能运动康复工作才真正走上了科学规范的轨道。在1—6年级开设了每周2节的康复课，选择智障程度较重的学生进行个别训练，还接纳来自普通幼儿园的一位小朋友进行亲子康复训练，得到了这些孩子家长的配合和良好效果的反馈。在两年的时间里，朱丽娜先后两次参加了南京特师组织的感统训练专业培训，取得了初级、中级感统训练师的结业证书。她还对学校全体教师进行康复专业教学技术培训，提高了专任教师的康复共识和专业水平。

感统训练

感统教室

随着特殊教育中心校的成立，重度智障学生和类别明显增多，康复任务更为艰巨。为使智障儿童的康复工作更加科学规范，更好适应这些智障儿童家长对康复效果的期待，学校就乘2013年11月成功申报江苏省特殊教育发展工程“医教结合”实验项目为契机，除每天下午安排智障低年级学生到江阴市残疾人康复中心进行运动、智能等方面的康复训练外，还把部分中、重度智障儿童集中到学校康复中心进行重点训练，目的是使他们的行为和心理能尽快地得到科学的矫正。

自此，学校更加侧重于对自闭（孤独）症和感觉统合失调智障儿童的康复探索，并积累了有效的操作方法，取得了一定的效果。

一、矫治自闭症

（一）成立评估组

评估组成立于2014年12月，组长为夏红新，成员有孙香娟、朱丽娜、李海涯、李佳佳等。评估组成立后，在南京特殊教育学院王辉教授的技术指导下，运用评价量表对疑似自闭（孤独）症儿童进行科学测评。

（二）强化个训

针对患自闭（孤独）症儿童的各自特点，在上好集体康复课的同时，更强化了对他们的个别训练。因参加个训的儿童情况特殊，或情绪多变，或行为异常，或孤僻古怪，或注意力不易集中，或不愿交往，而且除了有逆反共性外，个体品性有明显差异。为能达到训练目标，教师都能耐着性子，循循善诱，凭各自的训练技巧，唤醒他们尚处蛰伏的心灵。教师运用的训练技巧，大致有以下几种：

1.营造氛围。无论是集体课还是个训课，教师都能营造出宽松、亲和的课堂氛围。这种氛

精细动作训练

围出自教师讲课内容和教学语言的趣味性，以及教态的慈爱性，使受训儿童能在无意中解除心理上的先天戒备，能较自然地融合于这样的训练氛围之中。

2.培养兴趣。教师能遵循美国教育家杜威关于“兴趣是生长中的能力的信号”的论述，抓住“兴趣”是自闭症康复对象症结所在的核心缺陷，悉心发现并因势利导地培养他们的训练兴趣，从而提升他们的好奇心，形成好胜心，最终转化成正规的好动型。正如李海涯在《自闭症个训课教学初探》一文中所写的：“在要求自闭症孩子去学会一件事或一个技能以前，我总是先了解他的爱好，尤其是潜心发掘他的兴趣。例如有个孩子喜欢汽车，于是就围绕‘汽车’制定了训练计划，用不同颜色的汽车教他区分颜色；在区分常见物品时，我也请‘汽车’来帮忙，即和他一起做给‘卡车’装货的游戏，边‘装货’边教他所装物品的名称，不但吸引了他的注意力，还使他从中寻到了乐趣，而且师生之间的交流和配合也显得亲密无间了。类似这样的游戏，活动开展的次数多后，他喜欢与人交往的欲望也就由此而渐渐变强了。”

3.将自身作为强化物。教师都将自身的形象，即自己在自闭症孩子心目中的位置，看作为开启他们心智的最佳强化物，所以特别注重与他们的初次接触，清除因陌生而产生的惧怕心理。在以后的相处或个别训练中，总是设法迎合他们的心理需求，即使与自己的训练计划有悖，也总是先顺风转舵，再扳艄归向，从不做自闭症学生意趣的“剥夺者”。

4.恰当利用刻板行为。针对自闭症学生偏爱重复机械性刻板行为，诸如遵守固定的作息时间、坚持固定的饮食起居、重复同样的行走路线、喜听同一种声音或节奏，认定同一类颜色或式样的衣服，热衷于某一种教学活动等特点，老师能运用科学的原理，因势利导，将学生的某种刻板行为，通过游戏化为促使其能力提升的良好平台。还是以李海涯的施教为例，当她认定了有个学生的“刻板游戏物”是“球”以后，便以“球”为传媒，用球在他的手上或身上轻轻按压，使他的身心得到兴趣上的满足后逐渐放松，再是把球慢慢地滚到他身边，并微笑着对他说“给你”。经过一段较长时间的互动训练，学生的注意力得到了明显改善，手眼协调及跟教师的沟通能力也日渐提升。

当学生的一种刻板行为转变后，往往会出现新的刻板行为。此时，教师总能持之以恒地不断改变游戏形式，用新的情景去感化孩子，只要孩子有一点微小的进步，就及时给予强化，学生的心门也就在教师们不厌其烦的训练之中，自然而然地打开了。

二、矫治感统失调

感统失调是指大脑功能失调，机体不能和谐运作，常规表现是本体感觉失调、前庭感觉失调、视觉系统失调、听觉系统失调以及触觉系统失调。学校针对这类智障生的特点，着力从低年级抓起，以弥补因先天或家庭早期教育不当而造成的缺失。为了达到让这类智障学生能各得其所地不同程度得到矫治的目的，每学期期初教师都会采用日常目测法、问卷调查法和临床观察法，对他们进行系统有效的评估，并做好个体档案记载，从而有利于准确制定感统失调群体或个体的矫治计划，使康复训练乃至医治更富有针对性和有效性。

有针对性的康复训练是指导和帮助感统失调学生逐步得到矫治的重要途径之一。而精选合适的内容、注重训练的阶段性和连续性的传递渗透，巧妙设计并自如应用如下四种训练模式，尽力达成让康复对象的机体发生由量变到质变的点滴转化。

（一）游戏介入

教师把在康复训练中首先介入游戏环节，视为增强感统失调儿童有意注意去参与学习活动的心智补品，故而有意安排角色扮演游戏和竞赛类游戏就可以较好的培养学习兴趣和情感体验。例如：在角色扮演游戏“交通红绿灯”中，让学生扮演的小小驾驶员们要遵守交通规则：红灯停，绿灯行。当看到教师举起“红旗”时要马上停止不动，当看到“绿旗”时就继续行走。又如：在竞赛类游戏“摘果子”中，教师设计了“走小桥（平衡木）”的游戏环节，此时多数学生比较害怕，有些抗拒。教师就用竞赛的游戏方式鼓励他们先走过小桥，再去摘果子，比一比谁摘的果子多。

（二）创设环境

感统训练需要适宜的场地和丰富的材料予以刺激，还需要创设安全、舒服和温馨的环境，这样才能引发受训学生主动参与的积极情感。

1.合理规划空间。学校感统训练室的墙体下面均是软包装，为学生的训练提供了安全保障，而室内的训练器材很多。为保证每次训练的顺利展开，教师就把大型、不易搬移的器材，固定放在一个区域；把容易组装的器材拆分后放在其他区域，到下次用时再临时组装。这样虽然有些麻烦，但学生们在这样的环境里上课训练，非常开心舒适。

2.有趣组合器材。色彩鲜艳、形状各异的器材，每种都有独特的训练功效。但仅仅是玩弄一种或两种，就会觉得枯燥、刻板、单一，不生动，不快乐。把几种器材适当地组合，学生就能趣味无穷，乐在其中。比如在“我长大了”集体课中，老师就根据人的成长特征来设计了以下的组合：小时候会爬（平衡步道），长大了会走（梅花墩）、会跑（绕插棍跑），还学会了跳跃（跳体能圈）。这样的有趣组合，让学生参与了一个整体性的训练。

（三）目标激励

针对学生自我激励意识较弱的特点，教师为学生个体确立激励目标，让学生通过“跳一跳”，去达成这个目标。如：进行滑板训练时，动态分“仰卧位、坐位、蹲位”三种姿式，根据学生的能力不同分别制定了如下目标：平地滑行（前进、倒退）、瞪墙滑行、滑板结合滑梯。完成这些目标后，学生都感到“我能行”，不同程度地获得了成功的体验。

在培养学生自我激励的同时，教师的激励评价和学生的自我评价都起到了举足轻重的作用。平时，教师在上集体课和个训课时，多说一句话（你能行、你一定会做好的、真是好样的、没关系）、给一个眼神和一个不经意的动作，都唤起了学生的自信心，得到了渴望成功的体验。在一次次的训练中，当学生学会了一个动作时，教师就即时表扬并要求跟着教师说：

“嘿嘿，我真棒！”用引导学生自己鼓励自己的方式，让学生学自信。

（四）自我认同

因智障儿童的感统失调导致自我认同感普遍缺失，表现为：对自己的行为无法控制、遇到挫折容易放弃、自我评价值较低等等。据以此，教师努力在感觉统合训练中找方法，从帮助学生认识自我、悦纳自我两方面入手，以学校和家庭为平台，以“阳光伙伴、认识自我”和“温馨家庭、悦纳自我”为主题，在日常的学习生活中融合于细小行为的观察和矫正，使学生逐步养成活泼、开朗、热心、自信的良好心理品质，从而产生良好的自我认同感。

第三节　医教结合

通过20余年一步一个脚印的实践和科研，学校在总结此前经验的同时，产生了走一条创新之路的设想。2013年11月，为顺应特教事业飞速发展的形势需要，学校成功申报了江苏省特殊教育发展工程“医教结合”实验项目，并与医疗康复机构——江阴市残疾人康复中心签定了“教医结合”合作协议。为规范开展实验工作，学校建立了一整套运作机制，并制定了具体实施的规程。

一、组织网络

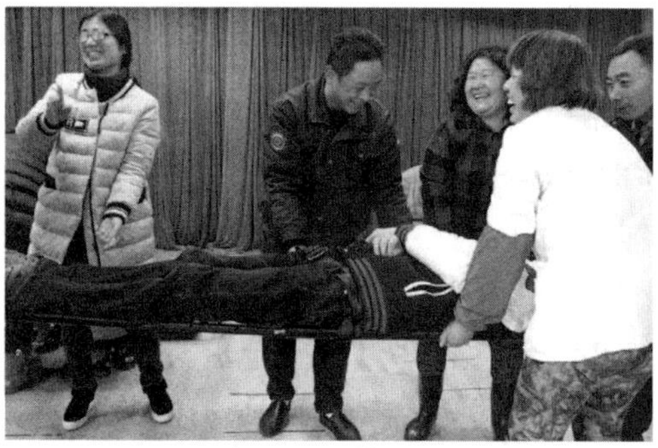

教职工急救技能培训

（一）成立领导小组

领导小组由江阴市教育局牵头组成，其成员为江阴市教育局部门负责人、江阴市残联康复工作负责人、江阴市合作医疗机构负责人和江阴市特殊教育中心校校长。教育局统筹制定本市特殊教育事业发展规划，落实师资配比，指导开展课程建设和师资培训，对实验过程进行管理和监督；合作医疗机构负责与学校共同研究制定“医教结合”实施方案并参与落实，同时对残障学生进行检测、筛查、评估，做好“一生一档”的残障儿童信息采集，建立残障学生资料库，从而组建“一对一”的指导医生团队及对管理和培训，为康复训练提供专业支持。学校校长负责“医教结合”的项目申报、具体实施和总结工作。

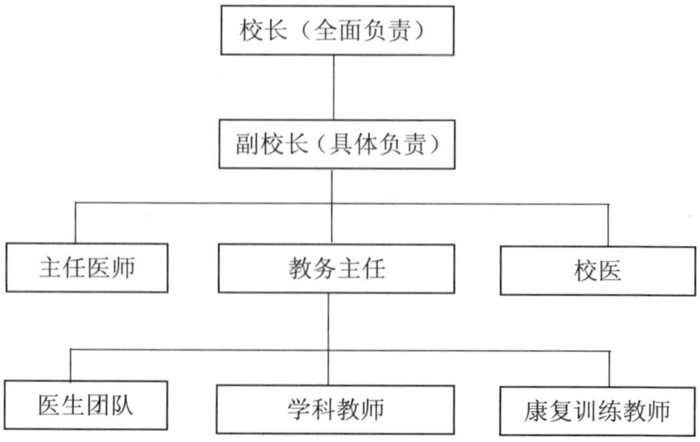

（二）明晰管理流程

在领导小组下，组建实施工作小组，其由学校领导、医生团队、特校教师、校医和康复教师组成，其管理流程为：

（三）配备精良队伍

1.特聘专家：

谈秀菁，女，南京特殊教育学院教授，授予教育科研方法指导。

王辉，女，南京特殊教育学院教授，授予特殊儿童诊断与评估指导。

李晓庆，女，南京特殊教育学院副教授，授予言语与沟通训练指导。

2.选配医生：

李秀凤，女，江阴市康复中心主任，主管护师，负责医生团队组织与管理。

万鸽，女，江阴市澄江康复医院心理咨询师，负责心理咨询。

秦丹，女，江阴市澄江康复医院运动康复治疗师，负责运动康复训练。

沈敏慧，女，江阴市澄江康复医院运动康复治疗师，负责运动康复训练。

周积江，男，江阴市澄江康复医院运动康复治疗师，负责运动康复训练。

3.专业师资：

彭芳、鲍明芳、龚向华、浦志萍，兼教且注重学龄前听障儿童的语言康复研究。

孙香娟，兼教且注重心理健康和心理治疗研究。

朱丽娜，兼教且注重脑瘫儿童的康复研究。

李海涯、汤凤娟，兼教且注重自闭症儿童的康复研究。

二、实施规程

（一）实施对象

主要针对14周岁以下伴有言语功能障碍的聋哑少年儿童、脑瘫少年儿童，以及在情感和心理上存在障碍的自闭症少儿等三类特殊少年儿童。

（二）课程设置

1.基础性课程：以国家教育部颁发的《特殊教育学校义务教育课程设置实施方案》规定的一般性课程为参照设置。

2.发展性课程：开设了信息技术、日常英语、工艺制作、民乐演奏等。

3.康复性课程：开设了脑瘫康复，语言训练、感知运动、心理健康等。

（三）教学模式

采用了“x+y+z”的医教结合综合康复课程教学模式。“x”指学生全员参与的集体教学；“y”指类型教学，即把不同类型的残障少儿组织起来，开展了多种形式的小组康复教学和优势发展教学；“Z”只对重度残障学生进行抽离式“一对一”的个别治疗，或安排他们到江阴市残疾人康复中心进行医学模式下的言语、物理、作业、心理等治疗，每周一、三、五市康复中心安排专车接送学生，到康复中心接受专业医生的康复训练，周末还可以在家长陪同下到中心进行治疗。

（四）操作原理

学校探索并总结出了“以‘教’为主，‘医’为‘教’用”的操作原理。即当医则医，当教则教，医中有教，教里融医；医为教用，教需医辅；医教结合，科学发展。

正是由于坚持了“以科研促教学”，使康复评估率和建档率均达到100%，聋儿佩戴助听器或植入人工耳蜗率达100%；康复训练总有效率达90%以上，家长对康复的满意率达95%以上；回访跟踪服务率达60%以上，完成江阴市残联下达的康复训练指标任务率达100%以上。还与市康复医院和金钥匙启智中心合作，承担了全市听力语言的康复培训工作。

“医教结合”研讨会

三、条件保障

在原有的基础上，增设了测听室、助听器验配室、蒙氏室、康复评估室、综合康复室、卫生保健室、单训室两只等专用教室；增配的仪器设备有听觉言语康复评估器具和言语听觉反应评估器具各一套、听力语言评估教学仪和实时言语矫治仪各一台。IPad10部、希—内学习能力测验量表一套，还为每个学生都配备了助听器各一副。

四、初见成效

四年多来，学校积极扎实地开展“医教结合”实验项目，项目组深入推进“医教结合”机制建设，创新“医教结合”实践模式，在学校、医院、家庭三方的共同努力下，取得了明显的成效。

（一）评估结果

到目前为止，已经有58位学生参与“医教结合”的项目。学生的各方面功能在原有基础上得到了一定的改善。通过记录治疗前后孩子的功能状况（主要评估内容包括最大步行距离、上下五楼所需时间、日常生活能力ADL评估、构音语音能力评估、社会适应能力评估），得出：治疗有效率达90%，其中70%患儿在各方面进步明显，家属满意度达95%。

（二）形成机制

建立了医疗教育相结合的工作机制，初步探索出适合学校实际的“医教结合”特殊教育模式。“医教结合”已成为江阴市特殊教育迈上新台阶的重要标志，它改变了以往医疗手段与教育手段分轨而行的弊端，而是兼顾教育和康复的要求，使两者有机结合，实现效益的最大化。

（三）获得经验

在个性化教学中，形成了特殊儿童“医教结合”个别化教育方案设计及实施的有效经验成果。

（四）积累资料

构建了教育与卫生、残联等部门医教结合的保障机制，积累了大量包括学生档案、康复校本教材、案例分析、论文教案等在内的文本资料。

语言康复班历年任教老师、新生和康复后随班就读名录表

表20

年份	班别	康复班老师	新生姓名	康复后随班就读
1993.10至1994.7		龚向华 卫琴华	男：张伟淳　王　洁　徐　璐　陈　钟 女：许晓燕　范仲兰　庞　燕　章冬芳	普小：张伟淳
1994.9至1995.7	1	龚向华 卫琴华	男：章晓鹏　范林刚　朱　强　钟　凯 女：章　亚　朱　娜　余来娣　徐敏蕾　徐倩玉　夏晶雯	普小：夏晶雯　徐倩玉
	2	杨芳丽 许丽珍		
1995.9至1996.7	1	龚向华 卫琴华	男：黄　栋 女：吴　萍　蒋　菁	普小：吴　萍
	2	杨芳丽 许丽珍		
1996.9至1997.7	1	龚向华 彭　芳	男：黄飞剑　薛　鹏	
	2	卫琴华 许丽珍		
1997.9至1998.7	1	龚向华 彭　芳	男：时　晓　解　炀　周　奇　顾晨涛　徐　鸣 女：张丹萍　洑文婷	普小：顾晨涛
	2	卫琴华 许丽珍		
1998.9至1999.7	1	彭　芳 卫琴华	男：夏　新　陈晓峰 女：庞宇玉　陈　磊	
	2	许丽珍 鲍明芳		
1999.9至2000.7	1	彭　芳 许丽珍	男：周　奇　刘嘉成　郁宏杰 女：江　婷　朱双双	普小：朱双双
	2	龚向华 鲍明芳		
2000.9至2001.7	1	彭　芳 孙香娟	男：周少华　徐鑫栋 女：蒋　芮	普小：徐鑫栋
	2	龚向华 鲍明芳		
2001.9至2002.7		龚向华 鲍明芳	男：包莲峰　朱　伟 女：朱　婷　沈雨薇	普小：沈雨薇
2002.9至2003.7		彭　芳 孙香娟	男：柏文兴　承　天　杜文磊　戈雨彤　谢　程 女：吕冰莲　吴　静	普小：戈雨彤　吴　静
2003.9至2004.7		彭　芳 孙香娟	男：潘　佳　肖烨东　江　汉　卢永洁　薛　柯 女：江　静	

续表20

年份	班别	康复班老师	新生姓名	康复后随班就读
2004.9至2005.7		彭　芳 孙香娟	男：徐铁男　吴　晨 女：潘晓敏　杨欣雨　张　琪　刘聆澜	普小：徐铁男 刘聆澜
2005.9至2006.7		龚向华 陈　蓓	男：吴　彬　陈欣宇　许桑尔　何张超　李万佳 女：周茜婷	普小：李万佳
2006.9至2007.7		周晓花 宋雨玲	男：胡　凯　王　炎　徐奕鹏 女：陈凌婧　周聪颖	普小：徐奕鹏 周聪颖
2007.9至2008.7		周晓花 陈　蓓	男：翟志远　贡　华　夏　涛　钟志涛 女：姜　薇	
2008.9至2009.7		杨芳丽 彭　芳	男：胡　骁　吴成龙　夏家永　庄仔羊 女：贺　庆　吴玉娟　沈　阳　沈龙天	
2009.9至2010.7	1	沙志莲 彭　芳	男：龚海涛　冯子晨　范佳枫　苏浩雷 周雨杰　徐镇洋　顾雨豪　冯恩泽 王福鑫　夏俊伟 女：蒋怡帆　花云舒　刘右宜　沈昕怡 申依文　马震雁　轩　萱	普幼：龚海涛　冯子晨 蒋怡帆　花云舒 刘右宜　沈昕怡 冯恩泽　王福鑫 夏俊伟 普小：范佳枫　苏浩雷 申依文　顾雨豪
	2	杨芳丽 周晓花		
2010.9至2011.7		彭　芳 李静霞	女：邢可轩	
2011.9至2012.7		彭　芳 浦志萍	男：王泽浩　陈　镶　贡宇杰　王可鑫	普幼：王泽浩 普小：王可鑫
2012.9至2013.7		彭　芳 鲍明芳	男：汤思琪　张依凡　沈新磊　潘宇辰 蒋乐思　李嘉晟　徐宇浩	普幼：张依凡　蒋乐思 李嘉成　徐宇浩 普小：汤思琪
2013.9至2014.7		彭　芳 鲍明芳	男：顾涵轲　张鸿皓	普幼：顾涵轲
2014.9至2015.7		彭　芳 鲍明芳	男：李　博　潘江彬　薛翌蘅 女：范　瑾	普幼：潘江彬　薛翌蘅
2015.9至2016.7		彭　芳 鲍明芳	男：赵君浩 女：顾紫芸　李伊辰	普幼：赵君浩
2016.9至2017.7		彭　芳 鲍明芳	男：余晨菲阳 女　袁梦茹	
累计			129人	39人

听力语言康复中心成果汇报演出节目单

表21

节目顺序	节 目 名 称	演 员 名 单
1	开场舞蹈：《水果娃娃》	贺　庆　钟志涛　轩　萱　吴玉娟　许桑尔　吴成龙　沈　阳
2	诗歌朗诵：《春雨》等	周雨杰　顾雨豪　冯子晨　夏家永　龚海涛　夏俊伟　蒋怡帆
3	舞蹈：《蜗牛和黄鹂鸟》	贺　庆　钟志涛　轩　萱　吴玉娟　许桑尔　吴成龙　沈　阳
4	快板：《开铺子》	周雨杰　顾雨豪　冯子晨　夏家永　沈龙天　龚海涛　徐镇洋　蒋怡帆　夏俊伟
5	手语诗朗诵：《夏天的歌》	贺　庆　钟志涛　轩　萱　吴玉娟　许桑尔　吴成龙　沈　阳
6	歌表演：《打电话》《我的好妈妈》	龚海涛　徐振洋　蒋怡帆　夏俊伟　申依文　周雨杰
7	儿歌串烧	轩　萱　吴成龙　申依文　沈龙天　夏家永　冯子晨　顾雨豪
8	手语歌：《爱的人间》	贺　庆　钟志涛　轩　萱　吴玉娟　许桑尔　吴成龙　沈　阳
9	歌伴舞：《数鸭子》	周雨杰　顾雨豪　冯子晨　夏家永　沈龙天　龚海涛　徐镇洋　蒋怡帆　夏俊伟
10	集体舞：《小红花》	中心全体幼儿

第八章　办学条件

学校的办学条件，无论是在聋哑学校时期，还是在杏春培智学校阶段，乃至两校合并为特殊教育中心校以来，可谓是逐步完善的。实现了从简陋，到标准再到优质化的历史跨越，见证了政府和各界不断重视、关爱和支持特殊教育事业的发展历程。

第一节　基础设施建设

一、校舍建设

1987年新建“育芽楼”

1958年12月，江阴县人民政府劳动科（局）初创特殊学校时，仅依托私房公改的原住宅平房29间，经过3天时间的改造，才有了教室6间、教师办公室3间、宿舍10间，以及厨房、食堂、厕所等用房。1961年，因贯彻执行调整方针，年底学校停办。1978年7月，由江阴县文教局依据苏州地区教育局的指示，以原马镇中学迁址后留下的东半部为复办的校区，当时有3排32间平房。在对这些房子进行大修的同时，新建了围墙、校门、门房、厕所、浴室等设施。

为解决聋哑学校校舍紧缺的问题，经县文教局批准，学校先后于1980、1981年两年，扩建两层宿舍楼13间。1983年12月，又将原马镇中学西北部的13间旧平房划归聋哑学校使用。1987年 3月，经县文教局批准拆除学校先前划得的第三排危险平房，新建13间三层教学楼一幢，于1988年5月竣工，命名为“育芽楼”。至此，建筑总面积达到2386平方米，基本满足了教学、生活、活动之需。

1992年8月，聋哑学校迁址城内原西郊中学校区后，原建筑面积约为3530平方米，有两幢三层楼共75间，其中南面一幢用作师生宿舍，北面一幢用作教学区，还有破旧平房30间。其后的一年多时间，又新建了锅炉房、门房，以及8间两层、面积为919平方米的食堂楼，底层为厨房和师生餐厅，二层为礼堂和浴室。至此，学校建筑面积达4000平方米。

1995年新建综合康复楼

1995年5月，新建综合康复楼一幢987平方米。主要功能是多功能阶梯教室、康复教室、律动室、理发室、书法室、电脑室、小会议室、校史陈列室、男女厕所等。

1996年上半年，搭建宿舍楼到食堂楼的过道142平方米和简易车棚50平方米。1997—2000年，为宿舍楼安装了防盗门窗，翻建了自行车棚，还扩建了门房，使之由20平方米增至30平方米，学校的总建筑面积达到4915平方米。

原杏春培智学校旧址

培智学校初办时为租用民房两间，后搬迁至澄江镇杏春小学校区，时有9间两层的教学用房一幢，还有生活辅助房5间和厨房两间的平房，另有简陋男女厕所各一间，建筑总面积约为1800平方米。1990年年初，在原两层楼房上加建一层近250平方米。1996年，在操场两侧搭建轻钢简易仓库房6间，加上原有旧平房共20间左右，对外出租以解决办学经费之不足。2008年，杏春培智学校撤并。

两校合并前，原聋哑学校新建综合大楼5000平方米，扩建了食堂楼，使建筑总面积达10500平方米，满足了各类专用教室的设置需要。

2009年，根据上级要求，江阴市全面启动校安工程。2010年年初，市校安办组织江阴市建筑设计研究院有限公司对学校校舍进行了安全抗震鉴定，鉴定结果指出：学校1幢综合康复楼、2幢教学楼（建筑面积为3327平方米）安全评定为D级危房，存在重大安全隐患。根据澄校安办函〔2011〕8号通知精神，上述三幢大楼于2011年7月停止使用，并于2013年年底拆除。根据规划，学校新建一幢综合大楼（5000平方米，总投资2356万元），2014年4月开始施工。但在工程施工过程中，因周边居民的阻挠于同年5月停工。这样就造成了学校教学用房紧缺，无法招收新生；专用教室也缺很多，无法为学生进行康复训练；教师也无办公场所，严重影响了正常教育教学秩序。江阴市委、市政府及教育局领导多次调研，审时度势，为了特教中心长远发展，决定异地新建特殊教育中心校。江阴市发展和改革委员会下发澄发改〔2016〕14号文件《关于中止市特教中心校综合楼建设项目的审核意见》。《意见》明确了学校现占地面积13492平方米（约20亩），建筑面积5773平方米。同时提出了适时启动特教中心校易地新建规划。根据《江阴市域教育设施布局规划（2017-2021）》，项目地址位于江锋路与衡山路交叉东北侧、澄西船厂南面，规划占地约51亩。《意见》还提出，在易地新建学校完成之前，建议在校空地上搭建轻钢结构临时过渡房，作为行政办公用房，预估经费185万元。学校根据《意见》精神，于2016年暑假搭建了轻钢结构临时过渡房600平方米，主要用于行政办公、大小会议室、爱心超市等。

二、教学设施建设

（一）教室用房

聋哑学校1958年初办时的教室为民宅改用，不仅采光不足，也无走廊。到马镇北渚复办始，有了带走廊的标准教室，且拥有800多平方米的教室用房，且由平房变为楼房。搬迁至城内原西郊中学内后，教室用房随招生数的扩大而增加，由刚搬入时的单独一幢约近1400平方米的教学楼一幢，至2008年，因杏春培智学校的并入，新建5000平方米的教学兼宿舍楼一幢，其中教室占有面积为 1240 平方米。

杏春培智学校初办时如聋哑学校初办时一样，为租借民房当教室，迁至撤并的杏春小学后，2008年7月，拥有教学用房总面积约为600平方米。

在北渚时聋哑学校走廊

（二）教辅用房

教辅用房，即除教室用房外，与教学有关的辅助用房。聋哑学校初办时，除教师办公室外，没有教辅用房。到马镇复办初期，无师生活动室，图书和医务合用一室，体育器材堆放在饭厅的一个角落里，律动课因无场所只得不开，乒乓兴趣小组也只能在饭厅里的饭桌上练球。1983年12月，原马镇中学原西北部的13间平房划入后，尤其是1987年平房教学区翻建成楼房后，有关最基本的器材室、图书室、医务室、活动室及群团组织办公室，才得以从紧安排。搬进原西郊中学后，教辅用房应该说还是比较富足的，加上以后逐年的完善，先后增建了缝纫、理发（美容美发）、烹饪、电脑、劳技等5个职业教育训练室；食用菌栽培大棚两个；语训室、律动室、图书阅览室、微机室、实验室、多媒体教学室、听力检测室、美工室、小修理室等15个专用教室；“希望之声”电视台、演播室以及健身房、乒乓室。成立特教中心后，又先后增设了音乐室、美术室、书法室、体能训练室、电子阅览室、康复训练室、康复卫生保健室、康复评估室、感统训练室、蒙氏室、听力个训室、配有标准寝室和厕所的康复班大教室、仪器室、家政室、多功能电教室、烘焙室等专用教室，可谓是一应俱全。

特教中心校崭新的教室

杏春培智学校撤并前，曾拥有电脑室、电教室、烹饪室、感统（包括孤独症训练室和脑瘫儿童康复室）、劳技室、家政室、多媒体教室、学生午休室、音乐室等。

新建板房行政办公区门厅

（三）体育场地

聋哑学校初办时，无操场，仅有一个不大的天井，作为仅有的学生活动场地。在北渚时，原马镇中学留下的泥质操场，差不多200米的环形跑道，10年后才在跑道上铺了煤渣；操场上有沙坑一个、篮球架一个等。搬至城内，新建了篮球场和运动操场各一片，添置了篮球架一个，竖起了单杠、双杠，同时翻新了200米环形跑道。1995年下半年至1996年上半年，又重建了含2300平方米的足球场、100米直道300米环形跑道和550平方米的篮球场在内的大操场。1998年上半年，又将一片篮球场改建为多功能溜冰场。2008年两校合并后，学校的体育活动场地又重新作了调整，并校后至今为塑胶地质的一片450平方米的篮球场、两张室外乒乓台、150米环形跑道和1800平方米的小足球（操）场。

杏春培智学校活动场地主要有生活用房西面的一个天井，平房和教学大楼之间的空地，还有是教学楼房北面的一片小操场。

三、生活设施建设

聋哑学校在马镇复办时，师生的生活设施是极其简陋的。生活饮用水是年轻教师轮流帮厨房挑的河水。后因北渚村东办了化工厂，河水受污染，学校便先后挖了两口大井和一口小井，由值班教师起早吊满水缸、水池，供师生使用。学生洗澡用的是农家旧式浴锅，先由保育员用树柴或稻柴烧浴水，摸试好水温，然后让学生分男女，四五个一批轮流洗浴。复办早期时，学校尚未通电，教师点煤油灯办公，学生在汽油灯下晚自修，宿舍里睡觉前点的是桅灯，后来借用胶木厂的自发电，但时常停电，学校便购买了295发电机，自行发电照明。因交通闭塞，办公用品和伙食用的煤、粮、菜等都是教师或用肩扛，或用板车拖运；组织学生看电影，也只得步行一小时，到无锡县堰桥电影院观看。为丰富学生业余生活，学校购买了一台20寸彩色电视机和一套7.5毫米的黑白电影放映机，聘请江阴县麻疯病医院的放映员到校帮助放电影。学校有教师用床25套、学生高低铺用床85张，基本满足师生住校的需要。

在北渚时聋哑学校长廊

刚搬迁到城区时，虽然学生的住宿条件有了明显改善，但生活设施仍不配套，师生洗澡要步行数百米，借用县化肥厂的浴室。一年后才新建了食堂楼、锅炉房、浴室，新铺了水泥走道，全面改造了下水管道，新购了0.3吨锅炉和2吨水箱各一个，后来蒸饭还用上了懒汉锅炉，宿舍区装上了防盗门窗，大大改善了厨房和师生用餐、住宿、洗澡的条件。2001年，蒸饭实行了电气化。

学生宿舍恒温淋浴房

学校升格为特殊教育中心校后，新建了无障碍的学习、生活设施：教学楼每层的走廊里都设有圆木扶手，方便学生憩息和行走；大楼虽只有四楼，但为方便肢残学生，特设置了电梯；每个学生厕所都配有残疾人专用蹲位；宿舍宽大整洁，内有独立的卫生间和恒温淋浴房，宿舍内安装了空调和遥控式特教院校寝室突发事件报警系统等。

原培智学校的生活设施则比较简陋，刚开办的2～3年里仅有改造后的老式厨房2间，后逐步完善，食堂里有操作间、储藏室、电蒸饭箱和煤气灶等设施。学生宿舍有单人木床10余张，双人高低木床40余张，基本满足学生午睡和住校的需要。

第二节　教学配套建设

一、教具仪器

聋哑学校复办初期，教具只有一只地球仪，教学图片全靠教师自绘。后来添置了录音机一台、扩音机一台、投影仪一台、助听器15只、风琴一架、135照相机一只等。搬至城区后，教具仪器才得到逐步完善，至今已拥有推拉黑板、绿色黑板10套，教室视频中控系统17套，听觉评估教学和言语训练教学平台、启音博士电声门图采集仪、洗车设备、烘焙设备各1套。烹饪室有电磁炉、冰箱、微波炉各一台等，总价值366188.42元，充分满足了教学需要。

原培智学校撤并时，带来了佳能复印机、EPSON440打印机、清华紫光扫描仪、惠普108激光打印机、奥林巴斯数码相机、蒙氏教具、实物展台、投影机、普乐士久远展台、CY500电脑、富士通笔记本、照相机、展柜等教具仪器。

二、体育器材

聋哑学校在马镇北渚时期，体育器材仅乒乓桌两张、单杠1副、双杠2副、小山羊跳箱1台等。迁址城区后，先后添置了必要的体育运动器材，室外乒乓台2张，彩虹乒乓台3张，乒乓发球机1个，小型篮球架、大型篮球架、背起式跳高防护棚各一个，由体育局捐赠了一套全民健身运动器材，总价值49120元。

原培智学校并入前的体育器材为：由体育局所赠的不可移动的室外体育健身器材和室外联合运动器材，以及拔河绳、钢制鱼形钻圈、小杠铃、小山羊、体操海绵、体重秤和乒乓桌2张等。

三、现代化教学配备

聋哑学校刚入城时添置了彩电、放像机和卡拉OK等器材。1995年下半年，新购386微机6台。1996年，又新添486微机4台，电教多功能教室安装了100英寸大屏幕投影机。1996年，学校用江阴市百货大楼和人民商场义卖捐赠的一万元购买了珠江牌钢琴1架。1998年，又购置木琴1架，钢琴和木琴均放在律动室供教学和排练节目使用。1997年上半年，购买多媒体电脑设备1整套、复印机1台、486电脑2台、照相机1架、135幻灯机2台、立式空调机1台、长城电扇42台、长城圆锥电扇24台、取暖机2台、吸尘器1台。1997年下半年，又继续增添现代化教学设备，包括多媒体586电脑设备1整套、闭路电视、各班配备25寸熊猫彩电共10台、录像机1台、VCD1台、多媒体扫描仪1套，共投资近40万元。1998年上半年，投入了24万元，完善装修了电视台演播室，建设了一个高标准的多媒体教室、购置了多媒体电脑1台、电脑室微机联网。该年下半年，添

宽敞明亮的教师办公室

置了视频采集卡、刻录机、音响设备、多媒体电脑3台、行政和教师办公电脑10台，各大楼都安装了灭火器。10月，通过了特教现代化示范学校验收。

2000年以后，学校先后为各室配齐了电脑，开通了校园局域网，上了互联网，建立了电子网络教室和课件制作室，还为每个教室配齐了“三机一幕”，为通过信息技术考核达标的老师统一购置了30台用于备课的笔记本电脑，给教师办公室装了空调。2008年9月，成立了特教中心校后，明亮的教室里，除了大屏幕液晶显示的“班班通”外，在黑板上方还设有及时发布信息、告知有关教学要求和组织集体活动的游动屏幕，方便了听障学生及时了解学校信息。同时按江苏省特殊教育合格学校建设标准，配置完善各种教室设施、电教装备，生机比例达3∶1。

电脑教室

原杏春培智学校并入前有清华同方386计算机12台，多媒体投影仪1套，供教师使用。另有电脑室配置学生使用电脑15台。

四、劳技职训器具

聋哑学校在马镇时有缝纫机16台、拷边机2台、2台电熨斗、5套自行车修理工具、1套配钥匙工具、打字机2台等。迁址入城后，又添置理发工具6套，电吹风2只，理发凳3张，洗发台盆1个；1994年11月14日，江阴市佳宝炉具有限公司赠校煤气瓶、煤气灶和锅铲等烹饪用具10套；1995年，由副市长黄满忠牵头，红光蔬菜基地捐建了时值2万多元的两只食用菌栽培大棚。2006年，由新华美容城捐赠的“爱心美容美发室”里有全新的设施设备。

原杏春培智学校并入前烹饪室有5套烹饪用具，缝纫室有缝纫机11台，编织室有1台编织机，家政室有2张片子床和2套被褥用品等。

五、康复中心设备

1993年10月18日启用的聋童语言康复中心，经3年的探索，1996年9月正式进入康复教学阶段，购进了先进的听力检测仪、听觉言语康复评估仪和言语听觉反应评估仪各1套、听力语言评估教学仪和实时言语矫治仪各1台、助听器检查维修器1台、集体语训听力助听器12副。2004年上半年，台湾华新科技名誉董事长焦廷标捐赠数字化助听器8副。2005年5月15日，市政府在残疾人康复用品赠送仪式上，学校50名听障学生获赠了助听器。成立特教中心校后，江苏省教育厅于2009年9月，给学校赠送了运动康复器材、蒙氏训练器材和“启智博士”各1套。2014年7月，江苏三生公司，赠送学校运动能力协调装置1套。另外，还配有打击乐器、电脑多媒体系统、电子琴、图书、体育器材等设备。2013年11月，学校获法尔胜赞助Ipad语言训练平

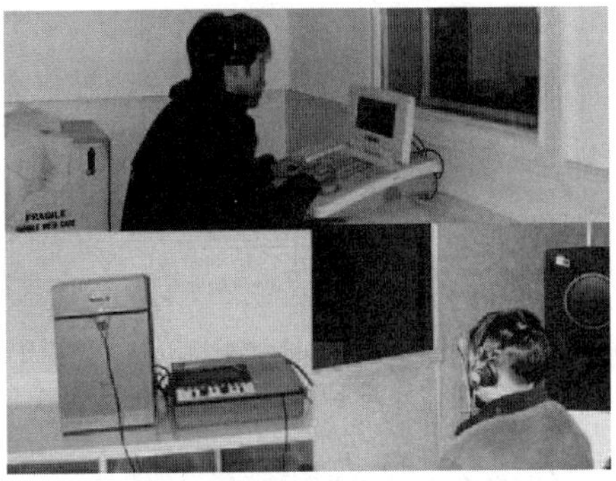

先进的听力检测设备

板电脑15台，组建了智慧教室，并开始运用互联网技术开展语言训练等项目。

六、图书室规模

聋哑学校在马镇时期，刚开始因辅助用房紧缺，只能在医务室里放一顶图书橱算是两室合用。后来建了“新芽楼”后才有2间房的图书阅览室，配有图书橱5顶，逐年添置图书。到学校迁址前，学校有图书2518册，人均图书达13.6册。迁址入城后，经两年添置，图书量生均达20册，至1998年，建了21平方米图书室、42平方米阅览室各1个，订杂志23种、报纸10份，拥有藏书5093册，生均图书达50册。杏春培智学校2008年8月撤并入时，原有图书阅览室2间，6个书橱，图书3000余册，当时为生均30余册。成立特教中心校至今，拥有图书11856册，生均图书量已达72册；图书橱柜13个；音像资料50盘；订阅报刊杂志60余种；工具书和教学参考用书达80种。

七、医务室建设

聋哑学校于1979年下半年成立医务室，仅有1间旧平房，时隔数月又搬至校门口左侧一间30平方米的简易房屋内，条件非常的简陋。室内只有一个旧橱用于摆放常用药，每年从马镇卫生院进一两次常用药，主要有抗菌类药物和退热、镇痛、止血、抗腹泻等药片。等迁址到城区后，才逐步得以改善。但也因学校校舍几次改造新建，医务室就随之移位，刚开始是在三号楼一楼东面，面积约为8平方米，内部没有分区。2010年，搬至一号楼一楼，面积约为30平方米，内部分出诊疗区、药品区、清创处理区、隔离区。2016年，搬至5号楼一楼101室，这是由综合大楼的宿舍区底楼的一个教师值班室改造而成，面积约为28平方米，内部分出办公区、诊疗区、药品区、清创处理区。每年用于采购药品等费用大约为1000元左右，采购定点为大众医药连锁店门店。

培智学校开办时没有医务卫生室。只有一只流动小药箱，里面备有常用药和相关救护用品，到1990年教学楼加盖一层后才辟出1间做卫生室，由一位专任教师兼做保健教师。卫生室配有一张观察小床、一个橱柜，逐步添置了听诊器、血压机、视力测试仪和体重机等。

第三节　校园环境建设

校区在马镇北渚时，校园环境受时代影响，除有少量树木外，有2亩蔬菜园地，一片200米环形跑道的操场，其余则是泥路、泥地。迁址入城后，校园环境因易地而有所改观。在刚开始的一年多时间中，铺设了水泥走道，有计划地对校园进行绿化。1995—1996学年度，在1号综合楼前建造了椭圆形喷泉一个，铺设了校门至宿舍楼西侧的水泥场地，校舍外墙全面贴砖，还新建了蘑菇亭2个，补种了草坪。至2000年，为使校园更显雅致、美观，改造了小餐厅，翻建了校门，扩建了门房，新铺种了草坪1500平方米。

2008年，江阴市特殊教育中心校挂牌成立后，对应着新建的综合楼外墙贴面的主色调，对

2008年两校合并时改造的教学楼

原有的四幢楼房也统一更新了外墙贴面，体现了校园一体化效果。沿校园南围墙一条主干路铺浇了柏油，在新建5号楼西面和北面的泥地处加种了花草植物，学校还购买了20多个陶罐，每年春季换种花草，为校园增添绿色。在5号楼南面紧贴着围墙设置了30多辆轿车的停车位。2016年暑假，在拆除的1、3、4号楼后新建简易板房的内侧新建了近200平方米的两个大花坛，里面种植了草坪和4棵桂花树。新板房的东面新浇的水泥场地上又设置了23个停车位，其北面紧贴着围墙又增加了一条绿化带，其东北侧搭建了3间75平方米的敞开式板房，在此建立了汽车美容实训基地（洗车房）。

原杏春培智学校建校后稍有改善，教学楼南面的场地从泥地改浇成水泥地，后又在体育健身组合器械场地处铺设了塑胶软草坪，南面平房的西侧建造了一个领操台，周围装了不锈钢栏杆，台中央竖起了旗杆。校园里有许多名贵树木，1棵树龄420多年的银杏古树，2棵大雪松，5棵桂花树，2棵樟木树等。

第四节　经费来源

一、自办企业

聋哑学校自1979年起，为解决学生家庭经济困难和因旧校新办而资金短缺的两大矛盾，除辟2亩蔬菜地自种自吃外，还向外单位借款5000元，添置了5台抛光机，办起了抛光车间，为无锡县长安电镀厂、无锡第三纺机厂加工抛光铁铸零件。积累资金后，添置了295发电机一台，工人自带缝纫机，开办了服装加工车间。后又陆续购置16—30吨冲床3台、砂轮机2台、割边机5台、钻铣床1台，开办了冲压车间，为江阴车辆、五金两厂加工冲压件。由这3个车间组合成的校办厂，在10余年时间里，为学校创利30余万元。

1992年上半年，江阴市教委校办公司牵头，为学校筹备江阴市澄江特殊印刷厂，后因时兴挂靠而另择了承办单位。

二、挂靠办厂

因校办厂、福利厂享受免税政策，在市教委校办公司的关心扶持下，学校自1992年开始，先后挂靠了江阴市长城彩印厂、江阴市控制设备厂、江阴市特殊彩印厂、江阴市南方管件厂、江阴市京江轻钢房屋有限公司等5家企业，并据协议，刚开始的几年时间里，每家企业每年上交学校1万～2万元。至1995年，每家企业每年上交3万～4万元，后逐年增加至1999年每家企业上交8至10万元，全年总共上交40多万元。这为改善办学条件和补充生均公用经费不足的困难，起到了明显的缓解作用。后因校办企业取消税收优惠，校办企业逐步转制，到2001年正式脱离挂靠企业，上交学校款项全面停止。

三、社会捐赠

聋哑学校自复办之日起，便得到了社会的关注和支持，从旧校舍的维修建材，到借资办厂，都得到了社会的关心和帮助，后来社会捐资助学范围更广，名目更多。

（一）捐赠钱物

多年来，社会各界的无私捐赠，帮助学校完善教育教学设施设备。1995年，江阴市法尔胜钢绳集团捐赠286电脑十几台，并为电脑室铺设专用地板，建设了聋哑学校第一代电脑室。1996年，江阴市璜土塑钢厂许培圣厂长捐赠会议凳约200张，安装在综合康复楼底楼的阶梯教室内，还捐赠了塑钢餐桌椅二十多套，从而改善了食堂大餐厅的硬件设施。2001年，江阴市红十字会捐赠了学生的床上用品和住宿费用。2007—2016年，江阴慈善总会连续10年共捐助学生午餐费1706000元。2004年上半年，台湾华新科技有限公司名誉董事长焦廷标，给有残余听力的学生捐赠了先进数字化助听器8副。2004年助残日，江阴市新华美容城捐赠学校“爱心美容美发室”内的所有设施设备，为学校搭建了美容美发专业的培训平台。2015年5月5日，市政府赠送残余听力学生助听器50付，满足了听力康复教学的需要。2008年10月18日，江阴市南方钢管有限公司，给学校捐赠了价值8万元的电子大屏幕。至此，该公司捐资助学达100余万元。2009—2011年，江阴市红十字会捐赠学生住宿费共139050元。此外，还有学校董事会成员长泾毛纺厂、长泾康元印染有限公司、江阴市节能灯具厂、江阴市振冲机厂、江阴市造纸厂、澄南日用化工厂、农工民主党等单位在任期内每年都捐赠钱物，以实际行动关心支持学校的建设和发展。

（二）设立奖学基金

学校设立奖学基金，以此给学校提供实现办学目标的活力，有效地激发学生自强自立、发奋学习的积极性。1994年9月7日，以马元品为主委的江阴市农工民主党，从极其有限的创收经费中拨出1万元，率先为学校设立了“农工聋生奖学金”。2010年上半年，台湾华新科技有限公司名誉董事长焦廷标，出资30万元，为学校设立了“焦廷标聋校奖学金”。

2004年4月，华新瀚宇慈善基金会设立了15万元的特教奖励基金。2008年10月，江苏腾飞工程项目有限公司出资20万元，设立“特教学生成才基金”。

（三）募集资金

为解决学校实施现代化建设经费的严重不足，经江阴市政府市长办公会议批准，1995年4月，学校启动“希望之声”工程。16日，江阴百货大楼、人民商场为学校“希望之声”工程义卖一天，所得净利1万多元全部捐赠学校。启动后的半年中，先后有100多家单位和近万名群众助残兴教，捐钱捐物，共筹集到资金（包括物资）60余万元。由此，学校完善了专用教室的设施设备，优化了教学条件，改善了育人环境。

“希望之声”工程汇报活动

四、争取政策扶持

1985年，《中共中央关于教育体制改革的决定》颁发，江阴县相应拟发了一系列有关这方面的文件，逐步建立以政府办学为主、社会各界共同参与的办学新体制。1986年，结合贯彻执行《中华人民共和国义务教育法》，全市正式实施“三级办学，两级管理”的办学体制，除城区直属学校由市办市管外，其余学校都由乡（镇）办乡（镇）管。当时的市办聋哑学校，虽说属于市直属学校，但其招收的学生涉及全县各乡（镇），教育经费的来源也由此未得到落实，办学当然也就十分艰难。1993年6月1日，在学校召开的“进一步办好聋哑学校恳谈会”上，由江阴市教委牵头，会同财政局、物价局、民政局、残联一起商讨，最后达成共识，制订并下发了《关于统筹聋哑学校办学经费的通知》，规定各个乡（镇）应承担本乡（镇）聋哑学生每生每年800元教育经费，较好地缓解了聋哑学校办学经费上的困难。

杏春培智学校经费来源主要是镇财政拨款，其次是采用赞助、房屋出租和挂靠校办厂等渠道，学校自筹资金。当聋哑学校争取到各镇承担特殊学校教育经费的政策，大大地启发了杏春培智学校，更重要的是有江阴市教委会同财政局、物价局、民政局、残联联合签发的文件作依据，终于向其主管单位澄江镇镇政府争取到了政策的扶持。镇政府在下达的有关文件中规定：允许学校向学生每生每年收取保育费350元、生活管理费550元；管理费可由家长工作单位报销。

2011年，江阴市人民政府办公室颁发“澄政办发〔2011〕50号”文件，决定从2011年秋季起，全市实施残疾儿童少年15年免费教育，所需资金由各级财政分别承担。同时，江阴市委办公室颁发“澄委发〔2011〕48号”文件，决定按普通学校10倍以上的标准拨付特殊教育学生生均公用经费。至此，从政策上给予了学校办学经费的保障。

五、上级预算外拨款

无论是聋哑学校，还是培智学校，一直得到上级的重视和关心，尤其是在经费的预算外调拨上，做到了急学校之所急，应学校之所需。

（一）政府拨款

1991年—1992年8月，聋哑学校搬入原西郊中学校区，市政府投入近200万元用于旧校舍的全面改造。2006年—2007年，筹建江阴市特殊教育中心校，市政府为学校的建设和局部改造，先投入1500万元，后又追加100余万元。2012年，市政府拨款300万元，用于校安工程建设（即对校舍的改造和加固防震）。

（二）市教委拨款

1992年—1993年的一年多时间，学校为新建操场、食堂、锅炉房、门房，以及其它一些配套设施，市教委拨款130多万元。1995年，学校新建康复楼，市教委拨款30万元。1996年，为迎接江苏省特教现代化示范学校验收，市教委专门拨款50万元。

（三）民政局拨款

1996年，与市教委同时为迎接江苏省特教现代化示范学校验收，民政局亦破例拨款10万元。

第九章　后勤工作

学校不大，学生不多，但后勤工作跟其他工作一样，难度高，压力大。后勤工作由总务处负责。依据学校的特殊性，管理的方面大致有校园管理、膳食管理、住宿管理、医务室管理和财物管理等五个方面。

第一节　校园管理

原聋哑学校在校园管理方面，总务处做了大量琐碎繁杂、有序高效的工作，尤其是校址在马镇北渚期间和迁址到城里的初始阶段，尽管人手少，事务多，但始终能从为学生营造良好的学习成长环境的高度出发，公而忘私，全力以赴，两次分别在马镇中学和西郊中学的老校区内改建新学校，并且竭尽所能规范管理好校园。在迁入城区后学校各方面的工作步入正轨，遵循与时俱进的时代精神，积极开动脑筋，不断提升校园环境的品位，把学校建设成残障学生成长的花园和乐园。

一、复办时的艰苦

（一）校长带头，全员参与

学校复办时，尽管有原马镇中学的旧校园作为基础，但因马镇中学搬迁已两年半，房屋空置无人管理，呈现的是一派不堪入目的破败景象。正如时任校长张宪在《那时我们正年轻　北渚初开特教花》一文中所写的那样："要说那校舍啊，真是一言难尽。32间旧平房，门破窗缺，墙倒壁穿，原有的8间教室，地板全部被撬光，部分教室的地面坑洼不平，残剩的窗玻璃凑不满一间教室，而且无厨房、无厕所、无宿舍、无照明线路。"出于对党的教育事业，尤其是对特教事业的无限忠诚，校长张宪带领从附近公社小学调来的张行、孙文建、奚南琪三人一边购置学校设备，一边购建材整修校舍。在缺钱少料的当时，校长张宪在争取马镇公社党委重视和支持的同时，硬是靠两条腿和极其真诚的情意，徒步登门"向马镇农具厂、马镇水泥厂、璜塘砖瓦厂、青阳石灰窑厂、堰桥西胶山采石场等领导和单位求助，保证了校舍整修的如期进行。无厨房，在走廊里搭临时灶；无厕所，在隐蔽处搭临时厕所。经过两个多月的合力奋战，浇好了教室地面，修好了教室门窗，粉好了所有墙壁，还将三间平房修好后作为学生宿舍之用，厨房设备也筹备就绪，当时，虽值盛夏，但大家心往一处想，劲往一处使，张罗材料，甘当衬工，虽无报酬，也无补贴，可是没有一个叫苦叫累的。"（见《北渚初开特教花》）

随着校舍的整修完工，一个简陋却还算实用的校园便展示在大家的面前。

（二）穷办苦干，改善环境

学校正式开学后，在总务主任张行的主持下，校园容貌逐步改观。操场的改造、校园绿化、环境卫生的跟上、种植园地的开辟、校办工厂的开办，使校园增进了活力和朝气。尤其是第二年两层宿舍楼的落成，成了校园内令人注目的地标性建筑。当然它是穷办苦干的产物，就运输建筑材料而言，校长张宪回忆说："当时运建筑材料是以水路为主的，从河塘砖窑厂运的砖瓦，要经过一座防洪闸。因闸口宽度不够，大船进不去，必须小船驳运。为节约费用，我们动员师生齐动手，不仅将砖瓦从大船驳到小船，而且待小船到达临近工地的码头后，排着队传到工地上。总之，凡是师生能搬的建筑材料，大部分由师生搬运。"

全校师生参加搬砖劳动

（三）排除干扰，保持平静

由于受时代某些负面大气候的影响，尤其是农村学校，不时有意识落后的社员到校惹事。为此，学校领导和主管部门负责人经常性地协调好三个方面的关系，一是协调好地方与政府的关系；二是协调好与所在生产队领导的关系；三是协调好与学校近旁社员的关系。通过宣传聋哑教育的重要性和聋哑儿童及其家庭的难言之隐，获得了地方政府的重视和支持，获得了周边群众的理解和同情，确保了聋哑学生平静和安定的学习环境。

二、搬迁时的艰难

1992年暑假，学校由北渚搬迁至城区原西郊中学校园内时，两次经历了艰难考验。俗话说："麻雀虽小，五脏俱全。"学校在北渚开办的14年中，几经努力，校产校具从无到有、从有到低标准满足教育教学的初级需要。尽管学校规模不大，资产倒也门类众多，数量庞杂，而且搬迁路途不短，加上条件不济，困难重重。

针对如此现实，学校领导经过周密思考，通盘计划，从发动教工全员参与入手，继承学校复办时艰苦创业的优良传统，积极创造条件，知难而上。没有钱请搬运公司，就由校办厂的一辆旧卡车，每天不停地在北渚到江阴城区的路途上来回奔驶；由一大半教师在北渚老校区将可动产校具整理、打包、搬上卡车，一小半教师在新校区卸车，并放到指定地方。在整个搬运过程中，全体教职员工，表现出了无私无畏的奋斗精神和爱校如家的崇高境界。

由于当时原西郊中学尚未完全改造结束，还有工人在施工，也没有门卫，为保证财物安全，只能由张伟明和张晓军等几个青年男老师夜间轮值看守，时处盛夏没地方洗澡，只能将就着用冷水冲洗。

经过一个星期的艰苦奋斗，终于搬运完毕。接下来，又将搬来的物件用品重新整理归类，并将它们各就各位，擦试干净。整整一个暑假，大家都是在紧张的劳累中度过的，可是却没有一句怨言，有的只是搬入城区新校的喜悦。

三、有关事务管理

1.门卫管理

30多年来，一直非常重视门卫安防工作。历年来聘请的门卫（按在校的先后顺序）分别为，北渚时邵产根、奚绍昌、卫本度；到江阴后张才良、薛祖泉、陈明霞、张开友、潘志伟，后来请了飞龙保安公司专职保安方建生、徐全福、张荣。所有的门卫职工或专业保安都能在岗尽职，认真负责地看好门，把好关，从来没有因失职而发生过事故。

2.安全防范

门卫保安察看监控视频

为守好校园第一关，加强门卫管理工作，主管部门制定了严格的门卫登记和值班制度，把好入门关。学校迁到城区特别是启用专职保安后，更加重视学校门卫管理，所有家长进出校园接送孩子一律凭接送卡；保安严格执行车辆出入制度、公物出门证制度、来客登记询问制度。所有的保安都自觉遵守学校制订的门卫工作制度，每年都与安监办签订门卫安全工作责任状，每个月都要进行防恐防暴训练，每天由一个保安24小时值守，一个保安负责白天校内的内保。每天必须进行5次巡更打点，白天要看好监控探头，发现问题立即解决。这么多年来从来没有因门卫和保安失职而发生事故，确保了学校师生和财物的安全。

3.绿化管理

原聋哑学校由于是老校简单改造，加上当时的经费又很紧缺，在校园绿化上就基本保留了原有的几棵花树，总务处认真养护，确保其枝繁叶茂。到了城区后，为给师生提供一个较好的学习生活环境，学校多年来一直注重环境绿化，先后植了花树、铺了草坪、建了喷泉、置了陶罐，并做到：年年都现新面貌，种管并进效果好。为了节约开支，所有的绿化养护均由后勤职工负责，如绿地内清除杂草由食堂职工和保育员负责，修剪花木由门卫负责，每年冬天治虫涂石灰由食堂职工来完成，基本保证了校园四季有花、绿意盎然和环境优美。

第二节　膳食管理

对聋哑学生的膳食管理，远不像人们想象的那么简单。学生们小小年纪，远离父母，无论是生理还是心理都存在缺陷，这就更增加了管理的难度。但管理人员能耐着性子，用一颗对聋哑教育事业赤诚的心，倾情服务好学生。2008年9月，杏春培智学校并入，增加了培智学生后，更是满腔热情，尽力改善学生的膳食，确保特殊学生吃饱吃好健康成长。

一、队伍建设

学校先后聘请的炊事员（按到校时间先后排列）有：在北渚刚刚开办时的封顺和刘乾来；

后来分别是封顺、王玉泉搭档，奚志新、余三妹搭档；1992年搬到现址后由奚志新、陆金芳、余三妹、薛惠娟搭档，后来是余三妹、陆金芳、薛惠娟、刘玉虎、邓斌、沈金生、余三兴、周贡银为厨师，厨工是汤春娣、范杏娣、徐小英；现在蒋惠清、汤春娣、范杏娣、徐小英。所有这些人员都持有健康上岗证。平时还定期对他们进行体检。

职工手语比赛

在食堂管理上，不仅注重抓好职工的安全操作规范，更注重抓职工的思想品德教育，培养了他们高度的责任心和良好的道德修养，并不断地引导他们正确地面对一群有生理缺陷的孩子，使他们逐渐认识了残障孩子爱吃的天性远比正常孩子更为明显、饮食需求更加旺盛的特点，确立了指导学生合理、适量饮食也是特殊教育一部分的教育理念，认清了这就是特殊教育给他们赋予的新的使命。于是，他们不仅出体力，还用心去创造性地做好工作。为了了解学生是饱了还是饿了，饭菜是冷了还是热了，多了还是少了；某个学生的饭量究竟是多少，明明只有半碗的饭量，他却两三碗都吃得下的情况和原因，厨工们常常扮演妈妈的角色，和智障生交朋友，跟听障生学手语，消除了沟通的障碍，掌握了每个学生的口味、饭量和饮食习惯，为学生们创设了家一般温暖的食堂。这当然要耗费比普通中小学的厨工更多的精力和心血，但他们能始终绷紧食品安全、优良服务这根弦，任劳任怨，无怨无悔。

正因为厨工们具有这种高度的责任感和良好的职业道德，食堂工作得到了全体老师的认可和好评。一个个感人的事迹不断涌现，比如帮工汤春娣，在打扫卫生时，在即将扫进甘水桶的用餐垃圾中，发现一枚价值四万多元的钻戒，主动上交并最终物归某老师，这种拾金不昧的精神得到大家的好评。厨工们的工作很辛苦，收入并不多，在只有一个人在场的前提下捡到这样贵重的物品，能不为所动，拾金不昧的精神可嘉。

厨工技能比赛

这是一支严于律已、甘愿付出、乐于奉献的厨工队伍，在局食堂工作检查中，年年都取得不错的成绩。

职工之所以形成如此好的团队，是和严格的规章制度分不开的。比如，学校建立了定期培训学习制度、餐饮操作规程制度、人员晨检制度、行为操评制度等等。通过这些制度的建立，使每个人的工作有章可循，责任明确，不推诿，不扯皮，从而形成强烈的团队意识，养成不计得失的团结协作精神。

二、完善设备

良好的设备，是做好餐饮工作的重要物质基础。随着时代的发展和时间的推移，食堂的餐饮设备不断老化，有的甚至破旧不堪，大大影响了就餐环境，从某种意义上说，也影响了孩子就餐情绪，同时也不利于孩子视觉器官的发展。针对这种情况，校领导积极想办法，从各种供货物品中仔细筛选，推敲考究，即既要价廉物美，更要美化亮化、方便实用，给孩子焕然一新的感觉，让他们充分感受生活处处充满美好，从而激发创造美、享受美的能力。2008年，学校投入156630元，更新了过去的炊事设施，营造了一个现代化的厨房。2015年—2016年再次投入56900元更新了学校的蒸饭箱、开水箱及餐桌椅。致使现在学校的就餐环境在不长时间内产生了翻天覆地的变化。诸如：洁净的不锈钢碗柜代替了被白蚁蟑螂蛀空了的木碗柜；温暖的保温箱结束了时常发生饭菜放冷的历史；朦胧的窗纱透露着家的温馨；漂亮的天花板让人赏心悦目；洗碗龙头的温水流淌着无微不至的关爱；优美的电视画面让三餐变得轻松有趣；友情提示的健康饮食图让人更注重饮食和健康。这一切的变化，无不凝结着学校的良苦用心。“一切为了孩子，为了一切孩子，为了孩子的一切”的办学宗旨在这里也得到了充分的体现。

三、原料采购

食材的进货渠道，是保证饭菜质量的重要环节，也是高质量饭菜的生命。有了好的原料，才能做出好的饭菜。食材好，饭才好。

正是出于这样的理念，学校严把食材进货关。每天所有食材必定经过如下流程：目测质量，复称重量，清点数量，检测农药残留量，人工择掉黄叶烂叶，清水漂洗一洗、二洗、三洗，浸泡，沥干，下锅。前几年，一直是菜场的二个菜贩轮流送菜肉蛋豆制品等各种食材，尽管三令五申要求他们保证质量，还签订了购物合同，并且收货时严格验收和把关，但这种散兵游勇式的购销关系，时常存在一些质量上的不足，虽然大问题不多，但小问题不断，管理起来十分困难。正当为此事头疼不已、一筹莫展之际，2015年8月起，教育局下发通知，市直属学校食堂原材料（荤素菜类和大米）实施集中采购、统一配送。学校总务主任作为定价小组成员，每月要有4～5次于凌晨3点左右到食品城等地方进行市场价格调研，为教育局在网上公示价格提供依据。近两年来，局里统一配送的每种食材都经过严格的检验，各项检测数据一应俱全，质量有保证，买得放心，吃得更放心。其他的如调料、油粮等目前还不是局里统一配送，都由学校到定点门店去购买。

四、改善伙食

良好的食材只有配良好的厨艺才能相得益彰，使食物的功能发挥到极至，让食用者的味蕾获得最大限度的满足感。面对这群特殊的孩子，更应该通过饮食最大化地对他们的味觉器官给予刺激。基于此，校领导和食堂职工，总是千方百计在食物的制作上绞尽脑汁，真正体现特殊学校的特殊关爱。大家明白食物的作用不仅在维持生命上，更是开发智力、促进发展的重要组成部分，为此在菜单的制定上，做到一周内不重样，相邻的周内尽量不重复；一样的食材，用不同的方式烹饪，产生不同的味觉感受，比如同样是肉，可以切块，可以切丝，可以绞碎，可以红烧，可以清蒸，可以油炸，可以搭配青菜，可以搭配蒜苗，可以搭配洋葱，什么样的制作，完全取决于食堂工人对孩子最近一段时间的观察和沟通而定。

在注重制作方式不断改进的同时，更注重营养和保健，让孩子的身体发育得到足够的能量。每周的菜谱，都要由经过营养培训的人员细细考究，从能量的多少、荤素的搭配、各种营养元素的摄取等方面，全面统筹，让孩子不偏食，不厌食，吃出美味，吃到营养。比如，康复班，顾名思义，他们需要康复，饮食是康复过程中不可或缺的组成部分。因而，学校就在中途加餐，等于一天是四次进食。

原杏春培智学校在食堂管理上，也非常注重食品卫生安全。成立了食堂管理小组，由校长、总务、食堂负责人和一个阿姨组成。刚开始时，食堂条件较差，一个灶头，两个铁锅，用稻柴和木柴烧饭，后来，才逐步购置一套厨具、一套液化气具（用于方便夜间用餐），还有3个水池，做到洗、冲、保洁分开，生熟分开，基本达到食品卫生要求。建校刚开始时，由炊事员负责买菜，老师负责验收，到后来执行上级规定，改由食堂负责人买菜，并入学校之前，就由指定单位送菜进校。其他调料和粮油均到定点单位购买。学校食堂炊事员先后是曹莉瑾、殷师傅夫妇和刘师傅夫妇。夫妇搭档的还要兼顾照看学生的午睡和住宿。

第三节　住宿管理

学生的特殊性，决定了学校师生住宿的特殊性。总务部门在复办初期条件十分艰苦的情况下，只能想方设法安排好师生的住宿，随着时代的发展，不断改善住宿条件，使年处低龄、远离父母的聋哑学生，产生家的感觉，并由此生发了“好好学习，天天向上”的热情。

一、硬件管理

（一）不断完善

聋哑学校复校初期，住宿条件十分艰苦。但由于当时交通还不够便利，学生都需要住宿，另外，也有部分年轻教师住校。为了给师生提供一个便利的住宿环境，学校竭尽全力，逐渐完善住宿各项设施设备。在杏春培智学校和聋哑学校合并之前，宿舍区使用的是公共厕所和浴室，两校合并后，建了标准化的宿舍，每个宿舍都有独立盥洗室，便于学生洗澡、如厕，还安装了恒温太阳能热水器，常年供应热水。

听障学生宿舍安保设备齐全

（二）制订规章

为督促住宿生爱护住宿设施设备，学校自复办始便制订了这方面的规章制度，强调正确使用、损坏赔偿等条目，确保了使用时间的延长。

（三）加强检查

结合舍务检查，不忘对宿舍设施设备使用情况的检查，学校根据反馈的信息一旦发现因自然因素毁损的，立即或修，或换，不致影响住宿生的正常使用。

二、软件管理

为了更好地规范管理学生的住宿情况，学校十分重视住宿管理。在聋哑学校期间，学校坚持从社会上精选有爱心、具热心、倍诚心、极耐心、很细心的中年妇女当保育员，教育她们像对待自己子女一样护理、指导、关怀聋哑学生。原杏春培智学校时期，一般招聘一对夫妻档保育员，分别负责智障男女生的起居，另外还要负责烧好住宿生的晚饭和早饭。两校合并后，随着智障住宿生残障程度的加深以及住宿人数的增多，学校配备了四名保育员阿姨，其中两名阿姨负责男智障生，两名阿姨负责女智障生。为了保育员阿姨更好地做好保育工作，由德育处定期组织保育员学习相关保育知识和技能，并根据学生情况适时提出整改建议和意见，以此提高保育质量。

起初，听障住宿生比较多，一直配有生活保育员。自2008年起，听障住宿生逐渐减少，且都具备一定的生活自理能力，同时为了培养他们自我管理的能力，学校不再配备专门保育员，而是由智障住宿生的保育员兼管，主要负责督促其就寝、起床。另外，各宿舍有一名学生担任舍长，负责管理有关舍务，如卫生、纪律等。无论是听障生或是智障生的宿舍，学校坚持周周检查，每学期还开展文明宿舍评比，并予以奖励。

三、教师值班

考虑到残障学生住宿的特殊性，学校安排教师晚上值班，以便处理夜间突发事件。值班教师主要以行政人员为主，实行24小时轮值制度，上班从当日早上7：40上班到次日早上7：40，夜间住在学生宿舍里。行政值班人员主要检查、督促保育员保育工作，负责残障住宿生的活动管理、早晚餐、晚自习、早锻炼、宿舍清卫工作等。

杏春培智学校从开办到1997年，因招生范围仅限澄江镇，无住宿生，但学校辟出2间平房，设立学生午休室，由老师轮流值班，精心看护好学生。1998年后，在全市范围内招生，从几个到后来的二十几个，为此又增设了学生宿舍，男生2间，女生1间，除专门请了一对夫妻档负责烧饭和舍务管理外，另外再配一位老师轮流夜间值班，确保学生的住宿安全。

第四节　医务室管理

学校1979年6月设立医务室后，场所虽小，但在及时诊治学生常见病、季节病等，保护学生身体健康上所起的作用不容小觑。随着学校规模的不断扩大，对医务室的管理也不断加强。无论是制度的建立，还是药品、医疗器械的采购，以及对医务人员的管理，都做到细致入微。

一、队伍管理

因学校是寄宿制学校，再加上教学对象都是特殊学生，为保证学生身体健康，学校从建校时设立医务室起，就注重队伍建设，确保了医务室保健、防疫、救护、治疗作用的发挥。历届任用的校医有：俞浩华，彭淑英，王丽斌，孙香娟。

聋哑学校第一任校医俞浩华，江阴申港人，1979年，在大队当乡村医生，因顶替父亲走上专业医疗道路。当时正值青春年华的他，克服了离家较远、交通不便的困难，毅然服从分配，到聋哑学校担任校医。俞浩华到岗后，学校即成立了医务室。当时因学校开办不久，条件艰苦，但他一点也不计较条件的简陋，尽心地履行着自己的职责，同时克服了与学生语言交流上的障碍，凡是小毛小病都不厌其烦地为他们治疗，偶尔遇到难于诊治的病例时，就及时通知家长把孩子接回家看病。他除了做好本职工作外，还兼任食堂出纳，协助总务处管理好师生伙食，他精打细算，经常参加蔬菜种植劳动，到北渚老街买菜，和青年老师一起到马镇粮站买米等，他从不计较，敬业爱岗，踏实工作，得到了学校老师学生的称赞。

1981年，为提高医术水平，俞浩华经过勤奋自学，考上了常熟卫校医士专业就读，两年后顺利毕业，再回学校工作。其间，前一年学校向马镇卫生院临时借来了一位医生，后一年学校请了附近的一位老药剂师临时代做。1985年，俞浩华为了照顾家庭，调回申港中学担任校医，不久就到申港卫生院当医生直至退休。之后一年的校医由门卫室兼任。

1986年暑假，在校长薛祺的多次申请争取下，教育局把1961年8月毕业于湖南长沙卫校护士专业，时在江阴长寿小学任职的教师彭淑英调到聋哑学校担任校医工作，并直至1997年2月退休。当时的医务室还在门卫室对面的一间平房里，因学校经费紧缺，室内不光是泥土地，而且高低不平，终日不见阳光。彭淑英到岗后，就请亲戚家的瓦匠为医务室铺了水泥地。为了方便住宿学生随时看病，她就在医务室里隔了个不到10平方米的小卧室。医务室里的家什橱柜和治疗器械基本没添，每年两次去马镇卫生院进药，都整齐地摆放在柜里。整洁的医务室基本上每天、每晚都有学生光顾看看小病。她就借机学习手语，在很短的时间里就能和学生沟通看病。

刚当校医不久，就遇上了不少学生生疮生疖，似乎是要考验这个新来校医的医德和医术。她却镇定自若，顾不上吃饭和洗澡，学生随到随治，尽管折腾得够呛，但无半句怨言。在她精心、细心的诊治下，两个多月下来，学生身上的疮疖就不见了。平时，只要有学生患了小病，感冒发热肚子疼，头疼跌伤或冻疮，她总是不厌其烦，嘘寒问暖，送医送药，还给学生传授些防病护理的知识。当学生患了急性阑尾炎等大病时，就和老师一起送学生到马镇、璜塘等卫生院治疗，有时还要医院守夜陪护。

她在学校当了近10年的校医，除了为学生的身体健康全身心投入外，还兼任部分的课堂教学任务，要上两个班的文艺课和学校兴趣组活动课，辅导学生排练文娱节目和手工制作，丰富了学生的课余生活，培养了学生的动脑动手能力，还培养了学生的自信乐观、积极向上的良好品质。她辅导排练的节目参加过很多次演出，如在马镇镇大会堂、军校共建的阳歧农场、远望号船和长江游艇上等地方演出过，并获得过江阴中小学文艺会演的一等奖一个、三等奖两个，为学校争得了荣誉。她辅导学生制作的很多件剪纸手工作品在学校的校史陈列室展出。

彭淑英退休前夕，原在江阴航运公司工作的江阴华士人、江南大学毕业生王丽斌，1996年8月调入学校担任校医。在聋哑学校工作近2年，于1998年4月为解决夫妻两地分居而辞职去了广州深圳。

接任王丽斌的是1998年7月毕业于江苏省镇江卫校社区医学（校医）专业，同年8月应聘到学校担任校医的孙香娟。她任职以来，除了热情地为孩子们诊治常见病、时令病、外伤，遇到重病号送医院诊治外，还十分注重环境对学生的心理治疗作用的发挥。她不管医务室面积的大小，总能尽量分出办公区、诊疗区、药品区、清创处理区。同时，精心设计分区的物品器械摆放，墙面上的环境布置也非常整齐美观，张贴了《晨检制度》《传染病报告制度》《学生体检制度》《医务室门诊管理制度》《医务室药品管理制度》和《医务室工作制度》等等。

她除了做好校医工作外，还身兼多职，负责学生每年一次的体检登记、反馈；日常的听力检测和联系耳机耳膜配备制作；学前儿童语言康复；卫生宣传教育；任教心理健康课、思想品德课；担任听障班级班主任。而且在业务上具有高目标的追求。她曾多次参加过校医专业、心理健康教育等培训进修，取得了相应的培训合格证。如1998年10月—11月，受学校委派到上海市启喑学校学习耳膜制作。1999年9月至2000年9月参加了苏州大学学校心理辅导员江阴班学习。2002年取得国家执业助理医师资格。2012年12月参加了江苏省培智学校骨干教师“特殊儿童教育评估”培训班。2015年3月至11月参加了江阴市教育局组织的国家心理咨询师培训班，取得三级咨询师资格证。2017年3月参加了南京华旭第九届箱庭疗法（沙盘游戏）治疗师培训班，取得资格证。

二、制订制度

学校对医务室工作一贯制订工作制度。经过不断地实践和修订，现形成了如下比较完善的制度：

1.医务人员必须取得相应资质和证书方可上岗。必须遵守职业道德规范，执行国家和行业标准，按照相应规范或程序开展医疗工作。

2.按照学校师生医疗办法和有关程序，严格诊疗手续，认真执行医疗报销的有关规定。

医务室管理制度上墙

3.做好医疗保健工作，逐步建立师生病例档案，建立进药、售药、诊疗登记制度，实行责任事故追究制度。

4.严格控制处方药，没有合法处方严禁外卖和诊疗使用。对非处方药也要进行合理控制。

5.药品必须到指定单位进货，严把质量

关。药品必须有注册商标、生产厂家、批号、生产和有效日期等，禁止购买过期、变质、失效药品和假冒伪劣药品。

6.严格药品入库出库手续，妥善保管，防止失效过期、变质等。医疗器械要及时消毒，坚持无菌处治制度，按规定处置医疗废弃物。

7.做好医疗卫生宣传、检查工作，对流行性疾病、食物中毒、煤气中毒等进行防治。做好师生体检工作。

8.不断学习业务知识，提高医疗技术水平，杜绝医疗事故发生。医务人员要牢记为人民服务的宗旨，树立高尚的医德医风，提高服务质量。

三、建立基本台帐资料

学校医务室建成的资料档案，主要有：师生门诊疾病诊疗；药品进出库管理，台账资料；学生农保划卡、结算，上报农保中心的月报表；传染病宣传、预防工作情况记载表；将师生体检资料汇总，建成健康档案；将执业医疗机构每年一次考核评估校验工作台账资料和书面考核情况资料，听力检测（每学期两次）资料，建成听力档案；将助听器选配、效果验配资料，建成跟踪档案；全校听障生助听器使用维护、维修联系情况资料；全校学生保险资料收集、汇总及校方责任险需跟进办理结报资料等。

杏春培智学校刚开办时，没有卫生室，只有一只小药箱，由一名专任教师兼做保健老师。

第五节　财物管理

总务处不仅能管理好政府部门的拨款，也能管好非义务教育时期学生所交的学杂费、书簿费和伙食费等，更能管好社会各界捐赠的财物。其措施有：慎用财会人员、尽量紧缩开支、成立金审小组、接受群众监督。

一、财会人员管理

学校选派敬业、有职业道德且持有会计证和有会计核算能力的老师担任会计人员，历年来，有下列人员先后担任会计主管和出纳人员：

主办会计：柳民久（1978.9—1979.9），张慧娟（1979.10—1990.1），周湘荣（1990.2—1992.8），刘乾来（1992.9—2000.8），陆升凤（2000.9—2005.7），陈丽萍（2005.8—2016.8），方红霞（2016.9—2017.12）。

出纳会计：奚南琪（1978.9—1980.5），孙文建（1980.6—1981.8），周湘荣（1981.9—1990.1），周浩忠（1990.2—1998.7），陈丽萍（1998.8—2005.7），须忠贤（2005.8—2008.7），方红霞（2008.8—2016.8），包菊萍（2016.9—2017.12）。

自2000年9月始，在陆升凤担任会计时，在参加了会计电算化系统培训的基础上，学校实施了财务操作电算化，使财务管理工作更加严格规范。自2009年11月始，在陈丽萍担任会计时，学校又实施了财政直接支付，使经费计划运作、财务规范结报更加趋向合理化和制度化。

其中，刘乾来曾获得江阴市直属学校后勤工作先进个人，陆升凤、陈丽萍曾获得江阴市教育系统学校后勤工作先进个人。

二、经费管理

1978年下半年，聋哑学校在马镇复办时，公用经费是按照班级数划拨的，那时真的经费非常紧缺。会计们都是校长的守财管家，及时汇报支出情况。学校的校舍建造、设备添置和日常开支都是坚持一条：货比三家，精当细算，把有限的资金用在刀刃上。有时还和行政人员一起外出做些经费赞助。

为规范学校财务管理，合理使用学校经费，做到了经费使用情况公开、透明。学校成立了以校长为组长、主管后勤的副校长为副组长、工会主席、总务主任和财会人员参加的财务管理领导小组；工会主席为组长的财务公开和监督小组，成员为历任工会委员。同时制定了学校财务管理制度和会计人员职责，以及学校财务公开和财务监督制度细则，定期对学校经费进行审查监督、经费使用情况进行公开，保证学校经费的合理使用。两个小组基本上每月召开一次会议，汇报和了解学校各项经费使用情况，并针对学校实际情况提出合理性意见和建议。

学校经费年度预算经过财务管理领导小组进行讨论研究，学校大额经费开支、大额资产采购、学校基本建设和专项经费使用等，都由领导小组讨论，进行公开公示后再实施。学校还成立了政府采购领导小组，凡是纳入政府采购目录的物品都坚决按照上级规定实行政府采购。

会计人员每年在学校召开教代会时，向全体教职员工公布学校财务分析报告。平时每月向校长汇报经费使用情况，并定期公布学校行政、食堂及工会经费的收支情况。财务监管小组定期对财务部门的工作进行检查监督。

在进行部门预算时，遵循部门预算和综合预算的原则。收入预算根据年度教育教学工作的实际需求确定，收入来源实事求是，支出预算编制其中的工资福利、对个人和家庭的补助，都按照政策规定的标准和享受人员范围据实编报，并根据学校财力，按“先保学校稳定后建设”的原则进行。年度决算，由教育部门审核汇总后报财政部门，保证决算数字真实。

学校按规定配备主办会计和出纳，每年参加会计人员继续教育。还建立了会计人员岗位责任制，职责分工明确。

在基础性财务工作方面，原始凭证、记账凭证、会计科目、会计账簿、会计档案等相关工作，都按照相关规定并符合会计制度，每年度会计档案进行及时的整理并将会计档案送学校档案室保管。

学校各类收入和代收代管资金按规定全额缴入教育局财政专户，包括开学学生所交伙食费。2010年，无锡市实行残疾人15年免费教育，对残疾学生除了伙食费以外全部免除所有收费。江阴市慈善总会每年捐助全校学生午餐费用。学校坚决实行报支审批制度，凡是报支的相关票据都有经手人、证明人、审核人、单位负责人签字。

三、校产管理

学校的校产校具，在办学过程中的任何一个时期，都是来之不易的。为了充分发挥它们在教育教学中的巨大作用，总务人员在全体教师的配合下，当好参谋，周密计划，适时添置，精心管理，促进了学校办学目标的不断实现和深层发展。在这方面，主管部门主动迎合学校领导的工作意图，积极主动地做好了工程建设、校具添置、管理维修等工作。

（一）工程管理

学校零星工程由学校零星工程管理领导小组进行管理，由校长监督执行。凡是重大工程的管理，一般都有市教育局基建办负责施行。在学校申报，征得上级批准的前提下，其流程大致为：规划、设计、招标、施工、验收、审计等7个环节。例如：江阴市聋哑学校从马镇搬迁到城区后，面临着没有食堂餐厅、没有与师生住宿相配套的生活设施和没有大礼堂等困难。为改善办学条件，自1993年年初就启动了建造一幢建筑面积为919平方米的食堂楼的项目，该项目由江阴市设计院设计，江阴市第四建筑安装工程公司施工，当年年底竣工，1994年年初正式启用。

学校建筑施工现场

为加快推进特殊教育现代化建设进程，完善学校各专用教室，为满足全面实施素质教育的需要，江阴市聋哑学校向教育局提出建造一幢综合楼的申请要求，并得到上级政府部门的批准，自1995年5月正式启动，综合楼建筑面积987平方米。该项目由无锡轻工研究设计院设计，江阴市房屋修建公司施工。1996年8月，该工程的土建和装潢全面竣工。

从2006年起通过整体规划，精心筹备，开始启动了江阴市聋哑学校整体改造项目。该项目由江阴市发改局澄发改投[2006]939号文件立项批复，江阴市财政局澄财建〔2007〕13号文件核定概算1547.00万元。规划建设内容包括：新建教学用房及宿舍4617平方米，旧房改造建筑面积5200平方米。由江阴市城乡规划设计院设计；江苏外建建设咨询监理有限公司监理；教学楼、宿舍楼、操场工程及食堂改造工程由江苏锦澜建设有限公司施工，老校区教学楼、综合楼、幼儿园改造工程由江阴市滨江装饰幕墙工程有限公司施工，老校区广场、道路、室外管线等改造工程由江阴市宏达建设工程有限公司施工。该项目2008年8月竣工验收，最后决算均经江苏暨阳工程咨询有限公司审计。

（二）职责明确

学校一贯来非常重视校产资产管理，有专门的《江阴特教中心校财产管理制度》，专门成立了江阴市特殊教育中心校资产（财产、设备）管理领导小组，由一名分管副校长担任组长，总务处主任和资产管理员担任副组长，学校现代化设备、教学仪器、体育用品器材、厨房设备分别由主管老师负责。

具体职责如下：

1.各专用室、教室、办公室的仪器设备由各室管理人员保管（如专用室由专用室包干人负责，教室由正副班主任、办公室由办公室负责人保管）。各室保管员及室内成员（专用室内其他上课老师，办公室成员）平时要注意爱护室内财物，一般不要转移室内资产，如果确实要转移请告知保管人。还要加强对学生进行教育与管理，教育他们爱护室内财产，经常进行整理，来保持室内整洁。

2.总务处对学校设施设备定期进行检查，如有安全隐患马上告知全体师生停止使用，待符合国家安全标准后方可重新使用。各室财产保管员也要加强对本室财产的检查，发现有安全隐患，要立即上报；发现有缺少，要立即进行查找；有损坏要立即报修。

3.学校财产、设备除期初分配到各室，临时需要的设备，需到相关管理员那里领用、借用。

4.学校期初完成各室财产的登记，到期末进行检查，如有损坏缺失情况，由资产管理领导小组根据具体情况作出处理（如果是人为原因造成损坏或缺失的，要酌情进行赔偿）。通过校产管理制度来科学管理学校资产，确保了学校校产校具的正常使用。

杏春培智学校的财会人员（行政会计和食堂会计都由一名老师兼任），按照先后顺序为盛美英、顾荷英、孙经建、曾晓丰和夏红新。他们都持有会计证上岗。从学校开办到2006年上半年，杏春培智学校作为澄江镇的一所完小，财务一直是独立核算做账。自2006年下半年始，澄江镇成立了学校财务结报中心后，学校会计（报账员）只要做好传票去结报中心报账。

第十章　办学业绩

在地方党委、政府的重视和社会各界的大力支持下，学校越办越红火。尤其是进入改革开放年代后，学校注重教育、教学改革，坚持以科研兴教、以特色立校，在实践中不断提高自身的现代化水平，凭借教师队伍的整体优化，1998年被省教委命名为首批“江苏省特殊教育现代化示范学校”，1999年被省教育厅命名为“江苏省模范学校”，之后又多次获得”无锡市常规管理先进学校”“无锡市平安校园”“江阴市先进党支部”“江阴市优秀团支部”“江阴市德育先进学校”“江阴市安全工作先进单位”等荣誉称号。学校以教育、教学的辉煌业绩，证明它实现了“提高特殊学生生活自理能力，把他们培养成有社会主义觉悟，有文化，能自食其力，并为社会创造财富的劳动者”这一办学目标。

第一节　学校荣誉

表22

获奖时间	获奖对象	获奖项目	何种奖励	发奖单位（或级别）
1984 年	聋校四年级中队		全国快乐中队	全国
1985 年	聋校		全国创造杯（1）省创造杯（3）县创造杯（3）	
	聋校	“创造杯”少先队活动竞赛	优秀活动奖	江苏省
	聋校少先队大队部		无锡市优秀队集体	无锡市
	聋校	“创造杯”活动队报竞赛	优秀奖	江阴市
1987 年	聋校		江阴县先进集体	
1990 年	聋校		1982—1989 年施行体育锻炼标准先进集体	
	聋校		学生宿舍先进单位	
	聋校第一党小组		1989 年度两个文明建设中获先进党小组	
	聋校少先队大队部		江阴市先进集体	
1991 年	聋校团支部		江阴市先进团支部	
1993 年	培校		无锡市特教工作先进单位	无锡市

续表22

获奖时间	获奖对象	获奖项目	何种奖励	发奖单位（或级别）
1995 年	聋校		江阴市教委直属学校 1994 年计划生育先进集体	江阴市教育委员会
1996 年	聋校		1995—1996 年度江阴市先进学校	江阴市人民政府
	聋校		市教委先进党小组	中共江阴市教育委员会
	聋校		无锡市常规管理先进学校	无锡市教育委员会
	聋校		1995 年度先进党支部	中共江阴市教育委员会
	聋校		无锡市先进学生军（警）校	无锡市国防教育委员会
	聋校		1995 年度优秀团支部	江阴市团市委
1997 年	聋校		无锡市常规管理先进学校	无锡市教育委员会
	聋校		1996 年度无锡市德育工作先进学校	无锡市教育委员会
	聋校		江阴市十佳教师先进集体（第二办公室）	江阴市教育工会
	聋校第一党小组		优秀党小组	江阴市教委党委
	聋校		江阴市先进集体	江阴市人民政府
	聋校		江阴市 1995—1996 学年度文明单位	
	聋校	《女儿情、回归心》	江阴市小学生文艺会演三等奖	江阴市教育局
1998 年	聋校		市教委直属学校计划生育先进集体	江阴市教委
1998 年	聋校		市青少年志愿者先进集体	江阴团市委
1998 年	聋校	“希望之声”	学校电视台节目评比三等奖	江阴团市委 江阴市教委
1998 年	聋校		教委系统先进党支部	江阴市教委党委
1998 年	聋校		澄江镇优秀团支部	澄江镇团委
1998 年	聋校		江阴市管理一类学校	江阴市教委
1998 年	聋校		无锡市教育现代化示范学校	无锡市教委
1998 年	聋校		市无吸烟单位	江阴市爱卫会
1998 年	聋校		江苏省教育现代化示范学校	江苏省教育委员会
1999 年	聋校		1997—1998 年度无锡市常规管理先进学校	无锡市教育委员会
1999 年	聋校		1998 年先进学校	江阴市人民政府
2000 年	聋校		江阴市文明单位	中共江阴市委员会
2000 年	聋校		江苏省模范学校	江苏省教育委员会

续表22

获奖时间	获奖对象	获奖项目	何种奖励	发奖单位（或级别）
2001 年	聋校		常规管理先进学校	无锡市教育委员会
2002 年	聋校		市优秀教工之家	江阴市教育工委
2002 年	聋校		现代信息技术试验学校	无锡市教育局
2002 年	聋校		优秀党员活动室	江阴市教育局
2003 年	聋校		学校安全工作先进集体	江阴市教育局
2004 年	聋校		全国首届特殊教育论文大赛组织奖	《现代特殊教育》编辑部
2005 年	聋校		江阴市行规示范学校	江阴市教育局
	聋校		“三立三爱三服务”活动先进集体	
2006 年	聋校		全国第二届特殊教育论文大赛组织奖	《现代特殊教育》编辑部
	聋校		校务公开先进学校	江阴市教育局
	聋校		AA 级特色学校	江阴市教育局
	聋校		江阴市绿色网吧	无锡市教育局
2008 年	特校		全国第三届特殊教育论文大赛组织奖	《现代特殊教育》编辑部
	特校		江阴市依法治校创建工作先进单位	江阴市教育局
2009 年	特校大队部		市十佳少先队大队部	江阴市团市委
	特校教导处		先进教导处	江阴市教研室
	特校		江阴市安全工作先进单位	江阴市人民政府
2010 年	特校		2008—2009 年度江阴市德育先进学校	江阴市教育局
	特校		江阴市平安校园	江阴市教育局
	特校		廉洁文化进校园达标单位	江阴市教育局
	特校		无锡市第三批敬老先进学校	无锡市教育局
	特校党支部		2007—2009 年度先进基层党组织	中共江阴市委
	特校		江阴关心下一代工作先进集体	江阴市关工委
	特校		江阴市十佳师德标兵学校	江阴市教育局
2011 年	特校		争做幸福江阴好园丁先进集体	江阴市教育局
	特校		全国第四届现代特教论文比赛组织奖	中国特教学会
	特校		2009—2010 年度江阴市中小学管理规范先进学校	江阴市教育局
	特校		“爱的天使”十佳教师团队	江阴市教育局
	特校		江阴市十一五残疾人康复工作先进单位	江阴市人民政府

续表22

获奖时间	获奖对象	获奖项目	何种奖励	发奖单位（或级别）
2012 年	特校		年度安全考评优秀	江阴市教育局
	特校党支部		2011—2012 学年度“创先争优”先进基层党组织	江阴市教育局党委
	特校		江阴市教育系统关心下一代工作先进集体	江阴市教育局
2013 年	特校	师德师风教育活动	先进集体	
	特校		2012 年度江阴市教师专项课题优秀组织学校	江阴市教育局
	特校		与晨光实小联合开展的“心融志同”携手共创活动被评为江阴市优秀德育项目	江阴市教育局
	特校		直属学校第二届教工乒乓赛第三名	江阴市教育工会
	特校		无锡市特殊教育听障学生乒乓球比赛团体二等奖	无锡市特殊教育专委会
	特校		江苏省合格档案室二星级	江阴市档案局
2014 年	特校		江阴市教育系统关心下一代工作先进集体	江阴市教育局
	特校	《情满中秋》《在候车室》	江阴市残疾人小品比赛二等奖	江阴市残联
	特校		优秀组织奖	共青团江阴市委
	特校		工会活动二等奖	江阴市教育工会
	特校		无锡市特奥会先进组织单位	无锡市残联 无锡市教育局
	特校听障二年级		2013—2014 年度江阴市先进学生集体	江阴市教育局
	特校党支部		2013—2014 学年度先进基层服务型党组织	中共江阴市教育局委员会
2015 年	特校德育课题组		江阴市十佳工人先锋号	江阴市总工会
	特校		江阴市学校关工委工作常态化建设合格学校	江阴市教育局关工委
	特校	架子鼓《最炫民族风》	无锡市首届特殊教育学生文艺汇演三等奖	无锡市残联、无锡市教育局
	特校	钢琴独奏《北风吹，牧民歌唱毛主席》	无锡市首届特殊教育学生文艺汇演三等奖	无锡市残联、无锡市教育局
	特校		无锡市第二届特殊教育青年教师基本功大赛团体奖	无锡市残联、无锡市教育局
2016 年	特校		2015 年度江阴市优秀学校“彩虹课堂”	江阴市教育工会
	特校	2015 年度安全生产工作	江阴市安全生产先进单位	江阴市人民政府安全生产委员会

续表22

获奖时间	获奖对象	获奖项目	何种奖励	发奖单位（或级别）
2016年	特校	无锡市第二届听障学生运动会	优秀组织奖	无锡市教育局
	特校	2016年江阴市残疾人文化艺术精品节目展演	优秀组织奖	江阴市残疾人联合会
	特校	《让世界因我而美丽》	2016年江阴市残疾人文化艺术精品节目展演二等奖	
	特校	《渔舟唱晚》	2016年江阴市残疾人文化艺术精品节目展演优秀奖	
	特校		无锡市特奥工作先进单位	无锡市教育局 无锡市残疾人联合会
	特校智障部五年级		2015—2016学年度江阴市先进学生集体	江阴市教育局
	特校智五（极速蜗牛）中队		2016年度"江阴市少先队魅力中队"	共青团江阴市委、江阴市教育局、少先队江阴市工作委员
	特校党支部		无锡市教育系统先进基层党组织	中共无锡市委教育工作委员会
	特校		2013—2015年度江阴市群众性精神文明创建工作先进单位	中共江阴市委 江阴市人民政府
2017年	特校	《可爱的家乡》	无锡市中小学优秀传统文化校本教材评选一等奖	无锡市教育局
	特校	文富社区彩虹课堂	2016年度优秀"彩虹课堂"	江阴市教育工会
	特校党支部		2016-2017学年度江阴市教育局党委先进基层党组织	中共江阴市教育局委员会
	特校听障部七年级		2016-2017学年度江阴市先进学生集体	江阴市教育局
	特校智障部四年级		2016-2017学年度江阴市先进学生集体	江阴市教育局
	特校职高二年级		2016-2017学年度江阴市先进学生集体	江阴市教育局
	特校		"十二五"扶残助残先进集体	江阴市残疾人工作委员会
	特校		直属学校教工健身项目展示活动二等奖	中国教育工会江阴市委员会
	特校	文富社区彩虹课堂	2017年度江阴市优秀"彩虹课堂"	江阴市教育工会
	特校	《阅读报》	江苏省首届中小学（幼儿园）优秀校园报刊评比活动优秀奖	江苏省教育新闻工作者协会 江苏教育报刊总社

第二节　社会影响

一所学校，尤其是从事特殊教育的学校，能把常人眼中认为的残废儿童，培养成爱党爱国，自食其力，甚至为社会创造财富的劳动者，其艰辛程度可想而知。然而，是坚强的信念，使他们在上级领导的重视和关怀，以及各界有识之士的支持下，创出了一条独具特色的新路，改变了残障儿童未来的命运，从而将惊喜和福祉送进了残障儿童的家门。他们的工作业绩不胫而走，广为传播。经新闻媒体和专业刊物的推介，从本土到外地，从国内到国外，引人瞩目，不同凡响。

一、国外影响

2011年国际儿童节前，在江阴市委、市政府举办的国际儿童电影节期间，莅临的国际嘉宾参观了该校。他们惊叹于在江阴这样的一个小地方，能有如此生气勃勃、成果累累的特殊教育学校，更感动了意大利教育家伊娃·舒瓦兹沃尔德，后经再次造访，她将江阴市特殊教育中心校的经验带到了意大利，并在同年10月通过米兰的一家教育杂志，将经验推广给了意大利民众。

其全文如下：

中国：孩子们的手语舞

伊娃·舒瓦兹沃尔德（意大利教育专家）

我在2011年应国际儿童电影节的邀请，作为评审会成员来到中国江阴——一个人口200多万人的工业城市。我有幸参观了一些学校，其中就有一所叫江阴特殊教育中心校的学校尤其让我关注。这所学校是为听障孩子和智障孩子所建立的，修建于2008年8月。现代化的建筑大约10500平方米，总建设面积大约14500平方米。学生和教师们都集中在学校草坪上为我们代表团成员展示他们预先准备好的节目。他们中有幼儿，有稍大一些的孩童，他们在悦耳的音乐声中为我们用手语表演舞蹈。这所特殊教育中心校的教育涵盖了幼儿园到高中：有385个学生，66个教师。其中包括有162个残障孩子和223个幼儿。他们不仅从孩子的基础教育出发，让孩子们更好地利用并学好语言（你可以想象，离开了口语的听障孩子要学习语言是何等的困难——那些复杂的词意以及阴阳上去的声调），语言是促进听障孩子心理成熟的很重要的因素，并且还为听障孩子深入并持续的学习提供了可能。在教学过程中，教师直接将教学内容用实物投影仪投射到大屏幕上以便学生更好地学习，学生在这里一般要学11～12年。特教中心蒋勤楠校长以及陪同的江阴教育局高级官员曹炯向我讲述了中国特殊教育的制度，他们特别关注残障孩子的康复训练，致力于早发现，早干预，早治疗。中国用法律规定，人口超过30万人的城市，必须要设立特殊教育学校。在中国，现今有超过两千万的人在听觉上存在障碍（中国残联数据）。现在江苏省约有在校就读的特殊学生有23000人，其中盲人则就读于专门的盲校。听障孩子在结束这里的学习后他们需要通过中考进入高中的学习，以后还能升入大学，甚至还能进入一些综合性的健全人大学。这些大学还保证给他们因材施教，以便以后能更好的融入健全人群体，让他们回归主流社会。不过其中最重要的问题是如何让他们进入劳动力市场？教育局领导说，学校为85%的学生提供了住宿，住宿的条件让家长跟学生都很满意。中国幅员辽阔，各省之间存在语言差异，政府干预引导，设立了对所有的常见手语进行统一编写的一个项目，并行之成文成功出版了《中国手语》，其中收录了5587个常见词，并配以清晰的图画。希望这成功能给所有的国家在同类问题上有所启示。

南京特殊教育技术学院把江阴特教中心作为一个模板来进行研究。通过研究，使教育方式更趋合理，更加优化。

孩子们把自己手工制作的小礼物送到我们手上，这些礼物带着他们的浓浓祝福和深深情谊。通过他们，我看到了整个中国的特殊教育，他们用强大的法律作为保障，给了特殊孩子学习的机会，给了他们实实在在的福利。

（本文根据刊出杂志上的意大利语文本翻译）

二、国内影响

（一）办学经验全国报导

学校的典型经验，曾不知多少次地在省、市、全国的专业会议上作过介绍，也引来了全国各地无数特教行业的同仁到校参观取经。学校的办学经验，也由此作为江苏特殊教育的典型，于2009年11月以专题长篇报导的形式，走进了全国发行的特教权威杂志《现代特殊教育》的2009年专辑。其全文如下：

“幸福江阴”的特殊人文关怀

——探寻江阴市特教合格学校建设之道

闵建澄　徐建文

江阴，“江之尾，海之头”；

江阴，城江同在，人水常新。

沿着七千年足迹，从良诸到延陵，她穿越吴风楚韵一路走来。从前，她枕山负水，襟带三吴，历代兵家必争。现在，她地处长三角腹地，得江海便利，是中国东部乡镇的发动机。“幸福江阴，和谐江阴”是她崭新而靓丽的名片。

在这片积淀着文化传奇的土地之上，崇尚教育的声音从过去一直鸣响到今天；

在这方浸润着“崇文尚教”思想的江滨小城里，特殊教育也呈现出了别样的风景，曾两次被评为全国特殊教育先进县(市、区)。

超越合格的特殊幸福

1.老校新貌，传承一种底蕴

2008年9月，江阴市特殊教育中心校，一个具有50年历史的老校，以超越省合格校建设标准的崭新面貌展现在了我们眼前：学校现占地22亩，建筑面积10106平方米，拥有聋、培智、学前教育三个部，学生310名，其中157人为残障儿童。教职工83人，其中专任教师63名，按照现有设施可以接纳300名残障儿童入学。令人赏心悦目的赭白相间的四层楼房，宽大的连廊，仿佛行空的覆道，将校舍连为一体。连廊和楼房的走廊里，都设有圆木扶手。残障孩童随时可以憩歇。虽然新建的教学大楼只有四层，但除了楼梯还设有电梯，惹得可爱的学生好奇地有事没事乘着电梯上上下下。

明亮的教室里，除了大屏幕液晶显示屏的“班班通”外，黑板上面还设有电子显示屏，老师对学生有什么要求随时可以通过游动字母来告知，由此学校每位老师上课时都携带笔记本电脑。老师的授课还可以通过投影电视、闭路电视交互教学系统，让存在交流障碍的学生看得清清楚楚。对于这些特殊的孩子，视觉的感知远胜于听、说等声觉的感知，因此，学校想方设法通过视觉来传递信息。

除此以外，学校还有比较完善的听力检测设备，感统训练室、律动室、语音康复中心等，以及和普通中小学一样的各种音体美劳活动室。学校除了努力为学生创设良好的语言环境和更多的语言实践机会外，在课程上设置了律动、烹饪、美发、书法、种植等一系列科目，以便让学生走出校门、踏上社会后，能成为一个心智相对健全的合格劳动者。你看，明媚的阳光下，孩子们在艳丽的红绿相间的塑胶跑道和篮球场上欢快地奔跑、嬉戏，时不时发出热烈而快乐的欢呼声。他们也和普通的孩童那样享受着幸福的温暖。

不仅如此，宽大整洁、卫宿相连的寝室里，空调、冷热水、恒温式淋浴器都安装到位，另外，还装有遥控式特教院校寝室呼唤、突发事件报警系统。按照作息时间，震动系统将熟睡的孩子按时唤醒，再通过游动字母告知有关要求，组织集体行动。如有突发事件，报警系统会告知孩子进入紧急状态。当然，敬业爱生的特教老师依然坚守在值班岗位上，他们不会因为设施的现代化而减弱对特殊孩子的关爱，而在追随学生的目光中，永远带着笑意。

一份牵挂，温暖一方净土；一个目光，折射一种境界。

2.群星荟萃，支撑一片晴空

一支稳定优质的师资队伍是办好特殊教育工作的关键和根本。经过多年打造，我市从事特殊教育工作的63位专任教师中，有全国优秀教师3名；无锡市学科带头人2名；无锡市、江阴市教学能手6名；无锡市教学新秀2名；5位教师在江苏省特教学校青年教师基本功比赛中获一等奖，7位教师获二等奖；特教中心校校长蒋勤楠还是“中国聋教育课程改革研制组”成员。江阴的特教师资优越的整体水平，为江阴的残疾孩子支撑起了一片追梦的晴空。

近年来，江阴特教努力寻求着软硬件的有机结合，谋求着教育教学的最优化。经过多年的努力，在良好师资的带动下，我市的特殊孩子们品位着“幸福江阴”的内涵：他们表演的文艺节目在国家级、省级比赛中获奖28人次，两个节目还获得了全国奖；参加无锡市级、江苏省级小学生电脑绘画、课件比赛，多次获得一、二等奖；2005年9月，八年级听障学生章亚，被中国残疾人艺术团选中，有幸成为了《千手观音》之一。如今的章亚同学正随团“征战”海内外，和她的伙伴们用自己残疾的身体挑战着艺术的高峰…一系列荣誉的取得,不仅有同学的努力,更有老师的汗水。学校的残疾孩子们不仅让自己享受到了幸福，更为江阴的所有残疾人带来了幸福的希望。

其实，随着江阴经济的腾飞，这群特殊孩子的幸福生活，早就纳入“幸福江阴”的框架之中。尤其是2007年，江苏省下发了《省教育厅关于推进全省特殊教育合格学校工作的意见》以后，从市委、市政府的高层领导到普通的百姓，更是加大了对这一特殊群体的关注和支持。

超越合格的特殊关注

1.瞄准均衡，读懂“合格”这部经

“文革”后期的七十年代末，江阴恢复聋哑、智障儿童教育。当时的学校设在马镇北渚村，交通不便条件差，教学设施缺乏。1992年，市政府下决心将学校从乡间迁到市区，1996年，江阴全面实施教育现代化工程时，投入近200万元改善聋哑学校办学条件，1998年被确认为江苏省特殊教育现代化示范学校。而智障儿童教育，只是在普通小学中附设辅读班，随班就读。直到1988年，市区澄江镇才在原杏春小学设立杏春培智学校，虽然如此，智障儿童的办学条件也不如意。

早在2001年，江阴就被评为全国特殊教育先进县(市、区)，但江阴市委、市政府并没有满足于已有的荣誉，在提出“幸福江阴”建设时，注重教育均衡，建设合格的江阴特殊教育中心校就纳入了规划之中，市委书记朱民阳每年都要到当时的聋哑学校和杏春培智学校走访，慰问教师，了解情况。他指出：“幸福江阴”的宗旨是“人人幸福”，特殊教育对象作为社会的弱势群体，我们应给予更多的人文关怀，他们的教育既然是特殊的，就应更胜于普通的教育，他们的幸福是一种特殊的体验，应更胜于我们的幸福。为此，从2006年至2008年，江阴市人民政府专门发了四份会议纪要，决定将两校合并，组建特教中心校，并列入2007年为民办实事之一，要求以更优的配置为这批“特殊”者服务。朱书记亲临基建工地，规划、部署学校建设，明确提出特教中心要建成省内一流、全国示范的窗口学校。市政府王锡南市长率领常务副市长和主管副市长及有关部委办局领导，一年之中三次亲临现场，讨论研究学校建设过程中遇到的实际困难和问题，并即时解决。当听到校门拓宽有难度时，原市委副书记陈德荣立即召集相关部门负责人，做通有关部门工作，现场指挥，迅速拆除旧房，拓宽道路。于是，投资2000余万元，以超越合格校建设标准为目标的设施一流的特教中心矗立在了江阴城的西区，成为江阴教育的又一个骄傲。

2.拾级而上，走好“合格”这步棋

在合格校建设的氛围中，要使特教长足发展，经费是基础。江阴特殊教育的拾级而上，完全优于经费的保障。近几年，每年预算内的财政拨付要近500万元，加上预算外的经费，每年差不多近800万元用于特教。特教学生包括附设特教班及随班就读的学生实都实行免费上学，每人每年另外还补助1000元；对考上高中及以上学校的残障(疾)学生，每年补助生活费1000元。2008年，共拨出专项经费52.36万元用于学生的日常补助。特教教师的年度奖金全部由市财政统一发放，改善办学条件及特教教师培训经费，也全部由财政负担。多年来，市委、市政府、教育局、残联、慈善会、红十字会等部门，在政策和资金上，都给予特教全力支持，为江阴的特教发展创设良好的环境。对于特殊教育经费的投入和使用，教育局也有健全的督查机制，确保专款专用。江阴已经实行学前三年加九年义务教育的12年教育机制，有60%的聋哑人进入向后延伸教育行列，达到15年教育。“十五”期间，江阴的残障(疾)儿童少年入学率100%，并都完成了九年义务教育。

3.期待花开，借助“合格”这股力

如果说学校教育只为残障(疾)学生提供基本文化知识和初步技能教育，那么，这批人走上社会，自食其力才是其一生最迫切的需求。在安排残障(疾)人就业上，江阴也给予了有力的政策保障。江阴早就出台了残障人按比例就业政策。政府规定每个企业必须按职工总数的1.5%安排残障(疾)人就业，如果本企业不适合残障(疾)人就业，则必须按职工平均工资的1.5%缴纳残障(疾)就业保障金。此项内容，多年来，一直列入江阴年度精神文明建设考核内容。因此，江阴的残障(疾)人基本上都能达到自食其力，都能和其他正常人一样享受平等的权利，享受经济社会快速发展带来的成果，而没有成为社会、家庭的负担。

在政府的大力倡导下，社会各界关心支持的氛围也日益浓郁：慈善会连续8年提供午餐费，让孩子们免费吃上香喷喷的饭菜；华新瀚宇慈善基金会设立了30万元的特教奖励基金；江苏腾飞工程项目管理有限公司出资20万元，设立"特教学生成才基金"；江阴南方管件厂多年来捐资助学达100余万元；江阴天江制药业有限公司、新华美容城一直免费为学校提供实践基地；中国人寿江阴保险公司等单位和学校、学生结对助学。江阴市交巡警大队市区三中队爱心接力，为听障孩子陈磊连续负担九年的全部费用，直至她毕业，还安排了她就业。

超越合格的特殊内涵

1.走向科研，让特殊孩子体验幸福

现代科技的快速发展，为教育提供了现代化平台。作为了解世界，了解社会，扩充知识，延伸人类器官的现代信息技术，无疑为特殊教育带来光明的前景。在江阴，以特殊教育中心校为核心的江阴特教抢抓机遇，从人本主义出发，着眼于孩子的终身发展，率先走向了特教科研这扇门。

早在20世纪90年代初，以智障《弱智学生个别化教学》和听障《农村聋校职业教育》为龙头的两大省级课题，不仅为江阴特教的内涵发展吹响了冲锋号，更为江阴特教后来的声名远播奠定了坚实的基础。

进入21世纪以后，江阴特教中心更是在科研方面走出了更宽的路子。他们以信息技术教育促进培养聋生交往能力为抓手，积极探索网络环境下特教学生自主成长的教学模式。开展了"信息技术与特教生交往能力的培养"这一课题。学校制作积累了200多个多媒体课件，建立了资源库，建立了班级主页和个人网页，为师生展示自我提供了方便。目前，100%的教师能运用现代教育技术，80%的教师能制作多媒体课件。每个青年教师拥有自己的个人网站，有一大批教师在信息技能比赛中获奖。

同时，学校以艺体职教为切入点，建立开放式教育体系，构建网络交往平台。学生掌握了一定的信息技术以后，指导他们应用这些技术开展交往。在交往中获取语言信息，获取知识，提高语言表达能力：一是指导学生利用即时聊天，鼓励学生使用电子邮箱，让他们结交朋友，扩大交往，提高语言能力；二是利用校园网，与老师、同学进行交流。三是利用"聋人在线""聋人之星""特殊需要在线"等一批优秀网站，引导学生到这些网站浏览信息，在论坛或留言板上参与讨论问题，发表自己的观点和意见。另外，还创设虚拟社区，让学生通过网络参与社会活动，比如在虚拟社区中完成购物、取款、讯医、求职等。

通过一系列手段和方法，学生能力也得到长足的进步。学生大多掌握了打字、绘画、小报制作、网页制作、文字编辑等方法，初步具备了信息收集、分析、处理的能力，同时还增加了学生的语言交流量，提高了语言水平，矫正了心理缺陷，为实现学生和社会无障碍沟通夯实了坚实的基础。残疾孩子网络系统无障碍化，正逐渐成为学校的特色。多年来有大批孩子在省、市各类信息技术比赛中获奖。2005年9月，听障八年级学生章亚，被中国残疾人艺术团选中，有幸成为震动世界的“千手观音”节目中的一双手。

学有所成，劳有所养，幸而甚矣。

2.走向社会，让特殊孩子享受幸福

由于生理的缺陷，造成了孩子生活自理能力的薄弱和心理的障碍，孩子普遍存在各种行为障碍。帮助他们解除心智的束缚，提高生活能力，走进社会，成为学校教育工作的重心。

健全的心智源于正常的交往和心与心的交流。从2004年开始，学校就和兄弟学校、社会、家庭开展“手拉手，我们一路同行”系列活动。

与江阴市晨光实小、江阴实验中学、江阴职业技术学院、江阴职技中心、江阴实验小学等学校开展手拉手活动、阳光体育活动。这些特殊的学生和正常的孩子在一起唱歌跳舞，表演手语舞、手语游戏、皮筋操，时装表演。两军对弈，杀得难解难分。篮球场上，球来球往，时而传来进球的欢呼声。那欢声笑语和雷动的掌声，让孩子们消除了心理的压力，获得了幸福的自信。同时，正常孩子也体验到把更多的关爱献给弱势群体的重要意义。除此之外，正常孩子物质上的资助和学习上的帮助，又使特殊孩子体验到友谊的可贵和融入社会的重要，补偿了“合群、合作、共享”的阳光心理。

江阴市志愿者联合会的志愿者们，也来学校结对联谊，开展联欢活动。志愿者的轮滑表演和街舞表演，孩子们的哑剧表演和作品展示，一次次的互动，一次次的拥抱，一次次的OK，让孩子们体验到人生的快乐，归属到主流生活中去。而澄江街道文艺演出队的来校演出，更让孩子们感受到社会的温暖。

良好的外部环境为学校的发展撑起了一方绿荫。学校在常规的教育教学情况下，从人本主义出发，为孩子的终身发展着眼，提出“健全心智，融入社会，发展能力，自食其力”的教育策略。学校从学生的实际出发，一直重视对学生进行职业技能训练，寻找适合学生的项目，联系社会、企业开展学生职业技能训练，为他们早日融入社会，培养和造就“会求知，会生存”的心智健全的合格劳动者而努力。

滚滚长江流过江阴千顷沃野，伫足今天的江阴教育，如身居长江大桥之上，看江面开阔，百舸争流。江阴特教，也正如一叶扁舟，战风斗浪于江阴教育的波涛里。相信江阴特殊教育一定会借省特殊学校合格学校建设的东风，继续发扬“人心齐、民性刚、敢攀登、创一流”的江阴精神，熔铸江阴特殊教育崭新的辉煌、永远的精彩。

著名教育专家、散文作家姚卫伟于2018年元月专门为特教中心写过一篇专题片介绍，全文如下：

特教之花

——走向成功的江阴市特殊教育中心校

江阴，在这块古老而又年轻的土地上——它汇聚了千年吴越文化的机敏聪慧，它书写着百年现代社会的不懈探索。三十年改革开放的步伐，而今走进新时代的江阴人民正以昂扬的斗志砥砺于新的历史征程。

江阴深厚的历史文化是因为教育，江阴蓬勃的发展活力得益于教育，江阴人兴学办学的传统创造了江阴教育的千般美丽。江阴教育的百花丛中，人们难忘江阴特殊教育中心校倩影与颜容，江阴教育的辉煌少不了特殊教育中心的特殊贡献，特教中心用自己的努力创造了江阴教育的又一个奇迹。

如果让时光倒流，2008年是江阴特教工作者最难忘的日子。2008年江阴市特殊教育中心校的建立，让全市所有的听障、智障孩子有了平等享受优质教育资源的机会。

2008年至今，短短十年，由原聋哑学校与澄江街道培智学校合并而成的特殊教育中心校，现在已发展为一所教育理念先进、常规管理科学、教育质量优良、办学特色鲜明，并响誉一方的知名特殊教育学校。

一、信念——在每个孩子的心中种植一束阳光

听障孩子、智障孩子、自闭症孩子，他们是孩子，但他们又是特殊的孩子。早些年，学校曾碰到一个脾气暴烈的聋哑孩子，而且他还有偷盗行为，父亲对老师说："让警察把他抓去吧。"

不能放弃孩子！一次次地与孩子谈心，适时地给孩子点赞，给孩子提供生活上的帮助……。家长感动于老师的耐心，家长看到了赏识教育的神奇，家长感受到了爱的力量。学校传递给家长的是温情温馨……。

孩子终于转变了，家长高兴地说："孩子在学校得到了阳光般地温暖。"

在每个孩子的心中种植一束阳光，这是江阴特教中心所有老师坚定的教育信念。因为他们相信每一个孩子都有改变的可能，成长的空间，发展的潜能。每一个"孩子都是一颗小小的星星"。

是的，在江阴特教中心，每个孩子都是一颗小小的星星，他们彼此挨近，谁也不排挤谁。他们也能用自己的光与热，告诉自己的存在。在班级的存在、在学校的存在，走上社会后的存在……

江阴特教中心的孩子就是不一样，个个都好样。

自闭症孩子小佳刚进学校时是那么地任性暴急，是戴老师的信念、耐心、爱心与高超的教学艺术让一个问题孩子走上成功之路。小佳在全国钢琴比赛中获得二等奖。

又有谁能想到，一个身体有明显缺陷、根本就不愿学习的孩子能获得特教学生绘画比赛一等奖！

更令社会各界赞叹的是，一批又一批毕业生走上社会后，成为了自食其力的劳动者，有的还成了创业的明星、单位的骨干。

二、支撑——和合文化与高素质教师群体

江阴特教中心高质量高水平办学形象的树立离不开"和合"文化的营造。

致和致祥，事业兴旺，这是中华民族的传统，何谓文化？文化就是共同的价值追求。

蒋勤楠校长与许多特教老师一样，师范毕业，青春年华，但他们面对的教育对象都是如此特殊。于是，有迷茫，也有过动摇。是十年二十年的坚持，才使他们对自己所做的这一份工作有了别样的认识。【蒋校长语音】：我们面对的是一群特殊需要的孩子，我们必须尊重差异，为他们提供最合适的教育。“微笑面对每一天，尽力做好每件事，热心帮助每个人”，是我们共同遵循的行为准则。

戴娅萍老师在特教岗位二十多个春秋，学习上，她是老师，孩子生病她是医生，孩子们做游戏她是伙伴，生活上她又变成妈妈。她无愧于无锡市最美教师的光荣称号，她作为省优秀教育工作者为党的特殊教育事业做出了自己的特殊贡献。

和合文化让江阴特教中心的老师心往一处使，和合文化也让“教育公平”在特教中心得到了真正的落实与体现。尊重特殊孩子，尊重差异，分别对待，分类指导，个别化施教……，江阴特教中心创造出的有效教育方式与其说是教育的技巧，不如说是和合文化孕育出来的一份爱的心愿。它体现的是广大一线教师博大的教育情怀。

“和合文化”已成为江阴特教中心的一种教育理念！一种价值认同！一个品牌形象！

三、前瞻——特殊教育的特色之路

1.特殊教育之特加特色打造之特形成的独特优势让学校的发展不断跃上新台阶。

2.做实课程特色，构建具有江阴特教中心自身特点的课程体系，活动课程多样化，生活课程人性化，德育课程生活化，实践课程趣味化……丰富多彩的课程为孩子们提供了更广的发展空间，与之相配套的走班选课，让孩子们有了自主选择学习的权利。

国家课程的校本化路径探索，不但提高了教学的效益，形成了自己学校的教学风格，而且为教师的专业成长创造了条件，提供了平台。

3.做精“医教结合”“送教上门”新模式。学校通过挖掘已有的资源，联手卫生等社会组织，创造性开展特教工作，特教作用及功能发挥得淋漓尽致。

4.做响“校园艺术节”传统特色。是学校特色打造的一个着力点。

校园艺术节是特殊孩子展示才艺的舞台。

校园艺术节是培育孩子特殊才能的平台。

校园艺术节是彰显办学活力、营造文化氛围的有效方式与载体。

几年来，江阴特教中心的孩子能在省、市、区各类特教艺术舞台上频频亮相，屡获奖励，是与学校着力打造校园艺术节分不开的。艺术节为特殊孩子插上了飞翔的翅膀。

江阴特教中心的特色之路，源于他们的前瞻意识——教育要立足当下，也要有为孩子一生着想的长远眼光；教育不仅仅是知识的传授，更是心灵的学问与灵魂的唤醒……“十三五”期间，江阴特教中心将以前瞻性课题研究为抓手，在特色建设的基础上形成办学新优势。

四、目标——群众认可人民满意

不忘初心，记得来时路。当年创办特教中心之艰困犹在眼前。如今的江阴特殊教育中心校虽然只是江阴教育百花丛中的一朵小花，但它却是那么地美丽别致。江阴特教中心在走向成功的道路上取得了累累硕果，先后获得“江苏省模范学校”“江苏省特殊教育现代化示范学校”“无锡市教育系统先进基层党组织”“江阴市十佳教书育人团队”等多项荣誉，还被确定为“教育部特教学校校长能力提升影子培训基地”。

砥砺前行，踏上新征程。新的时代对特殊教育提出了新的要求。

我们仿佛听到了江阴特教中心每一位教职工的庄严宣誓：

为每一个特殊孩子提供最适合的教育是我们的坚定信念。

给每个学生广博的爱是我们的不变情怀。

为家庭送幸福、送希望、送未来是我们永恒的理想。

我们的办学目标始终如一：让群众认可，让人民满意。

三、成为“国培”基地

鉴于江阴市特殊教育中心校的办学经验、成果和声誉，极大地提升了特校在省内乃至全国的知名度和影响力，所以自2014年始至今，江阴特殊教育中心校作为“全国特殊教育学校校长能力提升培训项目影子培训”江苏省8所基地学校之一，而且是县市（区）级特殊教育学校唯一的一所。学校的校长蒋勤楠于2014年9月被江苏省特殊教育师资培训中心聘任为“校长国培计划——2014年特殊教育学校校长能力提升培训班”影子培训“实践导师”。截止至2017年12月，学校先后承接了十二期“特殊教育学校校长能力提升培训班”的影子培训，接待了来自新疆、海南、内蒙、吉林等22个省、市、自治区的特殊教育学校的校长122名。

全国特殊教育学校校长能力提升培训班学员合影

下面见相关附件：

（一）江阴特校的蒋勤楠校长被聘任为影子培训的“实践导师”的聘任书：

聘书

LETTER OF APPOINTMENT

蒋勤楠校长：

兹聘请您担任“校长国培计划—2014 年特殊教育学校校长能力提升培训班”影子培训“实践导师”，协助开展影子培训工作。

特此聘任。

江苏省特殊教育师资培训中心

二〇一四年九月

（二）2014—2017年，共12期特殊教育学校校长能力提升培训班学员来江阴特校影子培训名单：

表23　　2014年共三期　第一期

序号	姓　名	性别	工作单位
1	许智宏	男	新疆伊犁州霍城县特殊教育学校
2	赵亚芬	女	陕西省汉中市洋县聋哑学校
3	尉　婧	女	甘肃省定西市岷县特殊教育学校
4	李国文	男	甘肃省定西市通渭县特殊教育学校
5	李映河	男	甘肃会宁县特殊教育学校
6	李浩民	男	甘肃省白银市靖远县特教学校

表24　　第二期

序号	姓　名	性别	工作单位
1	肖正荣	男	湖北省钟祥市特殊教育学校
2	朱达汝	女	海南省澄迈县大拉教育园区特殊教育学校
3	张　静	女	海南省乐东县特殊教育学校
4	彭　琅	男	江西省宜春市特殊教育学校
5	黄超茂	男	广西百色市特殊教育学校
6	李燕娟	女	广西鹿寨县特殊教育学校
7	农仁宁	男	广西崇左市扶绥县特殊教育学校
8	陈赐莲	女	湖南省邵阳市特殊教育学校

表25　　第三期

序号	姓　名	性别	工作单位
1	杨卫国	男	河北省保定市特殊教育中心
2	张全芳	女	河南省信阳市特殊教育学校
3	陈少依	女	河南省南阳市唐河县特殊教育学校
4	杨晓光	男	河南省安阳市内黄县特殊教育学校
5	张树才	男	河南省新乡市获嘉县特殊教育学校
6	薛凤珍	女	内蒙古通辽市特殊教育学校
7	曲爱民	男	内蒙古通辽市开鲁县特殊教育学校
8	杨密婷	女	河北省邢台市特殊教育学校
9	郭文静	女	河南省安阳市汤阴县特殊学校
10	黄海燕	女	河南省开封市特殊教育学校

表26 2015年共三期 第四期

序号	姓 名	性 别	工 作 单 位
1	苏 涛	男	内蒙古巴彦淖尔市特殊教育学校
2	韩宝泉	男	内蒙古通辽市科左中旗特殊教育学校
3	张文娟	女	内蒙古赤峰市翁牛特旗特殊教育学校
4	张铁东	男	吉林省辽源市特殊教育学校
5	张美丽	女	内蒙古特殊教育学校（2013 最美乡村教师）
6	刘贵芝	女	河北省邯郸市邱县特殊教育学校
7	张彩霞	女	河南省郑州市中牟县特殊教育学校
8	姚 文	女	安徽省安庆桐城市育才学校
9	李永乐	男	安徽省滁州市来安县特殊教育学校

表27 第五期

序号	姓 名	性 别	工 作 单 位
1	田 斌	男	宁夏石嘴山市特殊教育学校
2	任君梅	女	陕西省西安市长安区特殊教育学校
3	宋苏英	女	新疆伊宁市特教学校
4	王 瑞	女	新疆巴楚县特殊教育学校
5	罗春辉	男	四川省攀枝花市特殊教育学校
6	苟冰影	女	四川省遂宁市船山区特殊教育学校
7	闫玉红	女	山西省运城市临猗县特殊教育学校
8	元云霞	女	山西省晋城市阳城县特殊教育学校
9	郑 军	男	甘肃省庆阳市宁县特殊教育学校
10	肖建国	男	重庆市垫江县特殊教育学校

表28 第六期

序号	姓 名	性 别	工 作 单 位
1	孔麦萍	女	江西省萍乡市湘东区特殊教育学校
2	朱玉萍	女	湖南省湘西州龙山县特殊教育学校
3	周保义	男	甘肃省天水市清水县特殊教育学校
4	吕金波	男	湖北省丹江口市特殊教育学校
5	杨光菊	女	贵州省黔南州瓮安县特殊教育学校
6	黄继红	男	广西天等县特殊教育学校
7	庞春梅	女	广西玉林市陆川县第三小学

表29　　2016年共三期　第七期

序号	姓　名	性 别	工 作 单 位
1	陆　俊	男	贵州省贵阳市开阳县特殊教育学校
2	张端正	男	安徽省固镇县特殊教育学校
3	张亦成	男	安徽省东至县特殊教育学校
4	张玉琴	女	甘肃省渭源县特殊教育学校
5	钟　林	男	宁夏中卫市海原县特殊教育学校
6	侯克海	男	山西省永济市振兴东街 53 号
7	梁　静	女	海南省文昌市特殊教育学校
8	吴拥军	男	河南省洛阳栾川县特殊教育学校
9	苏永刚	男	陕西省延安市黄陵县桥山街道办东区小学
10	史正耀	男	河南省南阳市特殊教育学校

表30　　第八期

序号	姓　名	性 别	工 作 单 位
1	李流常	男	广西百色市靖西市特殊教育学校
2	张学军	男	河南省商丘市睢阳特殊教育中心
3	周艳丽	女	湖北省竹溪县特殊教育学校
4	丁　伟	男	吉林省白城市特殊教育学校
5	李晓娇	女	青海省民和县特殊教育学校
6	方小芬	女	安徽省黄山市特殊教育学校
7	罗丽娜	女	贵州省遵义市正安县特殊教育学校
8	宋小平	男	贵州省遵义习水县特殊教育学校
9	王远芳	女	新疆和田地区特殊教育学校
10	黄盛团	男	广西南宁市隆安县特殊教育学校
11	胡沛洁	女	广西梧州市特殊教育学校
12	郭光俊	男	河南省武陟县特殊教育学校

表31　　第九期

序号	姓　名	性别	工作单位
1	栗虎军	男	山西省阳泉市盲聋人学校
2	熊碧芳	女	广西桂林市荔浦县特殊教育学校
3	朱苹榕	女	广西玉林市博白县特殊教育学校
4	龙永贤	男	陕西省商洛市特殊教育学校
5	张美美	女	陕西省武功红太阳特殊教育康复学校
6	张建光	男	河南省开封尉氏县特殊教育学校
7	张辅志	男	河北省承德市特殊教育学校
8	曾玲芝	女	江西省吉安县特殊教育学校
9	郑俊康	男	山西省忻州市特殊教育学校

表32　　2017年共三期　第十期

序号	姓　名	性别	工作单位
1	陈志平	男	湖南省郴州市特殊教育学校
2	陈清康	男	广西北海市特殊教育学校
3	张维斌	男	陕西省绥德特殊教育学校
4	徐旭峰	男	贵州省遵义市绥阳县特殊教育学校
5	唐申佐	女	重庆市潼南区特殊教育学校
6	刘汉军	男	四川省小金县特殊教育学校
7	杨晓光	男	河南省内黄县特殊教育学校
8	郭　勇	男	内蒙古乌拉特前旗特殊教育学校
9	刘小清	女	江西省萍乡县芦溪县特殊教育学校
10	刘士俊	男	安徽省阜阳市特殊教育学校
11	王亚君	女	甘肃省甘谷县特殊教育学校
12	叶安培	男	贵州省遵义市余庆县特殊教育学校
13	戴启勇	男	广西柳州市特殊教育学校
14	吴细凤	女	江西省进贤县特殊教育学校

表33 第 十一 期

序号	姓名	性别	工作单位
1	田　姣	女	贵州铜仁市印江县特殊教育学校
2	曾昭辉	男	贵州铜仁市沿河土家族自治县特殊教育学校
3	张小波	男	重庆市石柱县特殊教育学校
4	孙丽英	女	黑龙江哈尔滨市宾县特殊教育学校
5	韩传霜	男	新疆克拉玛依市特殊教育学校
6	徐凤琴	女	重庆彭水苗族土家族自治县特殊教育学校
7	唐　毅	男	重庆市南川区特殊教育中心
8	宁美嫦	女	湖南省娄底市特殊教育学校
9	赵聚良	男	河北邢台沙河市特殊教育学校
10	扎西央宗	女	西藏日喀则市特殊教育学校
11	李胜强	男	河南省濮阳市南乐县特殊教育学校
12	周家荣	男	云南省昭通市彝良县特殊教育学校

表34 第 十二 期

序号	姓名	性别	工作单位
1	莫亚韬	男	湖南省衡阳市特殊教育学校
2	白　雪	女	湖南省梓潼县特殊教育学校
3	尉　婧	女	甘肃省岷县特殊教育学校
4	王淑丽	女	河南渭河市特殊教育学校
5	赵常年	男	青海湟中县特殊教育学校
6	于成义	男	宁夏特殊教育学校
7	王姝琳	女	河南省周口市特殊教育学校
8	傅武香	女	江西省秦和县特殊教育学校
9	谢志英	女	四川省遂宁市船山区特殊教育学校
10	李海臣	男	黑龙江省依安县特殊教育学校
11	周春艳	女	重庆市酉阳县特殊教育学校
12	吕兰英	女	江西省上饶市万年县特殊教育学校
13	格桑卓嘎	女	西藏山南市特殊教育学校
14	黄爱香	女	湖南省怀化市中心特殊教育学校
15	谷　柳	女	湖南湘潭市特殊教育学校

（三）特殊教育学校校长能力提升培训班学员影子培训——赠送锦旗内容集粹：

表35

期　序	锦旗内容	赠送日期
第一期	春风化雨　德功千秋	2014. 10
第二期	特校江阴美名扬　特教一家真情暖	2014. 11
第三期	泽流及远　千里思源	2014. 12
第四期	惟红隆德　和合仁爱	2015. 5
第五期	合心聚力　和谐发展	2015. 6
第六期	大和至乐　兼爱天下	2015. 9
第七期	春江水暖　博爱情浓	2016. 5
第八期	做和合教育典范　创特教管理品牌	2016. 6

四、本土影响

江阴市特殊教育中心校开出的特教之花，决不是“墙内开花墙外香”，而是“墙内花香飘墙外”，更值得推崇的是，这些“香”气基本上发自“细节”上开出的花。它们通过江阴电视台、《江阴日报》，向社会传播了学校的一个又一个亮点。

就江阴电视台而言，2012年—2016年曾经播出的典型事例有：

表36

报道时间	报　道　标　题
2012. 3	学校与 63706 部队共建签约暨联谊活动
2012. 3	一个优秀女教工的故事（李佳佳老师）　无锡教育电视台播出
2012. 5	沈建市长助残日来校慰问　　市助残日文娱会演
2012. 9	江阴特殊教育中心校：最质朴的教师节
2012. 10	民盟江阴市委心系特教
2012. 12	江阴举行特殊儿童心理健康研讨会
2012. 12	“与爱同行”学校师德师风专题汇报活动
2013. 5	特殊学生感恩社会　爱心义卖情暖霍城
2014. 3	送教上门，让残障儿童享受“特别的爱”
2014. 12	量身定制个性方案，“医教结合”助成长
2016. 3	发掘特殊儿童专长，培育江阴“最强大脑”
2016. 9	[凡星闪烁]戴娅萍：特教岗位上的“螺丝钉”
2016. 11	激发兴趣增强实践　残障学生体验校园“爱心超市”

对《江阴日报》、江阴教育网等媒体而言，报导、小通讯、小特写等文章，屡见不鲜，既传扬了学校不凡的办学经验，又宣扬了毕业生融入社会、自食其力的动人事迹。

第三节　优秀人才

学校自创办以来，经教师的精心培育和学生的自身努力，各类人才相继出现，以达成办学目标的骄人成果，获得了社会的认可、学生家庭的感佩和学生的谢恩。于此择典型之中的典范，辑录留存：

章　亚　聋哑学校2006届毕业生

“千手观音”章亚

章亚，女，1990年9月生，澄江街道人，大学文化，自幼听力二级残疾，但聪颖过人，擅长舞蹈。在聋校克服困难，刻苦学习，成绩优秀，被评为三好学生。在无锡市残运会上获跳远三等奖、100米二等奖。2004年，在教育部、文化部等单位组织的残疾学生文艺会演录像评选活动中，以小品《情满中秋》获三等奖。2005年，在第六届全国残疾人艺术汇演中，以舞蹈《心与心不再遥远》获银奖。凭借对舞蹈与生俱来的天赋和经老师培养的扎实功力，经市残联领导推荐，入选中国残疾人艺术团。

刚入团的她，面临着舞蹈基本功的挑战，在三个多月的封闭式训练中，为了跟上已经经过专业训练的同伴，每天早晨5点钟不到就起床，到舞蹈房进行7～8个小时的基本功强化训练。2006年1月，章亚成为《千手观音》主力演员，随艺术团在国内外巡演，并随团受到中共中央总书记胡锦涛亲切接见。几年来，在国内28个省、自治区、直辖市及中国香港、澳门、台湾地区巡演。在国际上出访27次，巡演瑞士、美国、埃及、澳大利亚、日本、意大利等18个国家，3年半累计演出437场，其中公益义演占三成。2006年，她又考入北京科技职业学院，攻读“特殊教育与艺术”专业四年制本科，并于2011年1月毕业。2006年，她被评为2005年度江阴市精神文明建设十佳新人新事；11月，被市政府评为江阴市十佳自强模范。2010年3月，她被安排到市残疾人服务中心工作，并成为江阴市残疾人业余艺术团主要骨干。

章亚参加中国残疾人艺术团的《千手观音》巡演（前排左二）

黄海鹰　聋哑学校1993届毕业生

黄海鹰，男，1976年8月生，重度听力障碍。上学期间品学兼优，多次获“三好学生”称号。1993年7月毕业后，一直在江阴市集邮部门工作，现任江阴市残疾人联合会聋人协会主席（2013年3月当选）、江苏省残疾人联合会第六次代表大会代表、中国全国集邮联合会理事。

自立自强的毕业生黄海鹰

他从1998年就开始收藏邮票，后来这一爱好成了他热衷的事业。2009年3月当选江阴市第一届集邮协会理事。2010年至2013年间，曾五次获得市集邮展“竹”专题银奖、全国残疾人运动会集邮展览镀金奖。他不仅自己搜集邮票，还关注着我国邮政文化的建设。当他了解到全国很多地区的校园邮政文化资源奇缺的信息，从2013年至2015年间，向市、省、全国的有关中小学、少年邮局捐赠私人珍藏的邮票精品30余次，每次不少于百枚。在他的关心和帮助下，很多学校已被定为全国集邮示范基地。现在他能陆续收到全国各地的捐赠反馈，使他的人生得到了充实和提高。

他不仅在集邮上取得了建树，而且在体育和书画上也取得了骄人的成绩。2010年在江阴市残联举办的乒乓球比赛中获单打第一名；在无锡市第十届运动会乒乓球比赛中，由他参与的男子团体赛荣获第一名。此外还积极参与市、社区举行的跳绳、1500米、100米、游泳等比赛，都获得较好的成绩。他在校期间就喜欢书法，毕业后自学隶书。从结构到用笔，从用墨到章法，20多年如一日坚持练习，慢慢形成“雄浑、刚健”的书法风格。他为母校写的书法作品“自尊、自信、自立、自强”就悬挂在教学大楼的大厅里，这是特教中心校的校风，也是他始终奋斗的目标。黄海鹰在绘画方面也独树一帜。1994年，在江阴开办了个人书画展；2005年，获无锡市第二届聋人美术书法摄影作品展优秀奖；2014年2月，两幅书画作品在江苏省残联书法展览中展出。他的白描长卷《维摩演教图》，长达6米，宽80厘米，用整整17天画19个佛教人物，画得个个既惟妙惟肖，又庄严肃穆，观者无不称绝。

孟惟淼 聋哑学校1998届毕业生

孟惟淼，女，1981年8月生，自小药物致聋。1997年从江阴聋哑学校初中毕业后，考进无锡市聋哑学校读高中，2000年9月考入南京金陵科技学院经济信息管理与计算机应用专业深造，2004年8月毕业后进入江阴市聋哑学校任教，成为江阴市首位聋人教师。

她一贯要求上进，品学兼优。大学时任班团支部书记，曾被评为优秀学生干部。踏上特教岗位后，从教10余年间，一直担任学校的信息技术教学工作，不仅踏实认真，为人诚恳实在，而且严以律己，不骄不躁，受到领导和同事及学生的一致称赞。2010年4月，儿子出生后15天，丈夫不幸车祸身亡，在其父母对她封锁消息58天后，终得实情。在痛不欲生的打击中，她用坚韧不拔的毅力战胜了自己。不幸的是后来又向她袭去了儿子患有重度听力障碍的打击，但她强抑悲痛，用超乎常人的毅力，在带好与自己同样失聪的儿子的同时，恪尽职守，勤奋教学，常利用休息时间对电脑绘画兴趣小组的听障学生进行辅导，成果丰硕：有1名学生获得江苏省青少年奥林匹克信息技术应用竞赛一等奖；2名学生的电脑绘画作品获江苏省中小学电脑制作比赛一等奖；在无锡市中小学电脑制作比赛中5名学生的作品获一等奖、3名学生的作品获二等奖。她也由此被光荣地评为“电脑制作优秀辅导员”。

她在学生中，既是老师，也是大姐姐，用微笑、柔情感化学生，从思想、学习、生活上给予学生无微不至的关怀和指导帮助，成为与自己有着同样遭遇的听障学生的知心朋友。她根据学习和生活的切身感悟，撰写了《驾驭命运，前程似锦》《心理健康是成功之母》《共筑沟通桥，同圆说话梦》等文章，还多次对高年级听障学生讲座，通过面对面交流，鼓励他们树立自强不息、服务社会的信心，场面生动，影响久远，成了学校不可多得的优秀教师。

聋人教师孟惟淼

她不仅教学认真负责，而且在内功修炼上日趋炉火纯青：在残疾人职业技能比赛中荣获无锡市第二名、江苏省第六名；论文《应用微博平台，改变听障者未来》获“中国移动校讯通”全国教师论文一等奖，还有6篇论文在江苏省、无锡市获奖。她的先进事迹，先后在江阴电视台的《江阴新闻》、《百姓茶坊》栏目播出和在《江阴日报》上登载。2009年，被授予江阴市“十佳自强模范”称号；2013年4月、5月，先后参加江阴市、无锡市残疾人代表大会。2017年，当选为江阴市聋人协会副主席。

章晓鹏 聋哑学校2006届毕业生

章晓鹏，男，生于1990年6月，重度听力障碍。2006年7月毕业后，曾四处打工，还开过理发店，但他一直怀揣着一个当体育运动员的梦，并能在更大的体育赛场上拿到奖。为此，他暗暗地进行着各种训练。他深知：只要每天向前走一小步，一定可以达到人生既定的目标。2013年8月，他参加了无锡残疾人运动会，获得不错的成绩，并幸运地被选进了省田径运动集训队。此时已24岁的他，非常珍惜这来之不易的机会。

三个月的封闭式强度训练，既要参加团体赛，又要参加个人10项全能比赛，练完110米跨栏，又要练撑竿跳高，再要练1500米中长跑……反正10个项目首尾连接着练，强度重、压力大、人疲惫。但他回到久违的跑道、沙坑，就像回到了家一样地舒畅！临参赛时他因训练过度，右腿髌骨残裂，膝部肿胀疼痛，连走路都有点困难，更别说训练了。他把这一切全隐瞒了起来，为的是不想让家人和教练担心，更不想让“金牌梦”在国家级田径运动会上成为遗憾，于是仍每天坚持带伤高强度训练五六个小时。强度到了极限，累到呕吐，吐完接着跑，他说：“什么是坚持？就是一天又一天不停歇地练！”

靠着这份坚持，他带伤参加了2014年5月在北京举办的全国残疾人田径运动会。跑1500米时，他受伤的右腿不时地抽搐，疼痛难忍。他调整好呼吸，咬着牙，凭自己的意志和毅力，终于达到1500米的终点。这时，他已累得精疲力竭，还没来得及喘口气，又不得不马上参加铁饼、110米跨栏等比赛。比赛结束，整个人都虚脱了。最终他不负所望，获得了个人10项全能总分第三的好成绩，由他参与的4×100米接力赛获得团体冠军的名次，为自己争了光，为聋人争了光，为江阴争了光！

赵晓亚　聋哑学校2006届毕业生

赵晓亚，男，生于1990年8月，重度听力障碍。1997年9月进江阴市聋哑学校，因学习成绩优异，于2009年9月到上海徐汇区业余大学进行3D动漫专业深造。他还爱旅游、摄影、运动，曾骑着自行车，用30多天时间丈量了川藏线的长度，领略了从成都到拉萨沿途的人间美景。他尽管身心疲惫，然而风景欣赏和毅力磨练并行，感到了精神愉悦，在无声世界中用自己无瑕的内心感悟着这个大千世界，清楚自己要什么、适合做什么。

22岁时，一个偶然的机会，让他对烘焙产生了浓厚的兴趣，也让他看到了生活更美好的希望。他跟着江阴长江饭店的师傅从头学起，一学就是两年。因为耳朵失聪，学时只能用眼看、用心记，一些配料、工序、制作技术都用小本子摘录下来，随身携带着熟记，事后还利用空余时间自学钻研。

不久，他在澄江街道大桥一村开办的“莫莫的香味”烘焙店正式开张营业。烘焙店由他一个人在经营着，既是老板又是师傅，更是营业员，忙碌并快乐着。然而，在他心中一直默默地感谢着帮助他的好心人，从租房、logo的设计到烤箱等设备的购买等，得到了很多热心人的无私帮助。

花伟　培智学校2007届毕业生

花伟，男，1987年8月生，患有唐氏综合症。2007年杏春培智学校毕业后，不想靠父母养着，就在离家近的南闸蝶美集团上班，负责打包工作。花伟知道自己记性差、反应慢、工作笨拙，要想在公司站稳脚跟，就得付出比别人更多的努力。他每天早到公司半小时，一匹布足有一人长，把布卷起来，再把布里裹着的铁棍拿出来，搬到指定地点。别小看一匹布，刚卷的时候是不重，但是半天下来腰酸背疼的，让身有残疾的他着实有些吃不消，但是他都默默地承受着，没对任何一个人说过。第一份工作让他感受到了工作的辛苦，感受到了大人挣钱的不易。虽然每个月的工资只有600元，但是他为了感谢父母，悉数交给妈妈。

好景不长，工作了五年，公司倒闭，花伟不得不离开熟悉的工作岗位，2013年去钢管公司当了一名清洁员，一个月1600元。工资是提高了，但是工作量也相应变大了：负责清扫垃圾桶和卫生间。每天他都要早起，坐班车到公司，一个人把所有的垃圾箱清理干净，再用清水仔细冲刷。整理好了垃圾，还要马不停蹄地打扫卫生间，清扫、拖地、擦洗，一天数次。虽然比较辛苦，但是乐在其中。从最初的因被人排斥而自卑，到在默默无闻的努力中树立自信，最终获得了同事的喜欢和认可。

仰蓉 特殊教育中心校2014届毕业生

仰蓉，女，1995年9月出生时，由于早产脑缺氧导致先天性脑瘫，说话含糊不清，行动不便。入学后，凭自强和勤奋，每次考试都接近满分。2014年6月在本校高中毕业。

在健全人也面临就业难的情形下，像她这样说话不清楚，手脚不灵活的残障女孩，要找到工作，难度极大。到处的碰壁、生活的不便、别人的冷嘲热讽，常使她夜不能寐。但想到家里父亲手受伤不能工作，弟弟还在上学，全靠母亲一个人工作来维持家庭等情况，她靠着在特教中心校养成的“自立自强”精神，拖着残疾的身体，一次次在奔波面试、寻找工作的征途上，然而总是失望而归。

仰蓉虽说患有先天性脑瘫症，但因受过母校的良好教育，思维方式比较开阔。她想到了在网上发帖找工作，开始在网上闯荡，还在祝塘、江阴城内步行街发谋职广告、摆摊卖发夹，一站就是几个小时，站得腰酸腿疼，肚子饿了，舍不得花钱买盒饭，而是啃带去的干粮充饥。就这样坚持了一天又一天，用自己赚得的一些微薄收入补贴家用。

功夫不负有心人，她的那种“自立自强”的精神，感动了澄江街道工疗站的领导，她终于得到了稳定的工作。吃过谋生苦的她，十分珍惜这来之不易的机会。尽管工作条件较差，每天在库房里叠衣服、串吊牌，8个小时干下来，肩膀酸，脖子痛，她都咬牙坚持着。一个月后，她第一次拿到了200元工资，给父母、弟弟都买了礼物，唯独没给自己买点什么。

后来，为了锻炼自己，她还在一家洗车行找到了一份洗车的工作。她知道自己身体残疾，动作慢，各方面能力不如别人，工作时就特别卖力。每天10个小时的冲洗揩抹，她丝毫不敢半点马虎，而且脏活累活抢着干，受到了车行老板和顾客的好评。如今，她已摸到了洗车的门道，工作起来也更得心应手了。

更难能可贵的是，她尽管经受着命运对她的捉弄，但仍始终面带着纯真而甜美的微笑。她坚信：“爱笑的人是幸运的人。”正是这样，她善于从艰苦的工作中享受到生活的欢乐，也得到了顾客的信任、老板的器重。在家里，孝父母，爱弟弟，除了抢干家务事外，还会十字绣、织毛衣、炒菜做饭，会做蛋糕，脑子里装着的是千方百计减轻父母负担、为家庭创造美好生活的信念。她就是这样朝着自己的目标一步一步地努力前行，收获了超出预期的成果。

附录：

听障毕业生读高中、大学一览表　（注*为女生）

表37

姓　名	高中		大学		备注
	年份	学　校	年份	学　校	
钱云芳	1995	无锡市聋哑学校	1998	南京金陵大学	
杨　霞*	1996	无锡市聋哑学校	1999	南京金陵大学	
刘　梅*	1996	无锡市聋哑学校	1999	上海徐汇区业余大学	
孟惟淼*	1998	无锡市聋哑学校	2001	南京金陵大学	
徐惠华*	1998	无锡市聋哑学校	—	——	
李　婷*	1999	无锡市聋哑学校	2002	南京金陵大学	
黄　旦	1999	无锡市聋哑学校	2002	南京金陵大学	
沈　雷	1999	无锡市聋哑学校	—	——	
沈莉莉*	2001	无锡市聋哑学校	2004	上海徐汇区业余大学	
李浩军	2003	无锡市聋哑学校	2006	南京金陵大学	
陈　刚			2003	南京特教职业技术学院	5年制大专
陆丹霞*	2003	无锡市聋哑学校	2006	上海徐汇区业余大学	
章　亚*			2006	北京科技职业学院“特殊教育与艺术”专业	4年制本科
袁梦洁*	2003	无锡市聋哑学校	—	——	
王　丹*	2004	无锡市聋哑学校	2007	南京金陵大学	
范仲兰*			2004	南京特教职业技术学院	5年制大专
周　芸*	2004	无锡市聋哑学校	2007	中州大学	
陶亚磊	2004	无锡市聋哑学校	2007	中州大学	
黄飞剑	2006	无锡市聋哑学校	2009	北京联合大学	
胡　辰	2006	无锡市聋哑学校	2009	北京联合大学	
朱　娜*	2006	无锡市聋哑学校	2009	北京联合大学	
郑　蕾*	2006	无锡市聋哑学校	2009	中州大学	
钟　凯	2006	无锡市聋哑学校	2009	中州大学	
刘徐荣	2006	无锡市聋哑学校	2009	中州大学	
江　澄	2006	无锡市聋哑学校	2009	上海徐汇区业余大学	
赵晓亚	2006	无锡市聋哑学校	2009	上海徐汇区业余大学	
许晓燕*	2006	无锡市聋哑学校	2009	上海徐汇区业余大学	

续表37

姓　名	高　中		大　学		备注
	年份	学　　校	年份	学　　校	
许敏蕾*	2006	无锡市聋哑学校	2009	上海徐汇区业余大学	
张　超	2006	无锡市聋哑学校	—	——	
王　哲*	2008	无锡市聋哑学校	2011	中州大学	
解　炀	2008	无锡市聋哑学校	2011	南京金陵大学	
庞宇玉*	2008	无锡市聋哑学校	2011	北京联合大学	
吴　萍*	2008	无锡市聋哑学校	2011	北京联合大学	
蒋蓉洁*	2008	无锡市聋哑学校	2011	上海徐汇区业余大学	
陈晓锋	2008	无锡市聋哑学校	2011	上海徐汇区业余大学	
张丹萍*	2008	无锡市聋哑学校	2011	南京特教职业技术学院	
洑文婷*	2008	无锡市聋哑学校	2011	南京特教职业技术学院	
范琳江	2008	无锡市聋哑学校	2011	南京特教职业技术学院	
赵　斌	2009	无锡市聋哑学校	2012	南京特教职业技术学院	
沈余炜*	2009	无锡市聋哑学校	2012	天津理工大学	
顾晨涛	2009	无锡市聋哑学校	2012	南京金陵大学	
翟晓军	2009	无锡市聋哑学校	2012	南京金陵大学	
刘　嘉	2009	无锡市聋哑学校	2012	上海徐汇区业余大学	
周梦云*	2009	无锡市聋哑学校	—	——	
杜　奇	2009	无锡市聋哑学校	—	——	
朱　婷*	2010	无锡市聋哑学校	2013	北京联合大学	
贡澄涛	2010	无锡市聋哑学校	2013	南京特教职业技术学院	
孔　超*	2010	无锡市聋哑学校	2013	南京特教职业技术学院	
王　玲*	2010	无锡市聋哑学校	2013	南京特教职业技术学院	
余文齐	2010	无锡市聋哑学校	2013	南京特教职业技术学院	
吕冰涟*	2012	无锡市聋哑学校	2015	郑州师范学院	
戈雨彤	2012	无锡市聋哑学校	2015	南京金陵科技学院	
蒋　芮*	2012	无锡市聋哑学校	2015	上海徐汇区业余大学	
徐雨婷*	2012	无锡市聋哑学校	2015	上海徐汇区业余大学	
赵宇航	2012	无锡市聋哑学校	—	——	

续表37

姓　名	高　中		大　学		备注
	年份	学　　校	年份	学　　校	
王　科	2013	无锡市聋哑学校	2016	长春大学	
张坤荣*	2013	无锡市聋哑学校	2016	长春大学	
徐鑫栋	2013	无锡市聋哑学校	2016	上海徐汇区业余大学	
承　天	2013	无锡市聋哑学校	2016	上海徐汇区业余大学	
岳加杰	2013	无锡市聋哑学校			
谢　程	2015	无锡市聋哑学校			
李万佳	2015	无锡市聋哑学校			
卢永洁	2015	无锡市聋哑学校			
吴　晨	2015	无锡市聋哑学校			
赵媛媛*	2015	无锡市聋哑学校			
总计65		读高中62人		上大学52人	

第四节　历届毕业生一览（注：带*为女生）

一、聋哑学校毕业生（1983届—2008届）

表38

1983届（31人）								
石国英	龚惠云	黄和清	林晓祖	顾林高	邬龙秋	朱炳祥	黄金忠	黄兆良
柳才兴	沈国强	范国安	马建定	李国安	钱建平	陶建明	石小才	黄永松
沈加明	王文军	江　成	李驯骥	赵建民	杨晓忠			
陈惠英*	沈雪琴*	张荷仙*	吴秀英*	陆兰芬*	刘静芬*	王晓敏*		
1984届（32人）								
张国荣	刘生华	赵洪标	包建平	沈国青	叶兆清	陆晓清	刘坚强	孙　洪
任立忠	丁炳丰	夏　军	王玉龙	金汉平	李勤良	蒋敏洪	周建华	张洪良
李　标	李新玉	陆国庆	夏卫东	曹忠华				
刘杏妹*	周玉芳*	高美君*	费红芳*	陶　慧*	章尚娟*	顾惠芬*	罗惠华*	朱红征*
1985届（25人）								
张伟兴	徐忠福	谈建华	束建元	黄建兴	苏凤才	尹　龙	毛建东	张国中
陈　刚	周　锋	沈国兴	钱成明	汤立新	陆红卫	刘英华*	刘秀芬*	钱新亚*
刘亚芬*	李　徵*	吴志芳*	张芙蓉*	戴国琴*	黄　菁*	王文红*		
1987届（10）人								
杨　明	缪金良	吴卫忠	汤立芬*	朱金红*	陆玉美*	周建萍*	黄丽萍*	
何君慧*	杜庆芳*							
1988届（8人）								
张晓云	孟建刚	朱红元	陈宏伟	宋红红*	杨海蓉*	徐英红*	王文霞*	

续表38

1989届（18人）
朱金洪　钱晓东　臧　德　吴曙清　史华康　姜立新　周　江　过徐庆　吴　勇
张金春　张亚娟*　李凌晔*　陆玉萍*　金丽敏*　陈　芳*　徐英娟*　赵伟燕　秦春华*

1992–1993届（因迁校和学制变动，1992届仅毕业胡英1人）
胡　英*　黄海鹰　刘正峰　赵永刚　李　刚　司益民　陶雪峰　杨丽琴*　顾燕芳*
缪晨霞*　徐　霞*

1994届（14人）
钱云芳　任祥龙　林伟东　夏建军　刘文峰　张　云　顾小平　徐玉兴　刘　丰
朱晓东　韩　刚　刘湘英*　徐　丽*　缪晨燕*

1996届（16人）
张　鹏　陈才锋　任方荣　怀军林　刘　刚　耿志伟　张　雷　黄波锋　吴　英*
张玲琳*　孙海华*　六似兰*　任　伟*　许　闵*　薛美君*　郭敏芬*

1997届（19人）
张春平　胡洪云　朱忠兴　赵　雷　殷江华　陆海锋　叶卓奇　张　华　陆晓东
缪益峰　缪江龙　唐洪伟　丁建英*　陈敏明*　刘文娟*　刘　梅*　王春霞*　杨　霞*
许　燕*

1998届（12人）
薛浩君　姜春晓　李静君　罗钰辉　夏金华　王　波　陶立冬　金　如
徐惠华*　刘　娜*　孟惟淼*　顾仁娅*

1999届（18人）
孙海卫　夏　荣　郁　晴　周　斌　黄　旦　唐洪伟　沈　雷　赵云峰　胡敏峰
朱晓征　朱冬兴　汤海良　李伟清　刘永兴　聂秀琴*　唐小菊*　李　婷*
顾燕娟*　谭云霞*

2000届（9人）
沈才荣　汤　平　周　磊　李晓军　谢伟彪　何网霞*　沈小莲*　张灿霞*　张　勇*

2001届（10人）
徐金海　李建平　冯海斌　陆　佳　沈莉莉*　徐春华*　沈光明*　郭　霞*
姚玲凤*　陈　玲*

2003届（15人）
方　帆　沈　烨　李浩军　费金东　陈　健　陈　刚　王　亮（曾用名：王海刚）
吴红叶*　刘梅芬*　汤　静*　蒋文燕*　袁梦洁*　费　娜*　陆丹霞*　庞　燕*

2004届（9人）
黄文洁　陶亚磊　赵礼刚　黄雪莲*　耿银花*　王　丹*　范仲兰*　李静琎*　周　芸*

2006届（23人）
刘徐荣　夏　洪　黄飞剑　钟　凯　张　超　王　洁　江　澄　朱　强　恽叶凯
章效砰（曾用名：章晓鹏）　张　璐　赵晓亚　薛　鹏　胡　辰　姜　敏*　吴雅菊*
吴晓丽*　许敏蕾*　朱　娜*　章　亚*　郑　蕾*　徐文燕*　许晓燕*

2008届（14人）
时　晓　张　强　陈晓锋　夏　新　谢　炀　蒋蓉洁*　范琳江*　庞宇玉*　吴　萍*
张丹萍*　蒋　菁*　濮文婷*　王　喆*　陈　磊*

二、培智学校毕业生（1989届—2008届）

表39

1989届（2人）	朱东裕　官建华
1992届（8人）	夏　潜　徐　刚　徐建耀　徐海娟*　戚　燕*　秦海斌　陈海英*　谢　燕*
1993届（9人）	钱　瑜*　李　涛　周彩华*　黄建国　陈燕琴*　张燕芳*　朱建国　蒋晓蓉*　郑玉龙
1994届（4人）	丁　刚　韩　峰　黄　莺*　杨　宏
1995届（4人）	陈建华　冯　洁*　倪力刚　瞿云峰
1996届（9人）	王晓丰*　沈　一　吴　健　陆　铭　方羽清　王　斌　刘　建*　孙玉萍*　许玲芳*
1997届（9人）	李　立　李　松　沈　金　徐鹏群　沈佳囡*　季洪亮　陆　艳*　蒋春霞*　俞　斌
1998届（12人）	许剑峰　包一鸣　翟静华*　陆惠民　朱志平　曹　强　杨丽媛*　刘　静*　施海林 黄　炯　冯之傲　葛　晟
1999届（5人）	朱晓玲*　王　妍*　张菊芬*　胡　磊　张龙福
2000届（13人）	葛至成　许静芳*　王宇峰　陈敏明　李云青　黄　凯　寇澄华*　徐　巍　王　琴* 薛　军　李筱静*　季　铭*　尤敏娟*
2001届（3人）	蒯新刚　周　亮　庞　凯
2002届（8人）	徐译涵*　朱　丹　徐明远　吕雪英*　查晓燕*　徐　玲　陶　洁*　季　海
2003届（17人）	秦佳锋　杨卫忠　许加云　刘　菁*　陈　丞　顾钟文　胡悦人*　王丽娜*　季昭军 陈　明　方路隽*　张　星*　姚晓君　陆晓荣　邹　斌　张海霞*　汤晓明
2004届（10人）	陈　苗　花　伟　童晓岚*　吴佳妮*　顾　军　韦加成　黄三珊　陶　凯 梅天钰　刘襄钰*
2005届（8人）	毛凌军　徐超群　张　鸣*　陈　飞　沈　龙　刘　立*　方　江　黄桂娟*
2006届（9人）	钱亚云　刘　超　曹　倜　吴　轲　周书玉*　胡佳璐*　王娅璐*　徐敏昌　严晓红*
2007届（10人）	张凯华　刘智宙　梅一鸣　吴海江　许玲媛*　单辛婷*　徐静雯*　唐　瑾*　赵　力 朱晓春
2008届（14人）	顾敏娟*　潘锦鹏　王　飞　承羽佳　徐澄媛*　邓晓斌　江　雄　江　均*　江　群* 肖　斌　陆凤兰*　黄海冬　徐　澜*　徐　浩

三、特殊教育中心校毕业生（2009届—2017届）

表40

2009届	（听障生13人） 杜　奇 王新南 黄　鹏 仲仁伟 翟晓军 郁宏杰 顾晨涛 赵　斌 刘嘉晨 王　悦* 周梦云* 沈余炜* 张惠芳*
2010届	（听障生13人） 梁田涛 卞林诚 徐　鸣 周　琪 贡澄涛 包莲峰 朱　伟 段迪青 张　红* 孔　超* 王　玲* 朱　婷* 余文齐
	（智障生12人） 陆李阳 杨周成 吴　星 刘　彬 章利清 胡　建 吴志刚 孙　康 许曹中南 吴春艳* 袁　霞* 居晓萍*
2011届	（智障生8人） 王文江 苏湘荣 郑　凯 程宇飞 张　炼 李振振 倪颖强 顾蓉蓉*
2012届	（听障生8人） 戈雨彤 肖春波 赵宇航 杜文磊 钱　亚* 吕冰莲* 蒋　芮* 徐雨婷*
	（智障生7人） 陶贝伦 吴智斌 陆志豪 周少桦 杨　凯 徐海华 潘依韵*
2013届	（听障生5人） 徐鑫栋 王　科 承　天 岳加杰 张坤荣
	（智障生9人） 楚越洋 刘　超 郭楚泽 葛胜林 沙劲超 蔡红玉* 缪秋珏* 邓茗珍* 江　联*
2014届	（首届智障职高班毕业8人） 陆林锋 杜嘉杰 宋晨强 刘博睿 庄志鹏 吴烨洁* 仰　蓉* 方　红*
2015届	（听障生7人） 潘　佳 谢　程 李万佳 卢永洁 何张超 吴　晨 赵媛媛*
	（智障职高班毕业9人） 赵伟翔 戚华鑫 何鑫荣 季赵栗 卞瑜力 沙烨星 陈　祎* 卞臻嘻* 汪烨菲*
2016届	（智障职高班毕业6人） 徐哲凡 任静怡 周　健 张镕波 陈文龙 许　蒙*
2017届	（听障生10人） 陈欣宇 翟志远 吴　辰 张坤望 贡　华 夏　涛 杨　浩 杨欣雨* 陈凌婧* 张　琪*
	（智障生14人） 仇焙楠 翁蒋峰 谢鑫晔 程林海 沈　辰 李虎斌 谭贤巍 汤　沛 华倩莹* 张书豪 谢凤岚* 浦　楠* 牟佳旻* 郁　楠*

后 记

在建校60周年之前3年，学校领导决定着手编纂《江阴市特殊教育中心校校志（1958—2017）》。2014年5月14日，成立校志编写组，并召开校志编纂启动暨编纂纲目认证会，聘请江阴市教育督导室原负责人、江阴市老作家联谊会副会长杨德生担任编写组顾问，负责编纂校志纲目和组稿统稿；组建了编写组人员，负责资料采集和草拟初稿等。

校志各章资料采集分工为：第一章历史沿革（卫幸福、钱文亚），第二章组织结构及负责人（徐建文、刘小燕），第三章师资队伍建设（徐建文、刘小燕），第四章德育工作（张蓉芬、谈一宇、刘小燕），第五章教学工作（居张洪、钱文亚、夏红新），第六章科研工作（居张洪、钱文亚、夏红新），第七章康复工作（居张洪、钱文亚），第八章办学条件（刘琪、张晓军、方红霞），第九章后勤工作（刘琪、张晓军、方红霞），第十章办学业绩（居张洪、王晓东、鲍明芳），图片整理（徐耀）。

在校志编写的3年时间里，编写组全体成员通过查阅收集资料、开座谈会、进行个别访谈等形式，按照校志纲目撰写校志，多次充实，几易其稿。本志的编纂印刷出版，倾注了校史顾问杨德生先生的大量心血；为了校志的准确和完整，刘琪、卫幸福等充实了很多珍贵资料；在编纂过程中还得到退休老领导、学校历任教职工、历届校友们的全程关注和鼎力相助……在此，谨向为本校志编纂提供关心、支持和帮助的所有人员表示最诚挚的感谢！

由于编者水平有限，聋哑学校建校初期及培智学校部分资料缺失，使部分教职工在工作中取得的成绩和获得的荣誉没能全部呈现，校志内容也可能存在疏漏和录入错误。在此诚恳致歉并敬请读者赐教指正。不足之处有待继续发掘和累积资料，在修订时增补，使之更臻完善。

《江阴市特殊教育中心校校志》编写组

2018年3月

校　　训：尊重差异　和而不同

办学理念：为特殊需要孩子提供最合适的教育

行为准则：微笑面对每一天
尽力做好每件事
热心帮助每个人

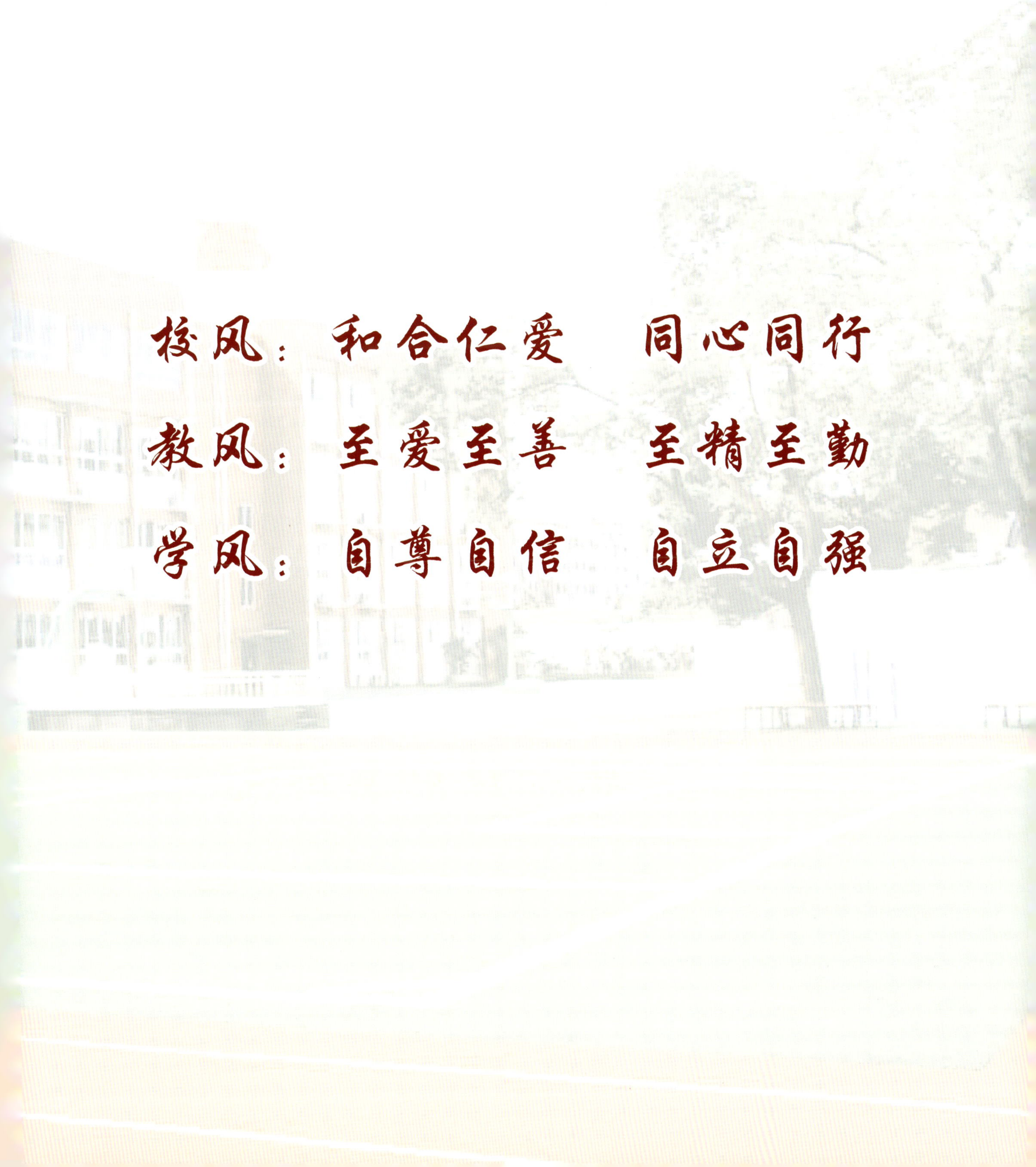

校风：和合仁爱　同心同行

教风：至爱至善　至精至勤

学风：自尊自信　自立自强

江阴特教中心校校歌

蔡崇武 词
程蕴华 曲

1=D $\frac{2}{4}$

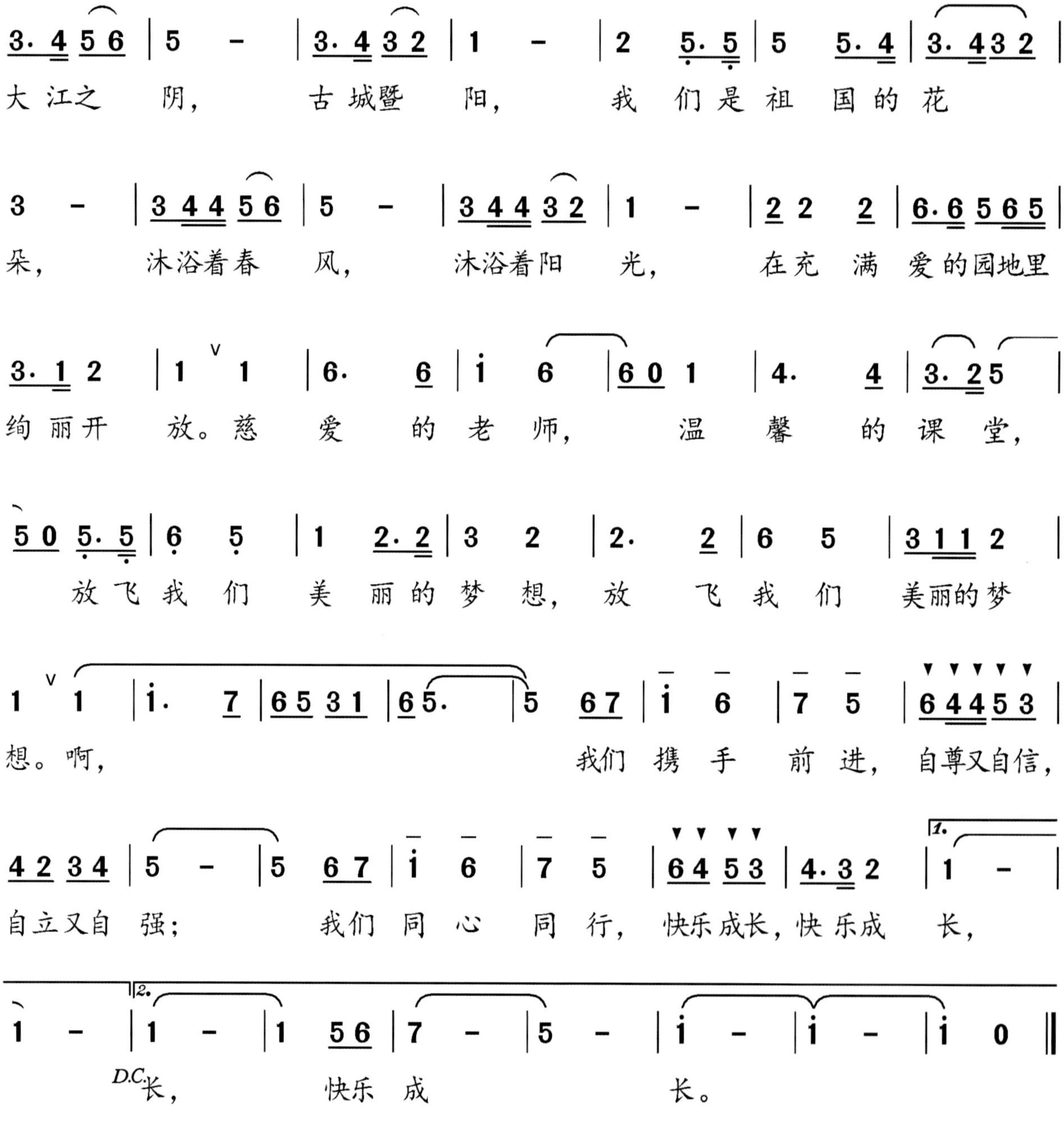